日本軍政下的香港

小林英夫 柴田善雅 著

田泉 李璽 魏育芳 譯

商務印書館

日本軍政下的香港

作　　者：小林英夫　柴田善雅

譯　　者：田泉　李璽　魏育芳

責任編輯：黃振威

封面設計：楊愛文

出　　版：商務印書館 (香港) 有限公司

　　　　　香港筲箕灣耀興道 3 號東匯廣場 8 樓

　　　　　http://www.commercialpress.com.hk

發　　行：香港聯合書刊物流有限公司

　　　　　香港新界大埔汀麗路 36 號中華商務印刷大廈 3 字樓

印　　刷：美雅印刷製本有限公司

　　　　　九龍觀塘榮業街 6 號海濱工業大廈 4 樓 A

版　　次：2016 年 6 月第 1 版第 1 次印刷

　　　　　© 2016 商務印書館 (香港) 有限公司

　　　　　ISBN 978 962 07 5675 7

　　　　　Printed in Hong Kong

　　　　　版權所有　不得翻印

序一

關於日據香港的歷史研究，大多圍繞當時社會狀況作個案式描述，或集中討論當時市民苦難或特定人羣，例如戰俘、集中營的英籍和混血兒居民，以及遊擊隊或英軍方面的地下抵抗者等。華文著作討論這段時期時，通常引用時人回憶或報刊資料，直至近年才使用藏於英、日、美，以及香港等地的解密檔案史料。即使 1970 年代香港史家安德葛（G. B. Endacott）撰寫的《香港日蝕》（*Hong Kong Eclipse*），亦主要參考英國和香港的相關資料，幾乎未有引用任何日本方面的檔案。日本防衛廳的官方戰史《香港‧長沙作戰》雖然使用日本檔案，但研究範圍只限 1941 年 12 月 8 日到 25 日的香港戰役，而且描述重點亦只是日軍的作戰經過。因此，小林英夫與柴田善雅的《日本軍政下的香港》在 1996 年出版時，實在是開創了利用日本檔案資料研究戰時香港歷史政治與社會的先河。

《日本軍政下的香港》的第一作者小林英夫生於 1943 年，曾就學於東京都立大學大學院社會科學研究科博士課程，歷任東京駒澤大學經濟學部教授、早稻田大學大學院亞細亞太平洋研究科教授。他的主要研究方向為近代亞洲史，尤以二十世紀日本的經濟史為主，除了本書外，他的其他著作包括《大東亞共榮圈的形成與崩壞》（1975 年）、《戰後日本資本主義與"東亞細亞經濟圈"》（1983 年）、《日本軍政下的亞細亞 ——"大東亞共榮圈"與軍票》（1993 年）、《滿鐵 ——"知之集團"的誕生與死亡》

（1996），以及較近期的《帝國日本與總力戰體制 —— 戰前・戰後之連續與亞細亞》（2004 年）等。他早年的作品大多集中討論近代日本的宏觀經濟問題以及政府在其中的角色，其後則逐漸轉移至近代日本國家機構對國民經濟進行統合的嘗試，並提出日本自第一次世界大戰以來即逐步加強政府對經濟的計劃和控制，即使第二次世界大戰以日本戰敗結束仍未有改變這個趨勢。他在研究滿洲國、香港，以及其他東南亞日本控制範圍的經濟史時，即注意到當時日本政府決策者均擁有強烈的計劃意識，並不斷嘗試統制經濟活動以增強國力或支撐日本的戰爭機器。第二作者柴田善雅為近代日本經濟史家，研究興趣主要為金融、貨幣，以及企業活動，着眼點為 1930 年代至 1940 年代。其主要著作包括《佔領地通貨金融政策的展開》（1999 年）、《中國佔領地日系企業的活動》（2008 年），以及《戰時日本的金融統制 —— 資金市場與會社經理》（2011 年）等。

　　小林和柴田秉承日本近代經濟史學者的優良傳統，對數據搜集和統計均極為仔細，亦對諸如法令編寫、資金流動、經濟政策，以及物流活動等非常敏銳，而且兩人一個注重宏觀經濟與政策，一個注重金融與企業等問題，因此《日本軍政下的香港》一書對戰時香港經濟的描述極為詳細，甚具參考價值。撰寫拙著《重光之路》時，我亦曾不時參考此書，尤其是部分大藏省和防衛省的資料，後者包括日本軍政府首任參謀長矢崎堪十撰寫的〈香港統治方策私見〉等重要文件。他們亦是首批使用日據時期日文經濟刊物《香港東洋經濟新報》的學者，該刊詳細列出了日本對香港的經濟計劃，並有大量關於社會、經濟，以至文化生活的資料。可是，兩人主要使用當時已公開的資料而忽略日本軍政部門內部的數據，因此有時只能列出計劃數字而無法呈現實際情況。這個問題，需要利用日本陸軍以及諸如大東亞省等機關的檔案、英軍服務團（British Army Aid

Group）的情報資料，以及藏於香港政府檔案處的總督部檔案才得以有所突破（詳見《重光之路》）。

由於小林和柴田撰寫此書時不少日文資料尚未普及，而且兩人均為經濟史學者，加上兩人少有使用中、英、美三國資料，因此《日本軍政下的香港》集中討論日據時期的社會和經濟面向，並且主要以日本官方（軍政府、總督部，以及東京政府的各部門）為視角。雖然兩人亦有著力描述日本的人口強遷、軍票，以及配給政策為香港社會帶來重大破壞，但兩人卻未有詳論各方在戰爭期間於香港進行的軍事活動、香港在太平洋戰爭期間的戰略重要性，以及日、英、美、中（包括國民政府、汪精衛政權，以及中共）各勢力對香港的計劃以及行動。因此，戰爭成為經濟和社會變化的大背景，而非改變的原因之一。《日本軍政下的香港》亦缺少關於香港軍民地下抵抗及其戰略重要性的討論，因此未能把香港在世界大戰期間的經歷完整地（除了經濟部分外）放在亞洲以及世界歷史的脈絡之中。可是，本書依然為少數關於香港日軍時期的學術研究著作，而且兩位作者亦搜集了大量外國人難以獲得的重要檔案資料與數據，因此本書在香港歷史研究中的重要性不可置疑。筆者能獲商務印書館邀請為本書中文版作序，深感榮幸。

鄺智文

香港浸會大學歷史系助理教授

序二

　　十多年前，本人為了編寫一本有關 1941 至 1946 年間港人生活的書籍，曾翻閱不少當時的報章及雜誌，以為寫作材料。現在能先睹小林英夫和柴田善雅兩位先生的著作《日本軍政下的香港》，得以增加若干方面的知識。

　　書中着重描述香港淪陷的三年零八個月期間日軍當局的統治體制、人口疏散、軍票、"兩華會"和區政等各方面，亦重點談論當時滯港的中國要人，以及殖民地社會的華人精英。而書中第 I 部分的第 8 章，更介紹當時不少港人移居到被視為"世外桃源之中立地帶"的澳門。原來當時的澳門亦是物資轉運及走私的中心點。

　　書中提到日本當局刻意將香港經營為顛覆重慶政權，以及日本位於南方的軍事、政治和經濟基地。為達此目的，日軍在港推行各種殘暴和苛刻的措施。根據各種記載，當中包括人口疏散、戶口調查、物業登記等政策，以冀大幅度減少人口，同時用軍票掠奪港人的現金和資產。不少人於轉徙中喪失了財產以至生命。

　　此外，糧食、油、糖、鹽以至柴薪等皆嚴重短缺，市民需長時間輪候以待配給。到了後期，當日軍官員與財閥合組的"興發營團"成立後，更壟斷了米糧的經營和運輸。每斤米價由淪陷初期的軍票 20 錢（仙），暴升至 1945 年 8 月的 300 元（折合港幣 1,200 元）。不少人因此餓死，煮食屍體事件亦時有發生。

除電車外，各種車輛，包括消防車和救護車等，大部分被運往日本。轎和人力車成為主要交通工具。另外水、電、煤及汽油嚴重短缺，供應不穩定，各種渡輪也因而停駛。

淪陷期間，教育幾乎完全停頓，只有四十多間學校獲准復課。至1945 年中，島上中、小學生只有四千多名左右。

在醫療方面，為市民提供免費服務的主要是東華及廣華醫院，輔以由那打素醫院及國家醫院易名的兩所"市民醫院"。1945 年中，東華三院總理為籌募經費沿門勸捐，又闢房舍收容街頭垂死者。香港此時的人口只剩下五十餘萬。

書內亦提到"兩華會"的成員於日軍投降後，在英國統治再次回歸下活動。前港府華民政務司那魯麟（Roland Arthur Charles North）指出，在淪陷初期，他與律政司和軍政司曾接觸羅旭龢（Robert Kotewall）及周壽臣，希望他們能忍辱負重，減少華人的痛苦，呼籲港人勿對之諸多留難。羅旭龢在 1949 年逝世，港督曾派麥道高（David Mercer MacDougall）等多名高級政府官員出席喪禮。

本人的雙親於淪陷時期一直在港生活，可以用"朝不保夕"來形容，後來更不時憶述當時的艱苦日子。十年前編寫《香江冷月》時，本人曾獲聖雅各福群會安排，訪問十多位經歷過日治時代的長者，獲得不少有用的資料。自拜讀《日本軍政下的香港》之後，認識就更深了。

商務印書館邀請本人寫序，愧不敢當，謹以此文，表達對當年歷史的關注。

鄭寶鴻謹識

二〇一六年五月二十六日

目　錄

日本軍政期的香港研究課題

一、本書的課題

1941 年 12 月 8 日的宣戰公告宣佈亞洲太平洋戰爭爆發。早在 1937 年，日本已經開始發動戰爭侵略中國，中國沿海主要城市被日軍佔領。除此以外，日軍佔領的地區還包括當時被稱為“蒙疆”的內蒙古和長江沿岸地區。太平洋戰爭爆發使被割讓的香港、天津和上海租界也遭日軍佔領，日軍當時在華侵佔了很多土地。

日本在各佔領地區均成立了親日政權。1937 年 12 月日本在華北成立了臨時政府，1937 年 3 月在華中成立了維新政府，在內蒙古則分別於 1937 年 9 月成立察南政府、10 月成立晉北政府及蒙古聯盟政府後，於 1939 年 9 月設置了蒙古聯合自治政府。此外，還讓國民黨的汪精衛逃出重慶，並於 1940 年 9 月在南京建立對抗蔣介石重慶政府的南京政府。在汪精衛建立政權的同時，日本解散了維新政府，把臨時政府改稱為華北政務委員會，而蒙疆的蒙古聯合政府則一直獨立於汪精衛政權。這些被佔領的地區都由日本陸軍進行軍事控制，只有海南島於 1939 年 2 月被日本海軍佔領。在海南島上雖然也出現過親日政權，但事實上實行的是近乎軍政的佔領政策，甚至否認汪精衛政權的貨幣發行權而繼續使用軍票，直至日本戰敗為止。一旦把握這個脈絡，我們就可把日軍佔領香港視作亞洲太平洋戰爭爆發後，日本發動侵華戰爭的一種地域擴展舉動。

被日軍佔領前，香港是英國殖民地。支援重慶政權的物資都經由香港通過粵漢鐵路運送回中國大陸，日軍在攻佔廣東的戰事中切斷了這條運輸線路。儘管如此，香港在日本侵華戰爭期間作為未被佔領的自由區域，連同上海租界、天津租界一併成為對華支援的據點。不過，即使不經粵漢鐵路，大量物資也通過空運、海運、陸運等流入中國大陸。另外，由於香港設有法幣安定基金，因此香港在金融方面也是支援重慶政府的一個據點。所以對英宣戰的公告使香港成為日軍必須立即佔領的地區。而且，由於日軍已經遍佈廣東省並已掌握了中國沿海的制海權，因此從軍事戰略上來說，香港已經處於甕中之鱉的境地，日軍佔領香港的戰事最終以 12 月 25 日香港淪陷終結[1]。

在亞洲太平洋戰爭期間，日軍沒有表明要佔領的東亞地區，只有位於珠江三角洲西端、作為中立國的葡萄牙殖民地澳門。與同樣作為葡萄牙殖民地而受到日本軍事攻擊的東帝汶相比，日軍對待澳門的態度明顯不一樣。一般認為，其原因除了是兩者在地理位置上存在差異外，東帝汶被視為日本海軍長期佔領荷屬東印度，並有助日本轉攻澳洲的軍事基地。而對於澳門，日軍的着眼點是在攻佔和交換東帝汶時，澳門在物資調配等的作用，所以認為不佔領澳門才是上策。

香港地區包括鴉片戰爭後於 1842 年簽訂《南京條約》時割讓給英國的香港島，及 1860 年簽訂《天津條約》時割讓的九龍半島和其他諸島，以及之後 1898 年訂立《展拓香港界址專條》租借給英國長達 99 年的新界

1　防衛廳防衛研修所戰史室，《香港・長沙作戰》(朝雲新聞社，1971 年)。

等地。[2]

　　英國殖民地香港由廣東省南部，位於珠江三角洲東部的香港島和九龍半島以及新界構成。除此以外的諸島，包括大小僅次於香港島的大嶼山，並把涵蓋這些附屬島嶼的全部區域統稱為香港。雖然附屬島嶼的面積很大，但由於人口稀少、沒有甚麼重要產業，因此本書對這些附屬島嶼不作贅述。在涉及香港制度的記述中提及"香港"，偶爾也會被稱為"香港島"，這樣在表述上容易引起混亂，本書會儘量避免這種混亂。香港毗鄰廣東省，由香港政府管理的九廣鐵路與廣東省的廣九鐵路連結深圳，並築起了邊境線。因為香港是英國殖民地，由殖民地政府管理，自然沒有議會也沒有義務教育。殖民地政府長期投資港口，使香港這個自由港在海運和商業中轉貿易方面十分發達。

　　日軍佔領香港後，第 23 軍在 1941 年 12 月 29 日設置軍政廳實施軍政。1942 年 1 月 20 日設置香港總督部，取代軍政廳，繼續施行軍政統治。所謂軍政，是指在軍隊所佔領的地區組織軍政府，對該地區直接實行行政管理的制度。日本軍政統治制度，完全與日本在中國其他佔領區以親日政府、傀儡政府的名義進行的間接統治不同。日本在中國進行軍政統治的歷史，就是日軍在日俄戰爭後在滿洲進行的軍政統治。[3] 日本施行軍政，由日軍參謀部建立軍政主管部門負責法令公佈實施、徵收稅金及公用事業費用、管理公共事業、提供行政服務、舉行審判、進行物資調配以及港口建設等。軍政的經營管理在各軍政區域的軍政會計處進

2　G. B. Endacott, *A History of Hong Kong*, Hong Kong: Oxford University Press, 1964; G. B. Endacott. *Government and People in Hong Kong 1841-1962*, Hong Kong: Hong Kong University Press, 1964; 小椋廣勝，《香港》（岩波書店，1942 年）。

3　例如大山梓，《日俄戰爭的軍政史錄》（芙蓉書房，1973 年）。關於軍政統治下的特定事業在特別會計處進行管理的事例，請參看柴田雅善，〈南方軍事財政和通貨金融政策〉，疋田康行編，《"南方共榮圈" —— 戰時日本的東南亞經濟統治》（多賀出版，1995 年）。

行，但該軍政區域內的特定事業，如公共事業、糧食供應和配給、礦山開採，甚至鴉片製造銷售等個別事務，有時會由特別會計科進行區分管理。這些行政內容會因軍政區域的地域性特徵、經濟規模和實行軍政時間的長短，以及佔領區在軍事上的穩定性等因素，而產生巨大差異[4]。不僅在日俄戰爭，還有在第一次世界大戰中佔領的青島和膠州灣一帶實施的軍政、在荷屬南洋羣島上實施的海軍軍政[5]，以及在日本侵華戰爭中日軍佔領海南島後，事實上實施的均是近乎軍政的統治[6]。而且，太平洋戰爭爆發後日本在英屬馬來亞、荷屬印度、緬甸、菲律賓的南方佔領區都施行了軍政統治[7]。

關於香港的軍政，正如在本書以後的章節所述，日本實施了大量的佔領政策，包括：疏散人口、建立軍票經濟、日本企業經營香港本土產業、引入糧食等的配給制度、統一管制百姓娛樂等，從多方面對香港百姓的生活加以粗暴的干涉。結果使百姓生活在物資不足和通貨膨脹的陰霾下，最終以日軍戰敗而結束了日本對香港的軍政統治。以香港軍政在制度各個方面具有的特徵，並從日本侵華軍票的流通來看，可以說與日軍在海南島實施的軍政統治十分相似；而從太平洋戰爭爆發後開始實施的軍政，所建立起類似體制的這點來看，則與日本在南方佔領地區的軍政統治接近。日本的軍政統治雖然很短暫，但為香港的經濟制度帶來了

4　關於軍政統治的概論，請參看岩武照彥，《南方軍政下的經濟政策（上）》（汲古書院，1980 年）。

5　日本在德國的租界青島同樣實施過軍政統治，詳細內容請參看胡喬木等編，《帝國主義與青島港》（山東人民出版社，1983 年，濟南）。日本海軍也曾佔領荷屬南洋羣島並在其上實施過軍政統治，詳細內容請參看 Mark Peattie, *Nan'yo: The Rise and Fall of the Japanese in Micronesia, 1885-1945*, Hawaii: University of Hawaii Press, 1988。

6　關於日本在海南島的軍政統治，目前可參考的文獻有收錄在《"南方共榮圈"——戰時日本的東南亞經濟統治》中，小池聖一的〈海軍在南方的"民政"〉。

7　關於日本在南方佔領地區實施的軍政統治，請參考前述，《南方軍政下的經濟政策》、防衛廳防衛研修所戰史室編，《南方的軍政史料集》（朝雲新聞社，1990 年），前述《"南方共榮圈"——戰時日本的東南亞經濟統治》等文獻。

重大打擊。日本戰敗後，香港再次回歸殖民地政府的統治。之後經過日軍被扣留或復員、沒收日本資產、歸還英國資產、廢棄軍票等一系列措施，日本軍政統治的痕跡便迅速灰飛煙滅。

　　談及對今日香港的印象，立刻令人聯想到高廈林立、與眾不同的城市。在鄰近香港市區的啟德機場降落後穿行於香港市內、澳門、廣東的日本觀光客，以及商務人士不在少數。作為進入香港的大門 —— 啟德機場，飛機一開始要降落的機場跑道現在從九龍灣延伸而出，但在日軍佔領時期的機場，是將現在的跑道扭轉近 90 度的方向而設置於海上。在日軍佔領期間，舊大日本航空公司以及在日軍佔領期在華中成立的中華航空公司，開通了從香港機場飛往中國各地，以及往南方佔領地區和日軍干涉區域的定期航班[8]。香港作為貿易中轉港而變得繁榮。在日軍佔領初期，市內的商品存貨充足，據說當時在香港能夠用廉價購買到在日本價格不菲的威士忌[9]，這一點應該很像今天能夠以廉價買到奢侈品的免稅中心吧。

　　當今香港作為限制較少的自由貿易區域，充分地發揮了其獨特性，很多日本企業進出香港，在製造業、商業、金融業等廣泛領域開展自己的業務。香港作為亞洲四小龍之一，其經濟產業的繁盛讓我們驚歎。由於對貿易的限制較少，甚至可以看到香港國際金融的離岸市場逐漸凌駕日本。此外，香港作為對華投資的基地，獲得很多國家的關注和資金投入，而這些資金又被投放到中國大陸。香港資本對東南亞的資本出口已經達到相當大的規模，今天已經不可片面地把香港僅僅視作投資區域般看待。

8　東洋經濟新報社，《軍政下的香港》（東洋經濟新報社，1944 年），129 頁。

9　據說佔領初期在香港能夠低價買到在日本買不到的高級蘇格蘭威士忌。（渡邊武，〈香港出差報告〉（1942 年，大藏省資料：Z530-145））。

根據 1984 年 12 月簽訂的《中英關於香港問題的聯合聲明》，香港將於 1997 年 7 月回歸中國。人們都屏息關注 97 年以後香港的前途。"一國兩制"下的"港人治港"在現行中國政治體制下是否實際成立，與中國改革開放的體制發展緊密相關，但看上去香港和中國大陸的體制存在過大的差異。因此，香港很多資本家都試圖通過取得加拿大等國的國籍來迴避風險。正因為存在這些潛在不穩定因素，所以 1997 年以後的香港備受關注。根據 1987 年 4 月簽訂的〈中葡聯合聲明〉，澳門也將於 1999 年 12 月從葡萄牙回歸到中國大陸，在澳門回歸上也存在着類似的問題。

日本這些對香港經濟的參與，雖然僅僅關注的是戰後貿易以及投資，或是購物觀光等方面，但是在半個多世紀以前，香港卻被日本佔領，處於日本的軍政統治之下，連街道等也被改為日本名稱，日本的企業也作為政府的授命企業進駐香港。但是在經歷戰後 50 年的今天，就連日本曾經佔領過香港這段歷史，都逐漸從日本人的記憶中消失。1995 年是戰後 50 年，也是值得紀念的一年，雖然勾起了諸多回憶，但是幾乎可以預想到這樣的浪潮會在 1996 年之後隨着時間逐漸減弱。50 年或許是又一個"新的遺忘"之開始。在經過戰後高度經濟增長而實現驟變的日本社會，幾乎沒有餘暇回顧歷史，又或是日本不拘泥於過去風土習慣的緣故，這樣的擔心很可能成為現實。我們認為經過了 50 年，人們能夠以更客觀的態度分析的時代已經來臨，在"新的遺忘"即將開始之際，我們嘗試盡最大努力對我們所關心的香港軍政統治進行深入介紹。我們在本書中的研究課題將會把以前很少提及的香港軍政統治，置於與其他日軍在華佔領區同等重要的視野，並將香港軍政與日本在南方的軍政統治地區一起進行考察，在考慮香港特殊地位的同時，試圖描繪香港日本軍政統治的特徵。

二、香港軍政史的研究現狀

在日本談及佔領期之香港的專著和論文數量頗少。與此相反，對於香港回歸中國大陸後給東亞帶來的影響、日本企業進駐或者與中國進行中轉貿易時香港發揮的功能，以及香港作為東亞自由化金融中心等問題的關注，可說尤為強烈。但是，雖說對戰前的關注頗少，但迄今為止已經有幾部關於香港軍政的著作公開發表。除了攻佔香港的戰事等軍事史研究外，還有幾部從政治史的觀點提到香港[10]。在經濟史方面，最為系統的香港軍政研究要數松本繁一的幾篇論文[11]，其中介紹了一些值得探討的課題。除此之外，對香港軍政統治整體展開的研究數量很少。

涉及香港軍政經濟控制的專題研究，可以看到如關於香港日本企業管理的研究論文[12]。除此之外，很多研究論著大都已在香港通史概說中有所提及。另外，在軍票的外地貨幣制度史研究[13]、贋幣製造的相關研究[14]，以及香港開設店舖的企業創業史研究中[15]都有所涉及。特別是與香港有關的日本文獻目錄的編纂[16]，使我們就這些文獻對今後研究的促進作用有所期待。這個現狀雖然描述得過於簡潔，但對於香港軍政統治之概況[17]就略作了以上的介紹。

10　崗田晃，《香港》(岩波書店，1985 年)、中島嶺雄，〈香港 —— 其歷史和未來〉(14)《日本的香港攻略和軍政》(《世界週報》，1984 年 12 月 18 日)，以及收錄此文的中島嶺雄，《香港 —— 發展中的都市國家》(時事通信社，1985 年)。

11　松本繁一，〈日本軍政期的香港經濟〉(《亞洲經濟》第 17 卷第 1、2 號，1976 年 1、2 月)。

12　太田弘毅，〈在日本軍政統治下進入香港的公司企業〉(《政治經濟史學》第 250 號，1987 年 2 月)。

13　日本銀行調查局，《日本貨幣圖錄》，第 10 卷〈外地貨幣的發行〉(東洋經濟新報社，1974 年)。

14　山本憲藏，《陸軍贋幣戰略》(德間書店，1984 年)。

15　台灣銀行史編纂室，《台灣銀行史》(1964 年)，東京銀行，《橫濱正金銀行全史》，第 5 卷上(東洋經濟新報社，1983 年)(此卷在此之前曾有部分內容省略後收錄於橫濱正金銀行 "每半年的外匯和金融報告"(日本銀行調查局，《日本金融史資料》昭和篇第 28 卷，大藏省印刷局，1960年)。)

16　關於香港的目錄文獻有可兒弘明編，〈關於香港的日語單行本目錄〉、《關於香港的日語雜誌報導目錄》。同一資料還收錄於可兒弘明編，《香港及香港問題的研究》(東方書店，1991 年)。

17　和久田幸助，《日本佔領下香港是怎樣的》(岩波書店，1984 年)。

　　在香港也曾出版過幾本在日本人統治下痛苦度日的香港人，和從日本老百姓角度撰寫的回憶錄，這些著作也可以作為參考[18]。這些回憶錄大都缺乏系統性，但是書中詳述在日本軍政統治下人們所受的非人待遇，都成為日本軍政統治下的罪行及其殘暴行為的確鑿證據。甚至還有一些從殘酷的日常生活視角重新審視遭受日本軍政統治體驗的研究[19]。

　　此外，在英文出版物方面，除了在敍述香港通史過程中肯定英國殖民統治的同時，又介紹部分日本軍政統治內容的著作外[20]，還有一些從戰前統治香港的英國人視角，回顧日軍佔領後滯留香港的經歷的回憶錄，在這些書中往往強調日本軍政統治如何暴戾[21]。還有著述把香港軍政看作日本在太平洋戰爭期間佔領東南亞等地區的一環，而進行了政治史上的定位[22]，或者把日本軍政統治的影響，放在香港社會制度的變遷中進行定位[23]。另外，也有作為通貨金融制度史中的一個片段，來談及日本軍政的軍票制度的著述[24]，甚至在龐大的香港上海滙豐銀行的歷史中，也有提及

18　在可確認的範圍內，早期的唐海，《香港淪陷記——18 天的戰爭》（新新出版社，1942 年，上海），是由逃出香港的中國人整理而成。在戰後也出版了幾本回憶錄，例如葉德偉等編，《香港淪陷史》（廣角鏡出版，1982 年）、不平山人，《香港淪陷回憶錄》（香江出版，1971 年）、謝永光，《戰時日軍在香港暴行》（明報出版社，1991 年）。日本人編著的有鮫島盛隆，《香港回想記：日軍佔領下的香港教會》（創文社，1970 年）。

19　關禮雄，《日佔時期的香港》（三聯書店（香港），1993 年）（該書日譯《日本占領下のの香港》林道生譯，御茶の水書房，1995 年）。

20　G.B. Endacott, *A History of Hong Kong*, Hong Kong: Oxford University Press, 1973 and G. B. Endacott and Alan Birch, *Hong Kong Eclipse*, Hong Kong: Oxford University Press, 1978.

21　Alan Birch and Martin Cole, *Captive Christmas: The Battle of Hong Kong*, December 1941, Hong Kong: Heineman Education Books Asia, 1978 and Alan Birch and Martin Cole, *Hong Kong Captive: The Occupation of Hong Kong 1941-1945*, Hong Kong: Heineman Books Asia 1982.

22　Oliver Linsay, *At the Going Down of the Sun: Hong Kong and South-East Asia, 1941-1945*, London: Hamish Hamilton, 1981.

23　Henry. J. Lethbridge. "Hong Kong under Japanese Occupation: Change in Social Structure." C. Jarvie and J. Agassi. eds. *Hong Kong: A Society in Transition*, London: Routledge and Kegan Paul, 1969.

24　Frank H. King（景復朗），*The Monetary System of Hong Kong*, Hong Kong: Graphic Press, 1953.

香港的軍政 [25]。我們也發表過幾個相關論述。小林英夫曾多次整理與香港軍票在戰後處理的相關內容 [26]，而柴田善雅也曾對軍政統治時期的金融貨幣政策作過概括論述 [27]。

　　我們可以了解到，雖然已有上述關於香港軍政統治期的先行研究，但是當中還沒有涉及香港佔領區的政策及制度，乃至經濟控制的實況和百姓生活等從廣闊視域進行的考證。因此，本書將以軍政統治下的香港政治制度、人口政策、經濟政策、金融貨幣政策、企業政策、中國人自治的政治參與制度，乃至對百姓生活的影響作為研究課題，旨在多方面描繪日本的軍政統治。

　　我們在本書出版之前，以迄今發表過的論文為藍本，嘗試進行改寫及補充。書中我們嘗試對課題作更進一步的考察，第 I 部是關於香港佔領前後到結束佔領時期的通史內容，第 II 部是關於貨幣政策、金融政策、企業進駐和貿易、對百姓生活的影響等內容。這並不是說，在我們嘗試討論的範圍內能夠全方位描述軍政統治的全貌，由於篇幅有限，我們不得不限定論點。儘管這是我們的一次嘗試，但我們認為這將是戰後對香港軍政統治進行的最全面總結。

25　Frank H. King (ed), The History of Hongkong and Shanghai Banking Corporation, vol.3, *The Hongkong Bank Between the Wars and the Bank Interned, 1919-1945*, Cambridge: Cambridge University Press, 1991.

26　小林英夫，〈香港 —— 檢舉軍用鈔票〉《世界》，第 588 號，1991 年 9 月）、〈軍票的歷史〉（高木健一、小林英夫等編，《香港軍票與戰後補償》，明石書店，1993 年）、〈沒有軍票的補償就沒有亞洲的友好〉《經濟學人》，第 71 卷第 38 號，1993 年 9 月 7 日）、〈太平洋戰爭下的香港〉（駒澤大學經濟學會，《經濟學論集》，第 26 卷第 3 號，1994 年 12 月），這些文章基本全部收錄於前述，《日本占領下的香港》的內容簡介 ——〈太平洋戰爭下的香港〉中），《日本軍政下的亞細亞》（岩波書店，1993 年）。

27　柴田善雅，〈有關日本軍政期香港的金融政策的開展〉《日本殖民地研究》創刊號，1988 年 11 月）。

第 I 部

香港軍政史

小林英夫

第 1 章
日軍佔領香港

引言

日軍佔領前的香港處於何種情況？日本侵華戰爭中的香港又是怎麼樣的境況？針對這些問題，本章將對日軍佔領前夕的香港實際狀況進行探討。另外，亦對隨着戰爭展開而淪為戰場的香港，以及當時的戰況、日軍佔領香港的作戰內情，和英軍投降後開設的日軍軍政廳等進行分析。

在日本侵華戰爭的烽火之巔，中國很多要員為了躲避戰火移居香港。日軍關注到這一點後，就開始考慮逮捕他們並加以利用。他們不僅被日軍作為統治香港的"道具"，還被用以動搖蔣介石重慶政權的政治活動。筆者在本章將關注日軍保護這些中國要員的政治策略，並對日軍佔領香港的政策進行研究。

一、中日戰爭下的香港

日本侵華戰爭的戰火蔓延整個中國之際，作為英國殖民地的香港卻免於戰火之亂。日軍雖佔領了中國各地，但對進攻香港還是有所忌憚的。正如以下所言，香港成為攻擊目標，是在太平洋戰爭即將爆發之後。

當時香港雖暫時保持和平，但大量中國人為避開戰火逃難至此，

1937 年 7 月以來，在港的中國人數量激增。1931 年 3 月，香港人口約 85 萬，10 年後的 1941 年 3 月迅速增加到 144 萬[1]。1939 年，曾周遊日本、朝鮮、滿洲及中國等地的維也納記者柯林・羅斯（Colin Ross）對當時的香港印象作了如下記述，也佐證了上述事實。"香港首府維多利亞城已擁有百萬人口。近年維多利亞城人口增速驚人，成千上萬的中國難民湧入，這座城市的人口密度已到了難以想像的地步，原本 15 人住的房間住着 50 人，霍亂蔓延也毫不出奇。"[2]

對於退往重慶的蔣介石政權而言，英國殖民地香港是其重要據點。隨着日本侵華戰爭擴大，已控制沿海區域的日軍欲進行海上封鎖，以阻斷蔣介石政權運送兵馬糧草。然而對蔣政權來說，只要有香港這一據點，日軍阻斷糧草的策略就不能奏效。經由香港，大量的物資運往中國內地，換句話說，隨着蔣介石政權撤往重慶，而日軍又對中國沿海海岸進行封鎖，香港便成為蔣介石政權與歐美各國聯絡的重要海港，和重要物資的中轉貿易港口。1937 年至 1939 年，香港的進出口貿易額由 6,690 萬英鎊增至 6,930 萬英鎊[3]，其中走私額由侵華戰爭爆發前的 5,000 萬美元激增至戰爭爆發後的 8,000 萬美元[4]。另外，還開通了重慶至香港的定期航線。重慶與香港之間關係之密切顯而易見，這點連觀察力敏銳的遊客都能覺察得到。柯林・羅斯對此斷言道："現已開通直飛重慶的航線，連結中國內尚未被日軍佔領的各地區的運輸很是完備。中國無視封鎖，仍然有相當部分的進口物資運送至香港，然後再轉運他處。"[5]

1　東洋經濟新報社，《軍政下的香港》（東洋經濟新報社，1944 年），92 頁。

2　柯林・羅斯（Colin Ross）著，金森誠也、安藤勉譯，《日中戰爭見聞記》（新人物往來社，1990 年），155 頁。

3　小椋廣勝，《香港》（岩波書店，1942 年），103-104 頁。

4　同前，129 頁。

5　《日中戰爭見聞記》，153 頁。

為逃避戰火，逃難至香港的難民中較多是中國實業家。"多達 50-60 萬難民大多數流離失所，露宿街頭。但是，其中一小部分人是百萬富翁，他們為了保全財產，從中國各地移居香港，香港的財富也因此急劇增多。1939 年 11 月香港《大公報》報導稱："據中國銀行的消息，香港的百萬富翁已超過 500 人。據推測，擁有資產 1 億元以上的資本家 3 人，1,000 萬元以上的 30 人，100 萬資產以上的 500 人。富裕的難民中包括上海及廣東的工商業者，逃難至香港後重新展開自己的事業。"[6] 這些富人原在上海、南京經營企業，因戰爭無法維持下去，遂紛紛關閉工廠、銀行並移居香港，其中不乏浙江財閥的權勢人物。

逃難者中還有電影演員、文化界人士等。中國表演藝術界三大名角梅蘭芳、胡蝶和薛覺先也把活動舞台移到香港[7]。為追求言論自由而逃亡到香港的知識分子，以香港為舞台展開了新的創作活動。在這個時期，香港出版了各式各樣良莠不齊的報紙及雜誌。雖然香港禁止反英言論，但只要繞開這一點，港督還是願意保證相對的言論自由。

重慶蔣介石政權的各種對外機構也設置於香港，並出版如《大公報》、《國民公報》等隸屬國民政府的報紙。[8]

二、日軍佔領香港軍事行動的具體推進

香港因此成了援蔣路徑的一個重要部分，也是蔣介石政權的活動據點之一，只有壓制這裏才能阻斷通往中國腹地的物流，使蔣介石政權屈服。從這個意義上講，香港擁有大陸其他城市無法比擬的重要性。

6　同前，《香港》，196 頁。

7　和久田幸助，《日本在佔領下的香港幹了甚麼》（岩波書店，1991 年），參考 30 頁以後。

8　參考前述《軍政下的香港》，286 頁以後。

　　那麼，日軍攻佔香港的作戰計劃是何時制定的呢？又是如何開展的呢？

　　日軍攻佔香港的作戰計劃，隨着日本侵華戰爭擴大，漢口和廣東淪陷導致戰火向華中、華南蔓延，以至蔣介石政權撤退到中國腹地重慶的過程中展開。

　　日軍在侵佔廣東（1938 年 10 月）和海南島（1939 年 2 月）之後，展開中國沿海封鎖的戰事，並在 1940 年 6 月佔領及封鎖了與香港相連的深圳。之後，日軍特工潛進香港並策劃了一次反英暴動[9]。然而，這一階段日軍尚未策劃佔領香港。

　　日軍佔領香港的作戰計劃，要到 1940 年 7 月才開始制定並把具體作戰細節付諸實踐。當時在日軍大本營陸軍部，確定了以武力進軍南方的戰略方向，那是決定〈應世界局勢之變化處理時局之綱要〉發佈以後的事情。當年 7 月，日軍南中國派遣軍開始直屬大本營，被派到香港參謀總部的第二科成員瀨島龍三大尉，與南中國派遣軍參謀藤原武中佐一同對香港島及九龍進行軍事偵查，至 8 月整理了對香港作戰計劃的概要[10]。根據概要，進攻香港需要有約一個半師團的基本兵力，並建議帶着攻城重炮兵從九龍開始攻佔香港島，不過，他們亦看到直接從香港島登陸作戰

9　防衛廳防衛研修所戰爭史室編，《香港・長沙作戰》（朝雲新聞社，1971 年），13-14 頁。

10　同前，24 頁。

非常困難。[11] 之後，佔領香港的作戰計劃以瀨島的計劃為藍本，逐步付諸具體實踐。但是，該作戰計劃顯然只是作為軍事佔領的作戰戰略，理所當然不會具體提及佔領後的統治政策。

1941 年 7 月，日軍入侵法屬印度支那，導致美日關係惡化，美國遂凍結了日本的資產。在這情況下，日軍入侵南部的戰事一舉展開。同年 6 月，日軍新組編的第 23 軍成為了進攻香港的主力。日軍中將今村均和少將加藤鑰平分別就任第 23 軍的首任司令官和參謀長，開戰前他們的職位分別由日軍中將酒井隆和少將栗林忠道接替，並由兩人指揮佔領香港的作戰計劃。

日軍在入侵法屬印度支那後，制定了佔領南方的作戰計劃，佔領香港的戰略也作為其中一環列入計劃中。1941 年 11 月 6 日，日軍下達攻佔香港的準備命令，在同一天經大本營陸軍部簽定了〈攻佔香港作戰綱要〉及〈關於香港作戰的陸海軍中央協議〉兩份文件。由此確定軍政的基本方針，及陸軍和海軍各自佔領地區的分界線。

英軍也在此期間鞏固香港的防衛線。防衛部隊中有英軍組成的皇家蘇格蘭軍團及米德薩斯兵團、英屬印籍拉吉普兵團及旁遮普兵團、加拿大皇家來福槍團與溫尼伯榴彈兵部隊，加上 1941 年 11 月組編的香港義勇軍，總共約有 12,000 人。除此之外，海軍的防衛兵力中還有三艘

11　同前，25 頁。最近，瀨島龍三在其回憶錄《幾山河》中，對佔領香港的戰事作了如下敍述。"7 月末，我和日本南中國派遣軍的藤原武中佐被一同派往香港。兩人穿着潔白的西服，以三井物產職工的頭衔去了香港。我們的任務是偵查九龍半島的地形和調查登陸香港島的辦法。對於登陸作戰，存在 '是否應該掌握九龍半島，用大炮攻打香港的設施然後從北側登陸'、'是否應避開九龍半島，從香港島的內側（南側）登陸' 這樣的問題。當時在香港島有一家日本商社職員以及日本南中國派遣軍軍官經常光顧的日本料理店。老闆娘是一個擁有百合花氣質般的女子。我們和那位老闆娘喬裝成去游泳的人前去偵查。因為兩個男人帶着望遠鏡望去會被人懷疑，所以老闆娘還為我們準備了沙灘遮陽傘。到了海岸，我們三個都換上泳裝，裝作看海卻在尋找適合登陸的地點。雖然在九龍半島遭遇英國警員盤問，但老闆娘用流利英文說 '這是我的朋友'，我們於是逃過了一劫。偵查了 10 天，結果是 '南邊沒有適合登陸的地點，只能由北邊登陸'。臨別之際，老闆娘說：'我很高興能為日本帝國效力，但請不要說出我的名字。'（88 頁）"

驅逐艦及四艘炮艦[12]。英軍為了保衛九龍，從金山北面的葵涌開始，東西橫貫沙田南部山嶽地區，並經由大老山到大環頭的山嶽地帶修築碉堡，構建了防衛陣地，被英軍稱為"東方馬奇諾防線"，他們試圖在日軍攻擊下堅守此條防線，以能保衛香港。但防衛軍空軍力量薄弱，防空兵力不足，而且主持香港防衛的港督楊慕琦（Sir Mark Young）和莫德庇少將（Christopher Maltby）也只是在開戰兩個月前才剛剛上任。儘管如此，曾任守衛香港的英軍總司令莫德庇少將，按照能夠堅守香港半年的防衛方針，加強了香港的防衛體制。但無法否認的是，與海上的防衛相比，陸軍防衛顯然不足。

三、佔領香港

日軍攻佔香港的戰事於 1941 年 12 月 8 日凌晨展開。當天清晨，日軍軍機轟炸香港啟德機場，頃刻間機場陷入癱瘓。

同一天，以第 38 師團為主的日軍從深圳出發，突破國境線入侵新界。日軍攻破新界的當天便抵達英軍建立的醉酒灣防線。英軍指揮部原本預想日軍從海面展開進攻而並非從陸地進攻，因此在海上佈設了水雷區。

然而，日軍兵分三路突破國界線後，以迅雷不及掩耳之勢於 12 月 9 日兵臨醉酒灣一角，攻破城門水塘陣地，11 日強行突破城門水塘防衛線，12 日湧入九龍市區。英軍迫不得已從九龍撤退到香港島，在那裏佈設了最後的防禦陣地。之後，日軍多次派代表敦促英軍投降，卻遭到港督楊慕琦的拒絕。17 日夜晚，日軍強行登陸香港島東北部，英軍雖頑強

12　同前，《香港・長沙作戰》，87-89 頁。

抵抗，但在 24 日香港全島便處於日軍的控制 [13]。戰鬥期間，日軍向醫院展開攻擊，襲擊病人及醫生，強姦護士 [14]，以及強暴殺戮普通市民的案件頻頻發生。這些施暴者主要是日軍官兵，但中間也夾雜着被徵召的台灣人及朝鮮人 [15]。最終楊慕琦於 25 日向日軍投降。當天傍晚楊慕琦在九龍半島酒店簽訂投降書。英國人把這一天稱為 "黑色聖誕"。這樣，日軍僅以 18 天就結束了攻佔香港的戰事 [16]。

根據《香港・長沙作戰》一書，在香港保衛戰中，日英雙方的損失分別為：英軍戰死 1,555 人、被俘 9,495 人；日軍戰死 683 人、受傷 1,413 人 [17]。然而，這些數字僅僅是直接參加戰鬥的傷亡人數，其中並不包括未參加戰鬥的受害情況和死亡人數。據説民間約有 4,000 人死亡，但具體數目不詳 [18]。

但是，日軍佔領香港期間的悲慘程度，比起這些數據，或文獻記載、文學作品中的描述要有更大的距離。

首先來看看日軍方面的文獻記載。

香港淪陷後不久的 1942 年 1 月 15 日，進駐香港的渡邊武（當時的日本大藏省書記官，後任亞洲開發銀行總裁）作了五天的視察後得出如下結論："香港及九龍的商業業務與其工業一樣處於窒息狀態。如治安無法恢復、軍隊收押物資未予解除，以及沒有安定前景，則商業交易定必停滯。小官離香港至今日為止，開業之店舖皆以理髮店、茶館、小飲食

13　同前書，參考 99 頁以後。

14　謝永光著、森幹夫譯，《戰爭時期日軍在香港的暴行》（社會評論社，1993 年），參照 48-52 頁。

15　關禮雄著、林道生譯，《日本占領下的香港》（御茶の書房，1995 年），54 頁。

16　同前，《香港・長沙作戰》，308-310 頁。

17　同前書，319-320 頁。

18　簡・莫里斯（Jan Morris）著，飯島涉、伊藤泉美、西條美紀譯，《香港》（講談社，1995 年），322 頁。

店、電影院、舞場、賭場這些不怕掠奪之店舖居多。此外，還有中國低下階層居住地區之糧油店、日用品雜貨店諸類。然而，其商店街的熱鬧情況比得上戰前擁擠不堪的淺草寺，或使人想起池上本門寺慶祝節日時之景象。"[19] 這是比較穩妥的記載。

但是，同為日方的記載文獻，〈香港金融事情〉(1942 年 4 月 28 日，佚名) 中記載的狀況卻更為嚴峻："戰亂導致香港經濟內部混亂，遠超我等之想像。處理收押物資、通貨問題、處理敵國銀行等案件難以逐步就緒。蓋因香港之佔領地與上海、天津等情況相異，戰禍浩大而且經營之當事者資金緊絀，而在佔領前英國人的勢力已明顯減弱。"[20]

這樣看來，即使同為日本兵，單是掌握受災情況的方式也不盡相同。當然，與前者在佔領後不久即簡短記錄當時狀況的見聞錄不同，後者是在佔領後一些日子之後寫成的報告。因此，推測後者對事態有更為客觀的掌握。

以下看看小說或日記中對日軍佔領香港的記載。在玉井政雄的〈香港攻略記〉中寫道："趁着夜色來到九龍，等到天亮後再看，我對九龍的狀況吃驚不已。然而，並非因為都市的豪華，也非因為一直隔海遙望而現在卻近在咫尺而感到驚訝。我驚訝的是，也不知是何時掛上去的，從四五層高的家家戶戶的窗外隨風飄揚着宛如怒放花朵般的日本旗；街上每個角落聚集着的居民，一臉若無其事，其中還有看到我們這些士兵便微笑着打招呼的。在屋簷下迴廊似的街角處，頻頻聚集着各種各類為了賭博而眼中佈滿血絲的賭徒，全然看不到哪裏有戰爭的一副表情。幾輛私家車和公車被隨處停放在那裏，街上的孩子們爬上駕駛席，盤腿坐在

19　渡邊武，〈香港出差報告書〉(1942 年 2 月)(大藏省資料 Z530-146)。
20　佚名，〈香港金融事情〉(1942 年 4 月 28 日)(大藏省資料 Z530-145)。

座位上嬉鬧着……上了年紀的女人在大街的正中央把自家的小丫頭脫了個精光，用鐵桶裏的水給孩子洗澡。街角的小吃店生意興隆，好幾個人都站在那裏吃東西。街上還排列着賣香蕉和鳳梨的水果店。眼前真的是發生過戰爭的地方嗎？我忽然莫名地滿腹怒火。"[21] 這種描述給人一種日軍儼然"和平進駐"香港的印象。然而，其實日軍在侵略香港之際曾派出多名間諜，他們所到之處都會掛起日本旗，所以普通的日本官兵可能會有一種被歡迎的錯覺[22]。

與此相比，平野茂在〈香港佔領地總督部〉的描寫卻大相徑庭："我受命作為香港佔領地總督部的隨從前往香港。時為……12 月 25 日，是剛佔領香港後不久，市內隨處可見屍骸，斷了的電線下垂，遠處炮彈留下的痕跡還有近處倒塌的房屋，放眼望去滿目瘡痍。海面上沉浮着無數屍體，200 艘大型船隻沉沒在水中，不論將臉轉向哪裏，空氣中都夾雜着一股血腥味，滿眼都是戰後慘絕人寰的光景。"[23] 這些記錄與前述玉井的記述形成鮮明的對比。在玉井的記述中隻字不提戰火和死亡，這一點讓人匪夷所思。而平野的記錄旨在向我們傳遞戰場上硝煙的味道。

被日軍拘禁的重慶政府要員顏惠慶也留下了日軍佔領香港的手記。由於全文過於冗長，故只摘錄以下部分內容：

"傍晚時分日軍入侵。……週五早晨，街上可見日本旗，卻不見香港市民。我去了中國紅十字會，然而負責人卻不在。難民蜂擁湧到賓館想要進行搶劫，裏邊的人從陽台上砸下沉重的花盆進行防衛。……停電、停水。購買糧食變得極為困難。因為交通中斷而寸步難行，店舖也不開

21　玉井政雄，《香港戰記抄》（六藝社，1942 年），253-254 頁。
22　同前，《日本占領下の香港》，40 頁。
23　平野茂，〈香港佔領地總督部〉（日本中國友好協會、中國歸還者聯絡會編，《侵略——從軍士兵的證言》（日本青年出版社，1970 年），163 頁）。

業。偶爾有營業的，由於居民住宅區離市場很遠，即使去了東西也已售
罄。就是遇上有貨也只是番茄、蘿蔔之類。……炮聲如雷，只好用棉花
堵住耳朵。日本海軍在淺水灣、香港仔附近的戰事中佔據優勢。在七姊
妹道的亞細亞火油公司的儲油罐起火。日軍從 19 日開始發動總攻擊，並
最終登陸香港島。英軍掃蕩的機關槍聲響不絕。……炮火中的聖誕節。
雖有火雞和布丁，但我卻毫無食慾。因為燈火管制，夜晚一片漆黑。已
進入香港保衛戰的最後階段。是夜，聽說港督已被帶至九龍半島酒店並
同意停戰。此外，據說推遲停戰是為了在英國統治下度過聖誕節。翌
日早晨明確傳來了'和平'的消息。痛苦的日子暫告一段落。硝煙彌漫
中，日軍大舉橫渡至香港島。……據悉幾名華人議員追隨港督向日軍虔
誠起誓。……12 月 27 日，酒店恢復了用水用電。所有人都搶着洗去身
上堆積數日的污垢。28 日星期日，日軍舉行了入城儀式，有遊行、閱
兵、飛行表演。30 日早晨，我去了英軍俘虜收容所。其中未見到印度士
兵，只看到身穿印度軍官服裝的人。……1 月 5 日，聽到馬尼拉淪陷的
消息。……物價特別是食品的價格飆漲。白米 1 磅 2 元，柑橘、蘋果、
雪梨 1 個 7 角，'運道'牌香煙 1 罐 3 元。港幣價格為日本軍票的二分之
一，國民政府法幣可兌換港幣 1 元。[24]"

　　顏惠慶在描寫香港佔領時的混亂和居民的悲慘狀況時，寫法頗有節
制。

四、日軍拘禁香港要員

　　在日軍展開佔領香港作戰期間的 12 月 16 日，第 23 軍司令官酒井隆

24　〈顏惠慶自傳〉，《傳記文學》(第 21 卷 6 期，台灣，1972 年)，92-97 頁。

下達了拘禁香港要員的如下命令：

波集作命乙第二號

　　第二三軍命令　一二月一六日　〇九〇〇　深圳

一、陸軍中佐岡田芳政要建立興亞院，控制香港、九龍及澳門之中國要
　　員並對利用他們的問題展開工作。

二、關於細節遵循主任參謀之指令。

軍司令官　酒井隆[25]

　　所謂"波集作命"，是波集團作戰命令的簡稱。波集團是第 23 軍的
匿稱。岡田芳政 1924 年在日本陸軍士官學校畢業，擔任過日軍參謀總部
隨從中國研究員、興亞院調查官等職位，1939 年 9 月就任中國派遣軍參
謀，可以說是一個"中國通"。

　　岡田芳政按照以上命令，立即建立了興亞院，同時積極着手逮捕拘
禁住在香港的中國要員。如前所述，當時香港是蔣介石政權與歐美各國
聯絡的唯一窗口，因此國民黨政權的多數"要員"都在香港活動。日軍為
了今後香港的統治和對蔣介石政權的對策需要，希望利用這些要員。因
此，酒井命令岡田組建逮捕拘禁中國要員的政治工作部隊。

　　根據〈興亞院業務報告〉，日軍雖然將興亞院本部設在"半島酒店"
（The Peninsula Hong Kong，在日軍佔領後改稱日本名）以開展工作，但
在佔領香港島後就轉到島內的香港酒店繼續進行政治活動。日軍將當時
住在香港的"要員"進行了分類。具體分類和其待遇規定如下所示：

25　波集作命乙第 2 號〈第 23 軍命令〉（1941 年 12 月 6 日）（防衛廳防衛研究所資料《昭和十七年陸
　　亞密大日記》第 7 號 2/3）。

1. 嚴重傾向重慶的國民黨分子
2. 親日派分子
3. 傾向第三黨派分子
4. 共產黨派系分子
5. 英籍在港統治者名人

日本將在港要員分為以上諸類，對嚴重傾向重慶的國民黨分子和共產黨派系分子施以監禁，其他則於其宅邸軟禁或保護。

對上述外國政府之相關人員及其家屬，依據國民政府之通牒加以保護，諸種措施已大體完成。[26]

那麼，當時在港的中國"大人物"到底有哪些人？

現將興亞院在佔領香港時拘禁的香港要員臚列如下。以下所列香港要員是 1942 年 3 月 5 日的狀況，其中列出了作為香港佔領期日記作者所介紹過的、以顏惠慶為首的許多重慶國民黨政府在政經方面的大人物。

26　香港興亞院，〈興亞業務業務部報告〉（第 2 回）（1942 年 2 月 10 日）（同前）。

遭拘禁的中國要員一覽表

扣留中國要員一覽表			昭和一七年三月五日 興亞院
一、香港"酒店"收容監禁人士（17 名）			
派系	姓名	職歷	備註
重慶派（政界人士）	顏惠慶	民國 15 年 北京政府國務總理 民國 25 年 駐蘇大使 現職　國民政府振濟會委員 　　　國民參政員 　　　駐蘇聯絡委員（上任中）	
	許崇智	民國 14 年 廣東政府委員兼軍事部長 現職　監察院副院長、 　　　國防最高委員會委員 　　　中央監察委員	日本陸軍士官學校畢業
	胡文虎	現職　國民參政員	南洋華僑巨頭
	葉恭綽	民國 20 年　國民政府鐵道部長	廣東省元老 因病特許監禁於家中
	李思浩	民國 14 年　段祺瑞政府財務總長 民國 25 年　冀察政務委員會委員 現職　國民政府振濟會廣東分會主任、 　　　香港紅卍字會會長	
	陳維周	民國 17 年　兩廣鹽運使、 　　　　　　廣東政治委員會委員	陳濟棠親兄，廣東財閥之一
	甘介候	民國 21 年　外交部業務副部長 　　　　　　（陳友仁部長） 民國 22 年　外交部兩廣視察員 現職　國民參政員	中國民主政團同盟之中心人物
	刁作謙	民國 22-25 年　新加坡領事 現職　外交部參事、 　　　外交部兩廣特派員	
	鄭洪年	民國 16 年　財政部次長 民國 17 年　暨南大學校長 民國 20 年　實業部次長 民國 29 年　立法院委員	

重慶派（政界人士）	王泉笙	前清　同盟會 民國 5 年　菲律賓黨支部常務委員 現任　國防最高委員會委員、 　　　中央執行委員會常務委員	去年 12 月 7 日乘坐"馬尼拉"號來港
	梁寶慈	民國 24 年　國民政府實業部、 　　　　　　駐美實業考察專員 民國 29 年　國民政府募捐委員會、 　　　　　　駐菲律賓募捐特派員 民國 29-30 年　蔣介石外國顧問 　　　　　　　端納的中文秘書	宋美齡駐香港代表之一
	翁寶珍	原第十九路軍旅長翁照垣（日本陸軍士官學校畢業）之女	
	林康侯	現職　全國商會聯合會主席、上海銀行公會秘書長、中國國貨實業服務社理事長、國民政府振濟委員、中華紅十字會常務理事	
重慶派（財經界人士）	唐壽民	現職　交通銀行總經理	宋子文、孔祥熙的理財顧問
	鄭鐵如	民國 7-11 年　北京大學經濟學教授 民國 11-15 年　中國銀行汕頭支行經理 現職　中國銀行香港分行經理	
中立派（財經界人士）	周作民	民國 20 年　國民政府財政委員會委員 21 年　東北政務委員會委員 現職　金城銀行總經理、 　　　太平保險公司總經理	
親共派（孫科系）	陳友仁	民國 20 年　國民政府外交部長 20 年　第四次執行委員 20 年　國民政府委員、兼外交部長 　　　（孫科廣東政府）	

二、軟禁於其宅邸（或受保護）人士（17 名）			
派系	姓名	職歷	備註
重慶系（政界人士）	黃居素	現職　國民黨中央委員	陳銘樞的秘書
	鄭曉棠	現職　孫科的秘書長 　　　重慶財政部駐港機關（富中行） 　　　總經理	
	王棠	民國 12 年　廣東大元帥府軍需處長 　　　　　　兼會計司長 現職　國民政府僑務委員會常務委員、 　　　軍事委員會參議	
	吳經熊	民國 16 年　上海東吳大學法學院院長 　　　　　　兼教授 17 年　上海公共租界臨時法院刑事 　　　　部長 18 年　上海公共租界臨時工務局顧問 18 年　美國哈佛大學及西北大學教授 現職　立法院法制委員會委員長、 　　　候補中央執行委員	
	葉為耽	民國（不詳）年　復旦大學人類學教授、 　　　　　　　中國地質學會會員 現職　立法院委員	
	馮自由	前清　加入同盟會為孫文革命奔走 民國 14 年　組織國民黨同志俱樂部 　　　　　　（因與胡漢民、汪兆銘不 　　　　　　和而退出國民黨） 　　　　　　上海新新公司總經理 現職　立法院委員	
	陳銘樞 夫人	原軍事委員會委員 原中央執行委員　陳銘樞的夫人 原廣東省主席	
	杜維藩	杜月笙長子及其妻	據説逃往澳門， 目前搜索中。

重慶系（財經界人士）	貝露遜	現	農民銀行經理
	汪儻伯	現	中國銀行經理
	錢廷玉	現	交通銀行董事長錢新之兒子
	吳清泰	現	富華公司經理
	林榮生	現	復興公司經理
	倪士欽	現	鹽業銀行經理
	章叔淳	現	中南銀行經理
	余經鉞		南洋華僑（馬來半島）實力派、已故余東璇之子
	黃江泉夫人		南洋華僑巨頭建源號香港支行監督黃江泉（目前上海出差中）的夫人

註　何東於澳門避難確屬事實，已與興亞院聯繫。

資料來源：香港興亞院〈興亞院業務報告（第二回）〉，1942 年 2 月 10 日（防衛廳防衛研究所資料，《昭和十七年陸亞密大日記》第七號 2/3）。

　　日本即將佔領香港之前，許多重慶政府的財經界、政界官員利用陸路、海路乃至乘飛機從啟德機場逃離香港。其中就有蔣介石的夫人宋美齡和其姐姐宋靄齡（孔祥熙夫人），她們當時就在香港遭到日軍攻擊，最後好不容易於 12 月 8 日晚上乘坐救援飛機從啟德機場逃走。日軍極力阻止她們逃走，同時把未能及時逃走的官員抓作俘虜，企圖利用他們實現日本的統治。胡文虎（1941 年 12 月 25 日）、羅旭龢和羅文錦（12 月 27 日）、董仲偉（12 月 29 日）、李子芳（次年 1 月 1 日）等先後被抓。作為 "重慶方面的重要人物"，日軍當時考慮與這些在港要員中 "有聲望" 的 "和平愛好者" 合作，以開展之後的 "政治工作" [27]。下文提到的華民代表會和華民各界協議會成員，就是從這些人選拔出來的。

27　同前。

五、軍政廳的設立

第 23 軍在佔領香港後就開始着手設立軍政機關，並根據波集作命甲第 225 號命令，於 1941 年 12 月 28 日設立了稱為"香港軍政廳"的初期統治機構。該命令內容如下：

波集作命甲第二二五號

　　第二三軍命令　一二月二十八日　一○○○　九龍

一、於明日二十九日午後，關閉我軍戰鬥司令室，同時開設軍政廳，前
　　項軍政廳之位置暫時設於九龍南端之"半島酒店"內

二、佔領地駐紮部隊（包括澤本部隊）之諸種報告除特別指示之文件外，
　　自今日起均應提交至九龍軍政廳

三、興亞院自今日起於香港設置，繼續進行之前之任務

四、香港憲兵隊長自今日起應援助興亞院之工作

五、佐野兵團長應將其麾下兩分隊之軍官派往香港"酒店"，用於監視中
　　方要員，具體細節由岡田中佐指示

六、吾將於三十日傍晚返廣東

軍司令官　酒井隆[28]

基於這個命令，1941 年 12 月 29 日日軍迅速設立了香港軍政廳。由此日軍展開了在香港的軍政統治。日軍將軍政廳設置於香港的半島酒店內。

香港軍政廳的架構如下圖所示：在軍司令官之下設有總務部、民政

28　波集作命甲第 225 號〈第 23 軍命令〉（1941 年 12 月 20 日）（同前）。

部、經濟部、海事部、司法部五個部門，各個部門分管圖中所示的業務
內容。各個部門所承擔的業務，雖然依據 1941 年 12 月 30 日頒佈的〈香
港軍政廳業務處理暫定規定〉進行處理，但具體工作依據在此之前於 12
月 10 日確立的〈香港民政實施要領（草案）〉來進行。根據規定，香港軍
政的基本方針在於恢復和維持香港的治安；關於舊政府事務採取排除敵
對性之後，致力於有效利用的對策；實施軍政的財政保障以收押物品充
當。其中提出的主要政策有人口疏散政策，和對重慶方面的要員和華僑
進行利用的政策等。[29]

　　由於當時軍政要員人手不足，日本以"興亞院及其他我國官廳官吏
以及正金、台銀、三井、三菱等其他商社的職員，凡開戰前在港居住者，
或於澳門等地避難者，以及現在廣東工作者，均可依軍囑所託擔任工
作"[30] 這一方式，迅速地把熟悉當地情況的人員部署為軍政要員。當時，
酒井隆擔任日軍司令官，參謀長為栗林忠道。作為"中國通"而為人熟知
的酒井，歷任參謀本部中國課課長、中國駐軍參謀長、興亞院蒙古聯絡
部長官等職位，並於 1941 年 11 月出任第 23 軍司令官，於 1943 年 4 月
被編入預備役。栗林作為騎兵領域的軍官，於 1941 年 9 月出任第 23 軍
參謀長，1943 年 6 月轉任近衛第二師團長。酒井於 1946 年 9 月在南京
被處死，栗林則於 1945 年 2 月在硫磺島戰役陣亡。

29　同前〈香港出差報告書〉。
30　同前。

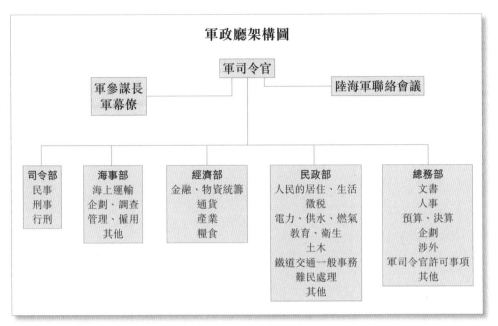

軍政廳架構圖

軍司令官

軍參謀長
軍幕僚

陸海軍聯絡會議

司令部	海事部	經濟部	民政部	總務部
民事 刑事 行刑	海上運輸 企劃、調查 管理、僱用 其他	金融、物資統籌 通貨 產業 糧食	人民的居住、生活 徵稅 電力、供水、燃氣 教育、衛生 土木 鐵道交通一般事務 難民處理 其他	文書 人事 預算、決算 企劃 涉外 軍司令官許可事項 其他

資料來源：渡邊武，〈香港出差報告書〉（1942.2，大藏省資料（Z530-146））。

結語

日軍在佔領香港的同時，也控制了香港的權威人士。日軍之後利用這些人士統治香港，尋找出路的同時不斷摸索佔領香港的政策。香港與其他南方佔領地區不同，它沒有豐富地下資源，而因為是商業貿易城市，所以很容易便能確定香港在佔領後的發展方向。由於"大東亞共榮圈"內的貿易政策尚未明確，所以暫時沒有為香港定位。當時香港僅被定性為對抗重慶蔣介石政權的謀略基地。雖然香港最終脫離了第 23 軍的管轄，直屬日軍大本營，但在剛被佔領時，香港的統治是在第 23 軍的指揮下由開設軍政廳開始的。

第 2 章
日軍佔領香港軍事行動的籌劃和展開

引言

本章探討日本軍佔領香港的政策。佔領香港政策的基本方針，可見於 1941 年 12 月 9 日頒佈的〈香港、九龍軍政指導計劃〉。這個計劃作為香港軍事統治的出發點，為今後日本統治香港帶來了很大的影響。在上一章，我們討論過香港其後脫離了第 23 軍的軍政統治，改由大本營直轄的總督部統治。但是即使經歷了變遷，在初期制定的〈香港、九龍軍政指導計劃〉的基本方針卻沒有改變。因此，為了探討之後的香港軍政統治，必須了解這個〈指導計劃〉的內容，尤其是〈指導計劃〉當中關於拘禁香港重要人物和協助日本軍政統治的內容。本章嘗試探討該〈指導計劃〉的內情，和作為日本統治"道具"的香港重要人物的本質。

一、〈香港、九龍軍政指導計劃〉

作為香港軍政指導方針的〈香港、九龍軍政指導計劃〉，於佔領香港戰事開始的翌日即 1941 年 12 月 9 日已經制定。該方針是佔領香港政策的根本，由〈指導方針〉、〈指導要領〉、〈施策要領〉和〈軍政機構〉四部分組成。以下為全文之內容。

〈第 23 軍香港、九龍軍政指導計劃〉
第 23 軍司令部

第一　指導方針

一、以恢復治安為先，之後迅速使香港成為我方軍事基地。與此同時，以建立顛覆重慶政權之政治戰略基地為主要目標，施行強而有力之軍政。

二、以香港作為我國於南方的經濟、政治基地為施政方針，須考慮我軍於南方之勢力發展進程和重慶政權瓦解的狀況等現狀，方可決定施政時機和方略。

第二　指導綱要

一、各項施政方針應首先以恢復和維持香港治安為首務，之後方可實施所需之建設。

二、在我軍未實現對香港真正統治之前，抑制香港島和九龍租借地自我發展之事業和與我軍軍務無直接關係之貿易、金融、生產、運輸、交通文化等各項活動。

但以促進瓦解重慶政權為目的，籠絡華僑及在港重慶政權要人並使之安居之必要措施，應積極推行。

三、現存重要的設施，尤其是有關我軍軍務的設施，在安保政策完全落實之同時，應積極逐一建設。

四、務必儘力防止無用之社會變革。為瓦解英美勢力而迫不得以進行的經濟、社會變革，不應加以阻止，並且應根據實際情況予以促進。

五、除香港島、九龍租借地區軍屬及陸海軍傭僱人員以外之人員，出入或居於香港，出口或入口軍需物資以外之物資，企業、營業、商業行為等，皆須獲得第 23 軍司令官之認可。

六、與海軍根據地相關設施之建設營運，以及海上防衛及居住供給等與海軍相關之需求，皆須儘力滿足。

第三　施策要領

一、民政

1. 佔領之初，民政之重點將置於恢復和維持香港治安上。

2. 除敵對分子，應儘量利用現存各種公共團體及機關，尤其與保安相關之機構。如有必要，可以日本人替代該些機構的主要人員。戰後經過動盪期而進入安定後，可根據需要建立新公共團體及機構。

3. 儘量限制香港及九龍之人口。

　因此，務必迅速將低下階層（尤其是流浪者）強制遷移他地。但要保留我軍基地之技術人員和勞動力。

4. 為招撫華僑及重慶方面之要人，須為他們提供特別住宅區，謀求其安居之策。

5. 應優先確保並整備與警備及戰事相關之陸上交通運輸（包括香港、九龍間之交通運輸）以及通信設施。

6. 對當初扣留的普通英美人士（包括敵對國家之人民）應伺機適當處理。根據情況，可將部分或全部人員送往特定區域，進行徵用或利用。

7. 關於無敵對性的華人或第三國籍人士，可酌情處理。

二、財政、金融及經濟

1. 儘量以沒收物資充當實施軍政時之經濟來源。之後應迅速確立稅收制度。

2. 努力確保民眾生活必需品的供應。為此，要極力防止貯存於香港之物資被偷運出外。同時根據所需，設法從其他方面引進物資。而且可根據需要，對重要物資實施配給制度。

3. 用電、用水、通信以及主要交通機關及重要工廠等，由陸軍進行管理。但第 23 軍司令官與第二遣華艦隊司令長官之間，關於攻佔香港戰略協議所規定之海軍管理事務除外。

4. 以軍票作為香港島與九龍租借地之主要貨幣，要實施各種對策以維持軍票之價值。

   禁止港幣流通。但在必要時期內可容許小額度紙幣流通。

   對於港幣持有者，在此期間可以少量金額兌換軍票。

   關於法幣應順應大陸之政策採取對策。

三、司法

1. 對既存之高等法院警察裁判所等，儘量剔除其敵性，然後加以使用。為此，第 23 軍法務部要配備充當其中要職的人員。

2. 審判應以軍司令官之名，由前項高等法院警察裁判所執行。

四、安保

1. 香港及九龍兩市區之安保，隨着佔領該地區後，應迅速派駐軍隊，致力於恢復和維持治安。在此期間，要依靠已剔除敵性之既存警員機構，以求安保萬全之策。

2. 對於既存警員機關中之英國人，由南中國派遣憲兵隊長（部分水警之要職由南中國海軍特務部充任）配備人力，儘量以日本人取替。但其中如要員不足，可以廣東領事館警察加以補足。

3. 有保安緊急之需要時，警員機關可臨時由警備司令官或當地警備隊長妥善處理。

第四　軍政機構

一、要旨

首先以我軍之現有機構實施各樣佔領政策。

之後如情況允許，應儘快成立新機構。

但既存機構中無敵性分子者，可復其職並於低下層機構利用。

二、第 23 軍司令官統管香港島、九龍租借地之軍政。

三、第 23 軍參謀長輔佐軍司令官實施軍政。同時，受命於軍司令官對行政各部門進行指導和統管。

四、第 23 軍副參謀長受軍參謀長之支持負責全面策劃香港島、九龍租借地的軍政實施，並統管行政各部門之事項。

五、第 23 軍特務機關之長官奉軍司令官之命掌管香港島、九龍租借地之民生、財政、警務（包括海上）、公共設施、衛生、防疫、土木、運輸、交通、通信及其他一般民政之事務。

六、第 23 軍會計部長奉軍司令官之命掌管香港島、九龍租借地之金融及經濟行政之事務。

七、由第二遣華艦隊司令長官派遣前任海軍士官，指揮陸軍派遣之軍官以下階級人員，並奉軍司令官之命掌管香港島、九龍租借地之軍事行政事務。

八、第 23 軍法務部長奉軍司令官之命掌管香港島、九龍租借地之司法行政事務。

九、第 23 軍報導部長奉軍司令官之命監督香港島、九龍租借地之宣傳報導事務。且依據其直轄機構指示，實施部分宣傳報導事務及播放工作。[1]

依據〈香港、九龍軍政指導計劃〉，首先在〈指導方針〉中可以看到，日軍把香港定位為打倒重慶蔣介石政權的政治戰略基地，以達成這一課題宣導來實施軍政。隨着南方戰事不斷進展，香港與南方地區的關係得以確立。

接下來在〈指導綱要〉中可以看到，日軍以恢復香港治安為第一要務，明確了除顛覆重慶政府之目的以外，不積極採取對策，維持軍事設施及香港社會的現狀，並推行進出香港、商業活動、貿易活動等的批准制度和為海軍提供便利的施政傾向。除了香港以外，"恢復治安"、"維持現狀"也是當時日軍佔領東南亞時實施的南方軍政基本政策。

〈施策要領〉涉及民政、財政、金融、司法和安保的內容。首先在民政方面，日本提出了以下對策，包括恢復治安、日本人可利用現有設施、對除香港、九龍軍政要員外的低下階層居民實施強制性遷居、確保和整備受拘禁中國人的住宅、通信、運輸設施，拘禁和保護英、美人士。在財政、金融、經濟方面，措施包括將沒收的物資用於保障實施軍政的財政來源、實施配給制度、由軍方管理用電、用水、通信、交通工具和重要工廠、限制港幣的使用、使用軍票並維持軍票價值等。在司法方面，採取重新整編和使用現有審判機構。安保方面，通過軍隊的分流駐紮、重新整編和利用現有警員機構，迅速恢復治安。在這些措施中，尤應注

1　第 23 軍司令部，〈第 23 軍香港、九龍軍政指導計劃〉，1941 年 12 月 9 日（防衛廳防衛研究所資料《昭和十六年陸支密大日記》第 64 號 2/4）。

意在民政方面採取的強制性遷移低下階層居民的對策，和在財政、金融、經濟上使用軍票的建議。這些政策之後全都付諸實行。

　　另外，在〈軍政機構〉中，提出了香港軍政的機構概要，明確規定：雖然香港實施軍政，但將加以利用沒有敵性的低下層機構；由第 23 軍司令官在香港和九龍實施軍政；以軍司令官為頂層執行參謀長、副參謀長、特務機關長官、會計部長、海軍代表、法務部長、報導部長的各個職務。此軍政機構奠定了前述軍政廳設立時的根基。

　　但是，大概由於〈第 23 軍香港、九龍軍政指導計劃〉在開戰後不久的 12 月 9 日頒佈，當時日本還未佔領香港，所以整個計劃在各個方面都存在漏洞。但是以實施軍政、強制遷移居民的人口疏散、軍票使用等政策，則顯示出基本政策的主要框架。此個〈指導計劃〉確定了香港佔領政策的基本內容。

二、〈香港統治策略之我見〉

　　日軍的香港佔領政策的另一特徵，在於要統治香港居民中佔絕大多數的中國人，並要利用當中一部分人，因而提出了所謂"以華制華"的統治方針。前述〈第 23 軍香港、九龍軍政指導計劃〉中，雖然指出"為招撫華僑及重慶方面之要人，須為他們提供特別住宅區，謀求其安居之策"，但並未提及具體措施。這種積極將中國人納入軍政機構加以利用的想法，早在日軍佔領香港之初，於任軍政廳總務部長的日軍少將矢崎勘十的〈香港統治策略之我見〉中就有所體現。

　　〈香港統治策略之我見〉於 1942 年 2 月發表，全文由〈統治根本方針〉、〈經濟施政方針〉、〈行政措施綱要〉、〈經濟措施綱要〉、〈財政措施綱要〉、〈土地措施綱要〉和〈後記〉組成。〈經濟施政方針〉又可分為〈關

於金融〉、〈關於工商業〉、〈關於交通〉、〈關於水產業〉、〈關於農業〉、〈關
於政府事業〉。另外,〈後記〉由〈今後有必要調查之主要工●(作者按:
一字不明)〉、〈附屬書類〉組成,其中〈附屬書類〉由〈鴉片專賣方案〉、〈鹽
專賣方案〉、〈煙草專賣方案〉、〈關於製糖事業〉、〈關於飲料水製造事業〉
和〈關於畜牧〉所構成。

一般認為,較能鮮明體現矢崎主張的內容,相當於開頭總論的〈統
治根本方針〉。下文將介紹該章節的內容。

香港統治之根本方針

關於香港之統治方針,必須根據帝國之國策並香港自身之軍事及經
濟之佈局條件加以決定之。

余以為,此次大東亞戰爭將解放受英、美民族壓迫之東亞民族,在
帝國之領導下謀求安定和發展。因此,在我日本國根據此次戰爭將佔領
地區施政之根本方針,要拋棄異民族統治或所謂帝國主義統治之觀念,
必須基於東亞諸民族協同團結下之共存共榮、民族協和之理念。不然,
余以為東亞諸民族僅僅由日本之統治代替以往歐美勢力之統治而已。安
能欣然協力於吾國崇高之"八紘一宇"之精神。

加之考察東亞之將來,日本帝國對中國及南洋一帶之掌控,出於資
源之關係招致歐美諸國之妒羡。諸如英、美諸國未必反攻吾帝國之念也;
蘇聯一直也未放棄侵略東亞之念;即便是德意志所言,其所懷白色民族
至上主義之歷史事實中也已有所徵兆也,東亞之前途未容樂觀。如若沉
醉於戰爭之勝利而毫無絲毫之省察,原封不動沿襲以往歐美諸國對東亞
民族之統治,對可能會到來之下一場戰爭毫無應對之策,不樹立宏遠之
理想,徒為日本眼前之小利而感慨,何以成就所謂帝國主義之施政哉?

如若不能把握東亞諸民族之人心，下次對戰歐美民族時必將復嘗此次法
蘭西所嘗之苦膽也。再或今後對廣大面積之統治反而會如以往蒙古人統
治中國及歐亞之時不做深省而施政之結果，不但不會留下任何統治之痕
跡，還不得不面對發祥地衰亡之事實也。一念及重蹈覆轍，此等懊悔不
言而喻，我等十分恐懼。

　　故吾國要以此類事實為鑒，在東亞共同防衛、東亞共榮之理念下迅
速謀求東亞諸民族堅固之團結，在我大日本帝國宣導之理想下實施使諸
民族欣然協力之政策。如同蘇聯竟能使十幾種之異民族合為一國，實在
於把民族對立之觀念替換為階級對立之國際觀念，樹立各民族共同敵人
之觀念然可以立國也。英國統治殖民地之際，非根據如此之理論而唯顧
英之本國利益統治之。兩國統治皆以“力”治異民族，然前者之異民族統
治敢於公開之而不忌憚，實因有此理論根據而所以然也。

　　故我大日本帝國為樹立大東亞共榮圈亦將此觀點置於對歐美共同防
衛戰略之上，須於東亞諸地區實現強力之政治，遂採用諸地區獨立之形
式施政，亦或以日本領有之形式施政已不足論之也。香港之統治無論有
無宛如朝鮮、台灣之以領有形式施政之充足論據，但如若無使當地居民
體諒之充足論據，荏苒至今，雖說原本起因於當時風靡之帝國主義風潮，
但面對當下世界重組之時機，定要避免如此之愚行也。

　　時至今日吾國沒有變更對朝鮮、台灣一貫一視同仁之政策。今後亦
無需變改。然此崇高之施政大綱，往往流於形式主義，施非仁政與現住
民之情狀下，益發有觀此綱要之必要也。追求國家統一之風習乃日本民
族之傳統觀念也，然而今後當統治或領導幾多風俗習慣相異之民族，甚
須深察焉。不如憑民族共榮之理念將帝國之文化侵染彼等。予圖急速之
變化定要嚴加謹慎而行之。

　　吾以為蓋強力之政治並非倚彈壓之勢,亦非以阿諛之政治施與現住
民也。香港之統治須以現住民欣然協力之施政方可為之也。[2]

　　矢崎在〈香港統治之根本方針〉開篇中,斷言"大東亞戰爭將解放受
英、美民族壓迫之東亞民族,在帝國之領導下謀求安定和發展",認為
"要拋棄異民族統治或所謂帝國主義統治之觀念,必須基於東亞諸民族協
同團結下之共存共榮、民族協和之理念","拋棄帝國主義統治之觀念",
只要依據"八紘一宇之精神"以"民族協和之精神"進行統治,中國人就
會合作。強調"在東亞共同防衛、東亞共榮之理念下迅速謀求東亞諸民
族堅固之團結,在我大日本帝國宣導之理想下實施使諸民族欣然協力之
施策"等具體措施的必要性。結論中指出,"蓋強力之政治並非倚彈壓之
勢,亦非以阿諛之政治施與現住民也。香港之統治須以現住民欣然協力
之施政方可為之也"。矢崎認為,不是把佔領地居民變成日本人,而只要
把其"更正"為"中國人一定會和日本人合作"就行。其觀點帶有濃厚的
石原莞爾所主張的"東亞聯盟論"色彩。

　　石原莞爾在 1939 年 10 月提出東亞聯盟的主張。他在日本侵華戰爭
早期宣導和平,至 1940 年 3 月作為日軍的後援在上海與汪精衛政權聯手
展開行動。在日本國內各縣建立支部組織,開始宣導停止日本侵華戰爭
的活動,推廣在佔領區把主要行政工作交給中國人並不加干涉的"以華
制華"佔領政策,意圖在日軍的中國派遣軍和汪精衛政權中建立宣傳網
絡。

　　但是,這些運動的力度不到一年就迅速減弱。這是由於 1941 年 1 月

2　矢崎堪十,〈香港統治方略之我見〉,1942 年 2 月(防衛廳防衛研究所資料《昭和 17 年陸支密大
　　日記》第 53 號)。

興亞院的統合使東亞聯盟不復存在，而太平洋戰爭突然爆發亦使石原的
中日和平論失去現實意義。石原持有"世界最終戰爭"的獨特戰爭觀，認
為將來會在以日本為中心的東亞和以美國為中心的美洲進行最終戰爭，
而要贏得這場戰爭，中日和平不可或缺。雖然伴隨戰爭事態發展，其主
張喪失了現實意義並不再具有影響力，但其"以華制華"的思想卻影響
了很多日本軍人[3]。矢崎就是其中之一，他是日本陸軍士官學校第 31 期學
生，於 1926 年畢業，之後擔任關東軍參謀再轉任第 23 軍參謀，後又擔
任香港第 23 軍總務部長之職。據說他在任關東軍參謀的時期接觸石原莞
爾，並深深被其"東亞聯盟論"所吸引[4]。

三、動員香港名人

另外，英軍投降後不久，從中國大陸移居香港的居民當中有威望的
華人，自主成立了香港善後處理委員會，負責處理日軍佔領香港時的糧
食、治安、醫療衛生、歸鄉事務等。剛被日軍佔領時，香港由於處於"無
政府狀態"，故"掠奪"橫行，香港善後處理委員會便在這期間自發成立。
在日軍的《興亞機關業務報告》中，可以看到如下記載：

（1942 年）1 月 10 日，軍部司令官⋯⋯於香港九龍招待香港紳士，
授予其協商善後處理香港事務之許可權，同時命 29 人任善後處理委員會

3　作為東亞聯盟的代表性研究，請參考：秦郁彥，《軍事法西斯運動史》（河出書房新社，1962 年）、
　　松澤哲成，《日本法西斯的對外侵略》（三一書房，1983 年）、五百旗頭真，〈東亞聯盟論的基本
　　性格〉《亞洲研究》第 63 卷第 6 號，1975 年 4 月）、同前，〈石原莞爾和昭和維新論〉（玉井禮一
　　朗編，《石原莞爾選集（四）》，1993 年）、桂川光正，〈東亞聯盟的成立與展開〉《史林》第 63 卷
　　第 5 號，1980 年 9 月）、同前，〈東亞聯盟運動小史〉（同前《石原莞爾選集（六）》）、小林英夫，
　　《創造"日本株式會社"的人：宮崎正義的一生》（小學館，1995 年）、松田利彥，〈東亞聯盟論中
　　關於朝鮮問題的認識〉《世界人權問題研究中心研究紀要》1996 年 3 月）。
4　松本繁一，《日本軍政期的香港經濟》《亞洲研究》第 17 卷 1・2 號，1976 年 2 月）。

委員。善後處理委員會委員涉及廣泛領域，通過反覆之研究審理，以軍部司令官之訓示為本，逐次提出意見，上呈報告[5]。

這樣，日軍於 1942 年 1 月 10 日在香港半島酒店召集了達 158 名有名望人士，並從中選出的 9 名善後處理委員會委員，包括羅旭龢、周壽臣、羅文錦、譚雅士、王德光、李子芳、李冠春、董仲偉，及李忠甫[6]。

羅旭龢是英國統治時期的首席華人代表，也是旭龢行的老闆和華人置業公司的董事；周壽臣是東亞銀行董事長和中華百貨公司董事長；羅文錦和譚雅士都是律師；王德光任華民代表事務局主事；李子芳任東亞銀行經理；李冠春任和發成公司經理；董仲偉任香港華商總會主席和香港錢莊公會主席；李忠甫任華東三院（華人慈善團體）主席和亞洲行經理。這些人士不是銀行等金融機構的經理就是律師，都是英國統治時期香港社會有威望的華人。然而更為重要的一點，是他們在政治上中立，無論與國民黨還是共產黨都保持距離[7]。

日軍在半島酒店召集了 141 名在香港有威望的人士，所有人的姓名和職業於下表列出，他們當中不乏金融機構經理、律師、醫生等香港社會名流。1942 年 2 月，日軍為了協助香港總督部統治，重新組織他們之中的主要成員，成為華人行政合作機構 —— 香港華民代表會和香港華民各界協議會的成員。

5　香港興業機關，〈興亞機關業務報告（第二回）〉（1942 年 2 月 10 日，防衛廳防衛研究所資料《昭和 17 年陸亞密大日記》第 7 號 2/3）。

6　興亞機關，〈香港九龍中國紳士名錄〉（1942 年 2 月 10 日，防衛廳防衛研究所資料《昭和 17 年陸亞密大日記》第 7 號 2/3）。

7　參閱東洋經濟新報社，《軍政下的香港》（東洋經濟新報社，1944 年），113 頁，以及滿鐵上海事務所香港駐在員〈居港華人威望人士調查表〉（1940 年 2 月）。

結語

　　〈香港、九龍軍政指導計劃〉決定了香港軍政管治的發展方向。這項在開戰不久就確立的軍政指導計劃書，明確規定了在香港施行軍政，以恢復治安、維持現狀為基本方針，把香港視作對抗重慶政權的策略基地。除此以外，該軍政指導計劃書中還規定了人口疏散政策、軍票流通政策等後來成為軍政統治主導政策的基本方向。而且，1942 年 1 月在半島酒店舉辦的華人代表聚會中，還包括之後合作執行香港軍政統治的大部分人員。從這一點來看，我們不能忽視早期日本軍政廳的香港統治政策對其後日本軍政統治的影響。還有一點對之後的香港軍政產生重要影響，那就是第 23 軍總務部長矢崎勘十的〈香港統治策略之我見〉。他的見解強烈滲透出"以華治華"的觀點，可見"東亞聯盟"的想法對香港軍政統治的構思產生了一定程度的影響。

被日軍召集到香港半島酒店的華人代表的姓名、職位和所屬單位 [8]

姓名	職位	所屬單位
羅旭龢	旭龢行	華人行六樓
周壽臣	東亞銀行董事	德輔道中　東亞銀行
李星衢	總經理	德輔道中康年人壽保險公司
羅文錦	律師	亞歷山打行
羅文惠	律師	亞歷山打行
羅文顯	買辦	渣甸洋行
葉蘭泉	廣萬隆	永樂西街 177 號
胡惠德	醫生	華人行五樓
譚雅士	律師	大道中四號

8　資料來源：興亞機關〈港九中國紳士錄〉（1942 年 1 月 10 日、防衛廳防衛研究所資料《昭和十七年陸亞密大日記》第 7 號 2/3）。

姓名	職位	所屬單位
李子芳	經理	東亞銀行
李冠春	經理	永樂東街和發成
董仲偉	道亨銀號	文咸東街 10 號
楊（？）輝	經理	德輔道西 33 號
楊倬偉	經理	德輔道西 33 號
郭贊	買辦	東方匯理銀行
曹學愚	經理	華商總會
王德光	馮登記	畢打行
謝家寶	高華花店	告羅士打行
陸靄雲	華人經理	東亞銀行　鳥思倫燕梳公司
李輝祥	世界洋行	德輔道中 37 號
黃冕南	雄商公司	大道中 174 號
冼秉熹	律師	友邦行
鄧肇堅	經理	大道中 171 號　鄧天福銀號
許庇谷	經理	大道中 253 號　中華帽廠
陳鳳儔	同安輪船公司	德輔道中 144 號六樓
蔡昌	總經理	大新公司
潘仲蔭	職員	華人行二樓美國樹膠用品公司
易劍泉	職員	華人行二樓美國樹膠用品公司
凌驥	中國銀行職員	華人行二樓 110 號
李少溪	粵興行	文咸西街 33 號
陳錦濤	渣華輪船公司	干諾道中
盧振棣	勝家公司	大道中　勝家衣車公司
杜澤文	經理	永安公司
伍華	伍華事務所	畢打行
陳廉伯	買辦	前廣東滙豐銀行
梁基浩	經理	娛樂戲院
黎卞和	旭龢行秘書	華人行六樓 502 號
莫華添	南泰公司	德輔道中 127 號
羅伯達	聯泰公司	法國銀行二樓
何品楮	銀行家	寶龍台 32 號
李澤南	經理	大道西 129 號　忠信故衣
岑維休	總經理	華僑日報
周峻年	經理	大道西 8 號　全安保險公司

姓名	職位	所屬單位
蔣法賢	醫生	華人行 103 號
黃茂林	元中華百貨店經理	九龍馬歐浦道 184 號
李佐臣	經理	大道中 65 號　永南號
馮秉芬	董事	東亞銀行
黃伯莊		皇后街 20 號
王栩然		華人行六樓 502 號
郭泉	經理	永安公司
吳澤華	經理	干諾道中　渣華輪船公司
容冠文	買辦	和記洋行
周錫年	醫生	華人行二樓
何東	業主	德輔道中 4 號　生記租務
蔡興	總監	先施公司
雷蔭蓀	經理	廣合金山莊
劉星昶	經理	文咸西街　羅公司
蔡寶田	經理	結志街 25 號　榮益建築公司
酈子明	職員	文咸西街 79 號
李忠甫	經理	皇后街 15 號
李家萼	經理	大道中 185 號　其生押
李家仕	經理	荷李活道 206 號　大生押
譚煥堂	經理	德輔道中 272 號
盧仲雲	買辦	大道中 9 號　荷蘭銀行
江貽蓀	經理	華人行二樓　謙裕公司
江筱侶	職員	華人行二樓　謙裕公司
區紹初	業主	畢街 12 號
馮子英	經理	大道西　英華藥行
馮儉生	經理	德輔道中　大同酒家
陳蔚若	理事	東華醫院
區廉泉	經理	畢街 13 號
何世榮	買辦	香港上海滙豐銀行
郭幼廷	經理	興隆街 35 號
鍾約廷	經理	中華百貨公司
簡東浦	總經理	東亞銀行
黃伯芹	經理	文咸東街 43 號　福華銀號
郭獻文	職員	永安公司

姓名	職位	所屬單位
陳承寬	經理	干諾道中 45 號
陳世民	職員	報國銀行二樓　東方信託公司
董鶴年	經理	文咸東街 11 號
馮鉅飛	職員	畢打行　馮登記
謝惠延	經理	干諾道 133 號
周日光	經理	中華百貨公司
周效良	職員	中華百貨公司
林子豐	總管	文咸西街 42 號
蕭柱雲	經理	干諾道西 84 號
伍宜孫	經理	大道中 112 號
何棟生		渣甸洋行買辦房
馬敍朝	經理	大道中 249 號
鍾錫延	職員	華人行二樓
馮少棠	經理	必打街 14 號
李瑞琴	經理	高街 10 號　榮泰建造
顏成坤	總理	電器道 137 號
盧壽蓀	職員	華人行二樓羅便臣路 7 號
李樹芬	醫生	東亞銀行四樓
馬祿臣	醫生	娛樂行
郭佩璋	總理	太古洋行
施玉騏	律師	德輔道中 4 號
葉榮貴	買辦	正金銀行
郭次乾	經理	娛樂行
陳功甫	經理	文咸西街 26 號
林卓明	經理	雲咸街 11 號
羅玉堂	經理	德輔道中　百家利公司
何星儔	大豐工業原料公司董事	窩打老道
劉平齋	必得勝藥行司理	大道中
羅棟勳	大律師	大道中 4 號 A
鄭植之	捷和廠司理人	大道中 16 號
李亦梅	前華商總會主席	西摩台 1 號
曹善允	律師	太子行
莫幹生	前太古洋行華人總買辦	堅道 49 號
黃屏蓀	鐵行公司辦房	萃華坊 6 號

姓名	職位	所屬單位
李葆葵	前華商總會主席	西摩台 1 號
黃炳耀	永明人壽保險公司	
曹竣安	律師	太子行
周兆五	銀業	羅便臣道 27 號
李祖佑	醫生	華人行二樓
李樹培	醫生	東亞銀行
李兆堦	旭和行司理人	華人行六樓
周文治	昌利洋行司理	華人行七樓
麥遂初	大來輪船公司辦房	般含道九號
羅伊活	醫生	陸佑行
盧榮傑	日本郵船公司辦房	
呂維周	羅文錦律師樓	亞歷山打行
王通明	日華醫師會會長	彌敦道 246 號
何熾昌	醫生	雲咸街 22 號三樓
羅文浩	律師	亞歷山打行
陳香伯	法律界	般含道 63 號四樓
高福申	富衡銀業公司管理人	大道中 122 號
高福羅	富衡銀業公司管理人	大道中 122 號
何文楷	旭龢行副司理	華人行六樓
楊耀西	旭龢行出口部主任	華人行六樓
梁季典		
冼翰一		干諾道中 34 號
莊兆祥	醫生	
楊子驤	醫生	
李天佑	醫生	
崔元塏	醫生	
桂毓泰	醫生	
陳錫元	醫生	
譚大同	醫生	

委員

羅旭龢	周壽臣	羅文錦
譚雅士	王德光	李子芳
李冠春	董仲偉	李忠甫

第 3 章
軍政下香港的統治體制

引言

〈香港、九龍軍政指導計劃〉決定了之後香港軍政的基本方針。但是日本軍政廳自 1941 年 12 月 9 日開始的香港統治，歷史實在非常短暫。對於香港應該由日軍第 23 軍統治，還是直屬日軍大本營這一點，在日軍軍部中央掀起了爭論。香港的統治最終歸屬日軍大本營，並在 1942 年 2 月設立了香港總督部。

日軍在香港設立的總督部由磯谷廉介擔任總督，並由有末次任參謀長，展開了對香港的真正統治。日本憲兵從一開始就佔據了統治香港的主導地位，以香港市民的直接統治者開始統治香港。儘管矢崎勘十在其〈香港統治策略之我見〉中主張"強力之政治並非倚彈壓之勢"，但事實上只要實施憲兵政治，其主張便不過是"畫餅充飢"。

一、香港總督部的成立

從日軍佔領香港之初，在日本軍部中央關於香港佔領區的行政管轄問題上，陸軍與海軍之間就存在意見分歧。具體來看，分歧在於香港應該因其地理位置及重要的軍事作用由第 23 軍進行統治，還是應該出於政治考慮而直屬於日軍大本營。最終重視香港政治作用的意見佔優，日軍大本營遂於 1942 年 1 月 19 日組建了香港總督部，分別由日軍中將磯谷廉介任總督，日軍大佐有末次任參謀長，泊武雄任總務長官。三人於 2 月 15 日赴香港上任，從 2 月 20 日起接手軍政廳工作，並開始對香港的軍政統治。

磯谷廉介是一名陸軍軍人，又是"中國通"，他在擔任日本關東軍參謀長後，於 1939 年 12 月編入預備役。他在 1942 年 1 月被徵入伍，出任香港總督，直到 1944 年 12 月。另外，有末次是出身炮兵陣營的陸軍軍人，曾有駐英經驗，他在 1942 年 1 月至 11 月這一段短時期內擔任香港總督部參謀長一職。

磯谷廉介在上任的第二天（即 1942 年 2 月 21 日）就發佈〈總督告諭〉，明確宣佈其施政方針。〈告諭〉內容如下：

告諭 [1]

服得香港乃英國強佔我東洋之土地，以物質文明蠶食我東亞已經百年。現一朝為我忠勇義烈之皇軍佔領，成為大日本之皇土。人類公敵之英國，使用無厭野心不逞企圖之本源地，經已挫折消滅，堪為東亞萬眾慶祝，無量者也。夫大東亞戰爭終局最大之目的，乃確保東亞之安定，進而貢獻世界和平，以謀萬邦之榮樂。

故軍政府下之香港，今後之統治建設，應共同協力，完成大東亞戰爭，一洗香港從前舊態，方能發揚東洋本來之精神文化。庶幾萬民同沐聖澤，而完成皇道昭垂之東亞永遠福利之基礎。

本督拜受香港佔領地總督之大任。

1　該〈總督告諭〉譯文引自《維基百科》等。——編者按

今日親臨此土，當遵　聖旨，竭盡心力，以期無負使命，顧萬民永遠之福利。必在大東亞戰爭全勝之後，現爾各居民應忍耐堅苦，善體聖戰之意義，切戒淫放恣。在皇軍治下，奮發努力，對於時局多所貢獻。凡爾民眾，如能革除故態陋習，挺身自勵，一秉東洋精神，完成大東亞興隆偉業者，本督當以知己待之。其有違反道義，不守圍範者，乃東亞萬眾之公敵，非我皇土之民，無論國籍，無論人種，本督當以軍律處治，決不容恕。茲當蒞任之始，特此通諭知之，其各凜遵，勿違。

磯谷廉介 [2]

總督磯谷廉介的〈告諭〉全篇雖然充滿抽象迂迴的表達，但我們不得不留意文中 "軍政府下之香港，今後之統治建設，應共同協力，完成大東亞戰爭，一洗香港從前舊態，方能發揚東洋本來之精神文化，庶幾萬民同沐聖澤，而完成皇道昭垂之東亞永遠福利之基礎" 的主張。從其中 "發揚東洋本來之精神文化" 的字句中，我們可以看到曾任總督部前身（即軍政廳）總務部長矢崎勘十 "東亞聯盟" 之思想痕跡。

在發佈此〈總督告諭〉的前一天（即 2 月 20 日），日軍便以〈香督令第一號〉宣告並開始實施香港的軍政統治。下文將介紹〈香督令第一號〉的內容。

香督令第一號

香港佔領地總督部命令　二月二〇日　一二〇〇　九龍

一、本督將於香港佔領地總督管轄區（舊英領及租借地）實施防衛之務，同時在同一管轄之地實施軍政之治。

2　東洋經濟新報社，《軍政下的香港》（東洋經濟新報社，1994 年），參照該書扉頁。

二、香港防衛隊及香港俘虜收容所皆隸屬於本督。

三、香港防衛隊長應負責總督管轄區之警備。

北島部隊長指揮及其下屬部隊應妥善處理警備之務。

管轄區北側地帶應部署澤本部隊。

四、香港憲兵隊（按組編進行任命）長除負責監督管轄區之安保、軍事警察外，兼管實施軍政之一般行政警員、司法警員及消防之務。

五、關於警備之務，北島部隊長指揮及其下屬部隊應接受香港防衛隊長之妥善安排，並與其就細節進行商議。

六、總督管轄區內另附檔中之各部隊在警備、宿營、給養方面應聽從本督之妥善安排。

獨立工兵第一九連隊、鐵道第五連隊第四大隊（丸田部隊之分隊）、野戰電信第一四連隊之部分隊伍及香港臨時第一陸軍醫院（南中國防疫供水部隊之部分隊伍）、第二陸軍醫院繼續以往之任務。

原隸屬第 23 軍司令官之野戰兵器、野戰貨物及野戰機車之各廠長應隸屬本督之下，並擔任前項各部隊之補給之務。

七、香港俘虜收容所所長在負責收容俘虜之同時，還應擔任俘虜之利用、調查、取締及警戒之務。

八、總督部各部門主管者應接收並貫徹執行第 23 軍軍政廳各部門移交之事務。

九、關於具體細節由參謀長進行指示。

一〇、本督暫時駐在半島酒店。

香港佔領地總督　磯谷廉介 [3]

3　香督令第一號（香港佔領地總督部命令），1942 年 2 月 20 日，（防衛廳防衛研究所資料《昭和一七年陸亞密大日記》第八號 3/3）。

　　日軍通過以上命令具體宣告成立香港總督部，並由總督代替第 23 軍進行香港的統治。

　　接着日軍又公佈香督指第一號，通過該指令條文我們可以看到，在日軍香港軍政統治中，憲兵的地位及其重要性。

香督指第一號

　　遵〈香督令第一號〉參謀長之指示

一、香港憲兵隊須處理之任務大體分為以下事項：

　　1. 保護軍事機密。

　　2. 掩護軍事行動及各軍事設施（軍隊直接警戒事務除外）。

　　3. 防止敵對分子及不逞之徒之諜報宣傳陰謀。

　　4. 收集治安之情報。

　　5. 取締香港佔領地總督管轄區（原英領及租借地）之出入、軍需品以外物資之進出、居住、企業、營業及商業行為。

　　6. 監察並取締出版、集會、結社等聚眾活動和槍支、彈藥、爆炸物、包裹、通信、用電、廣播、照片等其他影響軍事和治安之事項。

　　7. 處理涉外警察事務。

　　8. 監察軍人軍屬之軍紀和風紀。

　　9. 取締不良之日本人。

二、憲兵隊執行警察事務時大體須遵從以下規定：

　　　　由憲兵應對軍人軍屬

　　　　由憲兵應對日本人

　　　　由憲兵、輔助憲兵應對敵方人員

　　　　由憲兵、輔助憲兵、中國警察及印度警察應對第三國籍人士（包

括中國人）

昭和一七年二月二〇日

香港佔領地總督部參謀長　　有末次 [4]

　　香督指第一號明確界定香港憲兵隊的任務，尤其重要的是指令首先對憲兵的許可權和任務的規定，顯示香港軍政中憲兵的重要作用。憲兵從 "保護軍事機密" 到維持治安、取締商業活動、管制槍支彈藥，以及監察出版和通信、整肅軍人軍屬之紀律等，涉及範圍相當廣泛。在與香港居民接觸時一定會有憲兵露面，而且以住在香港的中國人及印度人作為輔助憲兵，在日本憲兵的授意下進行活動。這些人以前有些是英國統治時期政府的密探，有些則是街頭地痞。曾在香港當過憲兵的仲山德四郎在《私記　香港的生還者》中，記錄其擔任派遣隊長時部下有軍曹 1 名、伍長 1 名、輔助憲兵 10 名、憲查 40 名 [5]。當然這樣的人員配備在當時要算是 "大戶人家 [6]" 了，因為當時大多隊伍都比這個規模要小。據說這些輔助憲兵以及密探等的中國人和印度人，總數約達 1,300 到 4,000 人 [7]。

二、總督部的機構特徵

　　香港總督部就這樣從 2 月 20 日開始展開活動。香港總督部的機構如下圖所示。總督下設總務長官和參謀部，另外作為總督的諮詢機構，還設置了華民代表會和華民各界協議會。總務長官下設民治、財政、交通、經濟、報導、管理、外事七個部門；參謀部下設立香港防衛隊、香港憲

4　香督指第一號〈基於香督命第一號的參謀長指示〉，1942 年 2 月 20 日（同前）。
5　仲山德四郎，《私記　香港的生還者》（佐佐木書房，1978 年），52 頁。
6　同前。
7　謝永光著、森幹夫譯，《日軍在香港做了甚麼》（社會評論社，1993 年），260 頁。

兵隊、香港警察（後來成為獨立組織）。民治部下設置包括香港島和九龍
在內的 18 個區政府，這些區政府在香港的地方行政上發揮了重要作用
（機構圖的名稱和位置等因文獻不同而存在差異，下圖所示的是各個文獻
共通的部門）。

　　這樣的統治機構可以說是香港獨有。其中比較有特色的是設置了華
民代表會和華民各界協議會這種由中國人組成的"諮詢機構"。也就是
說，日軍建立了包含中國人在內的軍政統治機構。

　　通常日軍在太平洋戰爭期間佔領的地區，要麼把中國人從統治機構
中排除出去，要麼採用和馬來西亞人或印度人進行"分開治理"的政策。
但在香港卻建立了積極吸納上層中國人的統治機構。這是因為中國居民
在香港佔絕大多數，所以除了利用這些華人以外，日軍也別無其他更好
的統治方法。

香港總督部機構圖

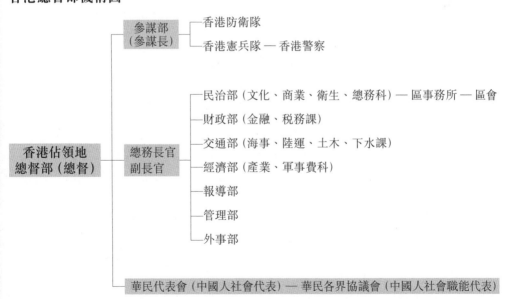

香港總督部的另一個特色，就是新設了區政府。這是在之前英國統治時期沒有的行政機構。雖然之前日軍將地方行政機構重組並加以有效利用的事例，在朝鮮、台灣、滿洲、中國佔領地區以及南方佔領地區不勝枚舉，但在太平洋戰爭期間日軍新設置地方行政機構的事例，只存在於香港。而且這一經驗在戰後香港的政府管理上被延續下來。

三、日本統治者們

香港的第一任總督磯谷廉介，自 1942 年 1 月至 1944 年 12 月擔任總督一職，繼他之後上任的是田中久一。田中在陸軍大學畢業後歷任參謀本部員、陸軍大學教官、台灣軍參謀長、第 21 軍參謀長，1943 年 3 月就任第 23 軍司令官，1944 年 12 月之後繼磯谷廉介兼任香港總督一職。戰後，他被追究任香港總督時期的戰爭責任，並於 1946 年 3 月成為戰犯，同年 10 月被判處死刑。

關於參謀長有末次，此前已有論述。有末從 1942 年 2 月至 11 月擔任參謀長一職，11 月由菅波一郎接替。之後，鵜澤公信在 1944 年 6 月又接替了菅波，最後一任參謀長是 1945 年 4 月至 8 月上任的富田直浩。鮫島盛隆作為香港基督教總會的最高顧問，親眼目睹日軍佔領時期香港的情況。他評價第二任參謀長菅波一郎説："菅波是一位雄辯家，由於是一位曾多年駐紮海外的武官，所以英語非常出色，思想上也並不狹隘，國際性視野非常開闊"[8]。鮫島還回憶説："我印象最為深刻、始終不能從我腦海中散去的"，是"菅波突然被編入預備役的同時，卸任了香港總督部參謀長之職，離開香港的時候[9]"。據説日軍軍部中央對菅波的印象並

8　鮫島盛隆，《香港回想記》（創元社、1970 年），108 頁。
9　同前書，110 頁。

不很好。

　　一手掌控香港日常生活方面事務的，是香港憲兵隊長。擔任香港憲兵隊長的日本憲兵上校野間賢之助，從 1941 年 12 月至 1945 年 1 月在香港大約生活了三年。作為憲兵隊長的他因濫用職權作威作福而激起了香港居民的憤怒。據鮫島的回憶錄記載，"雖然他在戰爭結束之後立即飛回日本，但又被傳召回香港接受戰爭審判，並被判死刑。而且在執行死刑前，他被捆在馬上在香港市內遊街示眾 [10]"。繼野間之後的下一任憲兵隊長，是日本憲兵中校金澤朝雄，他也在戰後戰犯審判中，因虐待平民而被判處絞刑 [11]。

　　日本憲兵在香港的行為令人慘不忍睹。戰前曾在日本山形縣高中執教，後在香港被俘的路易士・布希（Lewis Bush），在記載香港的戰鬥以及俘虜收容所生活的《真可憐啊》（おかわいそうに）一書中，把憲兵稱作 "魔鬼 [12]"、"血池地獄的獄卒 [13]"。書中記載 "憲兵隊的生活極其無聊，但是每一天都充斥着連綿不斷的不安。中國人每天在不經任何審判的情況下，一個接一個地被送往面向港口的刑場。在那裏他們被命令自己挖掘墓穴，挖掘後日本憲兵便扭下他們的頭顱 [14]"，"從刑場回來的日本憲兵們孑然一副血池地獄獄卒的神情，對他們那以手中鋒利之屠刀而引以自豪的身影所產生的恐怖和厭惡，幾乎讓人作嘔。一想起那樣的身影，夜裏簡直無法入睡 [15]"。路易士・布希是一位娶了日本人為妻，並且擁有很多日本友人的親日派。然而竟然連他也作出如此描述，可見日本憲兵

10　同前書，32 頁。
11　姬田光義，《天平洋戰爭下的英軍（下）》（不二出版，1991 年）。
12　路易士・布希著、明石洋二譯，《真可憐啊》（文藝春秋新社，1956 年），54 頁。
13　同前書，60 頁。
14　同前。
15　同前書，61 頁。

的行為多麼野蠻，並且大大偏離常軌。

結語

1942 年 2 月，日軍成立香港總督部代替了之前的軍政廳，並展開了對香港的軍政統治。

日軍設立了華民代表會和華民各界協議會，建立了實現"以華制華"統治政策的機構。另外，日軍還設立了之前英國統治時代沒有的區政府。這些都是日軍在其他"大東亞共榮圈"佔領地區所沒有的香港獨有特徵。

但是作為日軍香港軍政的特徵，應該指出的是以憲兵作為軍政統治的關鍵力量。這一點不僅是香港的特徵，也可以說是日軍"大東亞共榮圈"佔領地區共通的特徵。縱觀日軍軍政機構，就可以看到憲兵機構以直屬總督的形式獨立存在，他們的影響滲透到香港市民生活的每個角落。他們手下配備輔助憲兵，從而監視香港市民的生活。憲兵不僅在軍隊方面，而且在維持治安、監察出版和集會、取締槍支彈藥等生活各方面都予以干涉。

第4章
疏散人口政策與軍票政策

引言

　　日軍在香港首先採取的政策，就是將在本章論述的人口疏散政策和軍票政策。人口疏散政策是日軍為了減少日本侵華戰爭時期急劇增長的香港人口而採取的措施。為了縮減香港人口，日軍在佔領香港後的軍政廳統治時期，就已經開始強制推行人口疏散政策。日軍在把軍政廳改編為總督部後，也基本繼承了這一政策，最終將近100萬香港人強制遣返回鄉。而直接負責人口疏散事務的，是日軍香港行政機構的基層區政府部門。區長在調查居住區的人口之後，凡不在居民表中的人員就會被疏散。因此，日軍的人口疏散政策與香港日本軍政機構基層組織的整備過程同出一轍。

　　不過，香港的人口疏散政策並沒有就此終結。自1942年2月起，日軍為了向海南島派遣勞動力，開始招募勞工，許多香港人實際都被強制徵用到海南島。直到1943年末終止招募勞工為止，日軍一直持續從香港掠取勞工。

　　日軍實施人口疏散政策的同時，還實施了軍票政策。儘管軍票發行計劃與人口疏散政策一樣，在軍政廳時期日軍就已制定，但軍票的使用方法在當時還不明確。日軍在佔領香港後的 1941 年 12 月 28 日，制定了軍票的流通和與港元的兌換比例為一比二。在 1942 年 7 月日軍甚至禁止港元流通，並宣佈實施軍票和港元一比四的兌換比率。軍票兌換政策也是由日本軍政機構的最底層組織，即區政府執行。

一、疏散人口政策

前文已指出，日軍在戰火平息之前的〈香港、九龍軍政指導計劃〉中已經開始計劃香港、九龍的人口轉移政策。在日本侵華戰爭全面爆發之前，香港人口約 100 萬。但隨着戰事擴大，戰火從華中蔓延至華南，許多中國人為了躲避戰火而大量湧入香港。1941 年 3 月，香港人口急劇上升至 144 萬。減少人口因此成了日本軍政局迫在眉睫的問題。

根據 1941 年 12 月 24 日公佈的〈香港九龍地區人口疏散實施綱要〉中 "在我軍作戰和維持香港、九龍之治安方面要先將九龍地區的低下階層、尤其是流浪者強制轉移至他地" 的規定，日軍將 "低下階層、尤其是流浪者" 轉移至他處。另一方面，基於 "確保我軍基地之技術人員和勞動力" 的規定，日軍還採取了確保技術人員與勞動力的方針[1]。

那麼被強制疏散的 "低下階層、尤其是流浪者" 與被留下的 "技術人員及勞動力"，具體是指哪些人呢？在同一綱要中規定如下：

除軍部徵用人員及下述各類人員外的人員原則上應進行疏散。但出於本人請求並獲得軍部許可之返鄉者不在此限。

1　渡邊武，〈香港出差報告書〉。

如下

1. 需要進行機械作業的工廠從業人員（略）。

2. 需要在當地工廠工作的從業人員（略）。

3. 造船、製造機械及船舶修理廠之工作人員及船舶相關人員。

4. 重慶方要員且持有興亞院在留許可證之人員及將來有利用價值之華僑。

5. 具有固定資產且有固定職業者。

6. 農業生產及其他生活必需品生產之從業人員。

7. 其他軍部認為有需要之人員[2]。

　　而不屬於上述 1 至 7 項所規定範圍的人員，則被劃分為"低下階層、尤其是流浪者"的範疇。但是，在佔領香港初期，符合上述 1 至 7 項規定範圍的人口事實上非常少。根據該〈綱要〉，符合日軍預計需要的人數：1. 進行機械作業的工廠從業人員有 3,450 人；2. 在當地工廠工作的從業人員約為 6,100 人；此外，裝卸工人、交通運輸工人也僅有 12,500 人左右[3]。因此，即便加上前述 3 至 7 項所規定的人員，總人數也只有幾萬而已。所以，可以想像除此以外剩下的人員都成了被疏散的對象。而日軍之後推進的人口疏散政策正是這一事實的有力證據。截至 1942 年 2 月 19 日，日軍在總督部成立之前僅僅不足兩個月的軍政廳統治時期就疏散了 55 萬 4,000 人，從 1942 年 2 月 10 日總督部成立至 1943 年 9 月末的一年半內，有 41 萬 9,000 人被驅逐出香港。即不到兩年內，有 97 萬

2　同前。
3　同前。

3,000 人、即大約近 100 萬人被逐離香港 [4]。香港人口如何急劇膨脹又如何急劇減少,通過下圖便一目了然。

香港人口的變化（1,000 人）

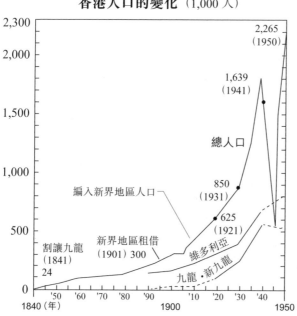

資料來源：橫山昭市,《香港工業化的研究》(大明堂,1969 年),第 116 頁。

　　另外,日軍為了在短時間內讓大多數香港人離開香港,採取了以下三種疏散方法。第一種方法是規勸疏散(又稱"免費疏散"),即為流浪者、失業者、極端貧困者、罪犯提供住宿、食物和旅費,經由太平、江門、深圳三條路線進行疏散。第二種方法稱作強制疏散,與上述規勸疏散的條件相同,但只提供返鄉時的食物和零用錢。第三種方法是自費疏散,即自費或通過華人同鄉會的斡旋和幫助離開香港。其中佔據主

4　東洋經濟新報社,《軍政下的香港》(東洋經濟新報社,1944 年),99 頁。

導的方法是規勸疏散，至 1943 年 9 月末疏散的總計 97 萬 3,000 人中，有 59.2% 即近六成的 57 萬 6,000 人是以規勸疏散的方法進行。僅次之是以自費疏散方法疏散了 38 萬 1,000 人，而以強制疏散方法疏散的僅有 16,000 人[5]。

二、疏散的路線

很多香港人都是通過陸路和海路兩種路徑歸鄉。陸路是從九龍出發經沙田，再從大埔進入深圳。而海路則是從香港的碼頭出發前往寶安、番禺和淡水三個地方。陸路歸鄉時是從九龍的歸鄉證明發行所出發，海路歸鄉時是從香港的碼頭出發，而且日軍規定兩條路線都必須通過檢查站方可歸鄉。

歸鄉者所攜帶的歸鄉證明由日軍的民政部門發放，記錄有姓名、年齡、現住址、原籍、歸鄉目的地、職業等資訊，最後還寫着發行的年月日。另附有注意事項"對持有本證明的人員，日本各主管部隊應提供從香港九龍地區至目的地之交通方便"，寫着應該為歸鄉者提供最低限度幫助的文字。而作為補償，規定"上述人員到達目的地後應前往廣東省政府返鄉人員辦事處並接受之後之指示"，"若本證明的領取人自本證明發行日起三天內未歸鄉者將依據軍法進行處置"[6]。

這樣，歸鄉者必須按照規定的歸鄉路線離開，禁止通過其他路線返鄉。如果不按照規定路線就會被當作遊擊隊並受到懲處，而這樣的情況不在少數。海路方面，各條航線都配備了指定的船隻，供返鄉者乘坐歸鄉。此外，在各個檢查站都備有食宿，規定持有證明的人員可以使用。

5　同前，99-100 頁。
6　同前，〈香港出差報告〉。

然而，許多上述的住宿設施衛生環境惡劣，很多情況下數百名返鄉者被迫困在狹小的房子裏，傳染病因此經常發生。

三、疏散的實態

那麼，香港人口疏散的真實情況怎樣呢？即使按照日軍規定的路徑歸鄉，安全也未必得到保證。歸鄉途中常常會遭遇地痞、小偷的攔路搶劫以及強取豪奪，歸鄉者蒙受損失的事件時有發生。走陸路從九龍半島出發路經接近中國大陸的新界地區返鄉時，由於該地區不在日軍控制範圍之內，這一個名副其實的"解放區"不僅是抗日遊擊隊的活動區域，也有汪精衛政府的軍隊進入向人民徵收稅款，因此完全處於無政府狀態。歸鄉者路經這些區域，人身安全自然無法得到保障。

因此如上所述，返鄉者在返鄉途中遭遇小偷、海盜，以及接受自稱汪精衛政府的軍隊臨時檢查，他們僅有的財產被搶奪的事件頻頻發生。

為了躲避這些危險，歸鄉的香港人想了很多辦法。文學家夏衍將當時離開香港赴澳門的經歷寫成小說，其中有一段內容是這樣寫的：

打好了每人可以自己背負的行囊，換上了臨時收買來的粗布短服，再把準備最惡劣場合使用的"大票子"夾在紗布裏面，用橡皮膏黏在腳底中央……用這種方法夾帶紙幣，還是 S 夫人的發明。從香港經長洲的大澳到澳門，除了日寇的盤查劫奪外，更大的危險還是海盜的"洗劫"，而這一帶的海盜懂得出門人把紙幣縫在衣服裏的訣竅，所以除了行李財務之外，照例會擲給你一套他們早已準備好的衣服，並將你全身衣服——從內衣到鞋襪完全剝去。因此用橡皮膏把紙幣緊貼在腳心，是一種比較安全的方法[7]。

即使想出這樣的辦法，歸鄉者也很難躲過海盜的劫掠之手。

但是，人口疏散帶來的悲劇遠不止如此。"難民收容所因糧食供應不足的問題越來越嚴重，向難民們發放一週的糧食（戰爭末期時發放三天的糧食）以及零星路費，用木船把難民運至廣州灣附近的適當沿岸地區，或者將難民們流放在中途的小島上。出於恐懼敵方的潛水艇，有時甚至直接將難民丟棄在海上。雖然把這些稱作是難民疏散，但在戰爭結束後這些行為作為戰爭中的罪行受到了大量檢舉，被定為虐待居民、違反人道主義的重罪，軍部的上級負責人被處以極刑[8]"。其中特別是"將處於弱勢的老人、婦女、兒童遺棄到偏僻的小島或者人跡罕至的中國沿岸地區。以 1 天減少 1,000 名中國人為目標，在佔領香港一個月的時間就讓 23,000 名華人慘遭如此命運[9]"。事實上，日軍為了達到減少特定區域居民人口數量的目標，使用了十分殘暴的手段。"憲兵隊坐在卡車上到各個地區巡視，一有市民經過就會被拽進卡車。有時候把卡車停在路上，拉起繩子封鎖道路。因為事前無任何先兆和警示，被攔截住的市民自然無法逃匿[10]"。日軍正是採取了這些強制疏散方法，才能在短期內疏散大量華人。

7　此小節內容譯者引自夏衍，《走險記》，載陳堅選編，《夏衍散文》（浙江文藝出版社，2000 年 7 月），166 頁的原文。

8　仲山德四郎，《私記香港的生還者》（佐佐木書房，1978 年），53 頁。

9　珍‧莫里斯（Jan Morris）、飯島涉、伊藤泉美、西條美紀譯，《香港》（講談社，1995 年），330 頁。

10　謝永光著、森幹夫譯，《日軍在香港幹了甚麼》（社會評論社，1993 年），230 頁。

四、海南島的人口疏散

日軍強制執行香港人口疏散政策的過程中，還為海南島徵用了勞動力。廣義上這與先前的人口疏散政策異曲同工，但前者是通過減少香港的人口試圖解決糧食不足的問題，而後者則積極地利用香港的勞動力，在疏散人口的目的上兩者有所不同。

日本海軍在 1939 年 2 月佔領海南島，佔領後進行了資源調查，並非常看好田獨礦山和石碌山的鐵礦床，開採這些礦山於是成了日軍的燃眉之急。當時負責開發田獨礦山的是日本石原產業公司，而負責開發石碌山的是日本窒素公司。

石原產業公司把從上世紀 20 年代開始開發的馬來半島斯利美丹礦山的資源運到海南島，強行進行礦山開採，於 1940 年 4 月開始向日本運送鐵礦石 [11]。另一方面，1941 年 1 月日本在石碌山也開設了事務所並展開正式開採活動。日軍首先着手修建從礦山到港口的鐵道工程。1941 年 4 月完成了測量和設計工作，翌年 5 月開始動工修建鐵道，這自然需要大量勞動力。為了滿足鐵道工程的勞動力需求，1941 年 9 月第一批勞工從上海來到了海南島。

從四千噸級的貨船用浮橋運上岸的苦力（勞工）大約有三千多人。雖然人數是預定的數量，但從臨時棧橋上岸的這些人讓人懷疑他們是否苦力。且不說皺巴巴的衣服，超過半數的人都骨瘦如柴，乍看不由得讓人以為是生了病的人。竟然讓這些人充當勞動力，實在令人費解 [12]。

---

11 石原廣一郎，《回顧創業三十五年》（石原產業株式會社，1956 年），156 頁。
12 河野司，《海南島石碌鐵山開發誌》（1974 年），223-224 頁。

在跟上海完全不同的氣候條件和惡劣的勞動環境下，這些勞工接二連三地倒下去。

一個接着一個，病人、死者接連不斷地出現。公司所預備的醫療資源早已應接不暇，大約在半年的時間裏這些上海苦力有近一半都死了。而且還接連不斷出現逃跑的人。雪上加霜的是不知從哪兒傳來霍亂，正如在本書其他地方描述的那樣出現了霍亂患者，死了很多人。海軍當局十分慌張，以致出現了以海口本部的軍醫大尉擔任隊長的防疫班進入礦山為消滅霍亂而瘋狂奔走的情況[13]。

與此相反，從香港引進的勞工則引人注目。從 1942 年 2 月到 8 月，日軍在香港、九龍地區招收勞工，為此還在海軍特務部的管轄下成立了一個名叫"合記公司"的勞工招收機構[14]。在香港招收的第一批 483 名勞工在 1942 年 2 月 13 日到達海南島[15]，當時正是上海勞工開發礦山，然後付運供鐵道工程之用的高峰期。根據保留下來的記錄，1942 年 2 月以後到 1943 年 7 月，有 20,565 名勞工 (其中包括護士在內的 3,002 名特殊工作人員) 從香港運到海南島[16]。這些勞工中因患風土病以及瘧疾而死亡的人很多，還出現了"從當地傳來總管 (苦力集團的最高負責人)、公司報告的死亡人數而愁眉不展，為支付規定的慰問金 (工傷死亡 200 日圓，非工傷死亡 100 日圓——作者按) 安撫家屬而四處奔走費盡心機[17]"的狀況。

---

13 同前書，225 頁。
14 同前書，228 頁。
15 同前書，231 頁。
16 同前書，230 頁。
17 同前書，229、232 頁。

　　日軍推進的工程本身是在 1942 年 3 月開通鐵道，翌年 5 月完成港口的建設。鐵路最終確實開通了，但 "完全只是給軍部增添面子的開通，這種臨陣磨槍匆匆完成的工程不可能通車。通車後不久就故障不斷，而不得不進行鐵道工程大改造，從日本鐵道部派來大量的鐵道技術人員進行加強工事，改良工程一直持續到昭和 18 年（1943 年 —— 作者按）的後半年 [18]"。

　　香港的崔能（1924 年生）參與了這個建設工程。他在日軍第四次招收勞工時去了海南島。其本人在 1946 年回到香港，根據他的證詞，在當時惡劣的勞動條件下，很多勞工都因為疾病以及自殺而成了不歸人。 [19]

　　但是，關鍵的礦山開採由於日軍船舶不足，礦石裝運船並沒有到達港口，因此開採的礦石就那樣堆積着，直到 1944 年的年末開始減產，並於 1945 年 1 月停止了礦山開採事業。

五、軍票流通政策的開展

　　跟人口疏散政策一樣，軍票使用計劃在戰爭結束前制定的〈香港、九龍軍政指導計劃〉中就已經作為方針確定下來。但是，當時對於軍票的具體使用方法並不明確。

　　在這一小節中，我們會以軍票流通政策最初存在的軍票和港幣的匯率問題為中心，探討軍票流通政策的確定過程。

　　在日軍成立軍政廳後的 1942 年 1 月 3 日制定的〈香港九龍經濟復興應急對策綱要〉[20] 中記載 "經濟活動以軍票為基本流通貨幣、禁止香港

18　同前書，238 頁。

19　〈對香港軍政受害者的採訪〉（採訪者：何俊仁律師，講述者：崔能，1993 年 5 月 30 日，翻譯者：吳輝）。

20　同前，〈香港出差報告書〉。

貨幣之流通為根本方針，雖允許特定時期內香港貨幣在香港居民間的流通，但即使是在此期間也要逐步攻擊港幣並消滅之。排除法幣當下之流通。此外，金融政策應另案考究"。可見此〈綱要〉應是意識到後述的〈香港九龍金融應急對策綱要〉而制定的。

根據日軍 1942 年 1 月 3 日頒佈的〈香港九龍金融應急對策綱要〉[21]：日本採"以流通軍票並維持軍票之價值來排除美、英之金融勢力"、"對所有敵性銀行進行關閉清算"、"加速建立錢莊之統管行會，同時推進華僑工作使之為我方協力"、"敵性銀行支付的存款在整頓後應在現金持有額之範圍內逐步支付維持最低生活水平之所需最小金額為限度。允許非敵性銀行重新開張所必要的資金周轉，但其金額須參照現金持有額決定"等為基本方針。在該〈綱要〉中的"一般綱要"、"銀行之處理"、"政府公司之處理"中對各個項目作出了具體的處理方針：銀行方面實施資產負債調查，關閉英國、美國、荷蘭、比利時的銀行，法國銀行可考慮重新開張；錢莊可根據其是否與重慶政府存在關聯而調查其為敵性或非敵性，後者可伺機重新開業；政府方面則禁止法幣流通；允許港幣可暫時與軍票同時流通，但港幣可按一定比率兌換軍票，沒收的貨幣可用於中國大陸以及澳門等地獲取物資，當時軍票和港幣的兌換比率在 12 月 28 日這一階段被定為一比二。關於釐定這一比率，曾視察當地的渡邊武在其報告中記錄着，12 月 28 日"以當天廣東的匯率為基準作出了對我方有利的決定[22]"。

就這樣在 12 月 30 日於九龍，翌年 1 月 5 日於香港島分別設立了軍票兌換所，按照一人一次十美元的上限將港元兌換為軍票。渡邊武在前

21　同前。

22　同前。

述報告中記錄了當時的兌換狀況。

當初要求兌換的人極少，但1月15日上午九點開始兌換大約一個半小時就達到了預定的兌換限額，然而還有數千名沒來得及兌換的人。想要兌換的人每天早晨四點半左右就來等着兌換所開門。[23]

1月中旬以後，港幣隨着香港貿易停止也開始貶值，結果只能強迫香港居民兌換軍票。

但是，香港軍政當局卻開始為推行永久性的貨幣政策立案。香港佔領地總督部籌劃了以1942年5月15日為落款日期的〈香港佔領地通貨整理要領〉[24]。在這份〈要領〉中宣導"儘可能避免急劇的貨幣改革對民眾的衝擊，但也要不惜犧牲一部分人之利益誘導香港貨幣貶值。另一方面，努力擴大和普及軍票之流通領域，推進軍票一體化加以整頓疏散民眾。同時準備好制定永久之通貨制度姿態"的方針，同時整頓了之前的港幣和軍票混合使用的狀況，明確了"軍票一體化"統治目標。在具體的〈要領〉中規定："放棄"之前港幣與軍票二比一之兌換比率，通過將軍票用於軍隊的相關經費等手段，推進維持軍票價值和港幣貶值的工作。港幣和軍票的兌換在港幣價值顯著降低（港幣對軍票的匯率為十分之一）的時候在短時間內進行，兌換時通過發放公債和存款轉賬，儘可能將軍票的兌換額控制在小面額內。〈附則〉中明確規定：為兌換設定香港貨幣整理資金賬目，將沒收的港幣用於在管轄區外購買物資。1942年6月，日軍為了加快制定香港的戰後復興計劃設立了香港經濟委員會，隨着相關活

23　同前。

24　香港佔領地總督部，〈香港佔領地通貨整理要領〉（1942年5月15日）（大藏省資料 Z530-145）。

動逐步展開，由該委員會接手了工作。該委員會是"為審議香港佔領地區經濟處理的軍部中央的計劃及統管相關事宜"而在內閣中設立的機構，以興亞院政務長官為會長，外交部東亞事務部、財政部理財事務部、陸海軍軍部負責軍務的各個局長和興亞院政務部長為委員，其下以興亞院政務部部長為幹事長，外交部、財政部、陸軍、海軍、興亞院各部門的科長組成幹事會負責事務工作[25]。

　　該委員會在 7 月 11 日決定了〈關於香港佔領地區貨幣暫行措施的相關事宜〉[26]。該文件中規定的基本方針和前述香港佔領地總督部的〈香港佔領地通貨整理要領〉幾乎一樣。如果要指出其中的不同，就是規定"將原稿中香港貨幣對軍票的公認比率二比一下調為當下新的四比一比率"，即把港幣對軍票的兌換比率由以前的二比一變更為四比一。那麼四比一的兌換比率是怎麼確定下來的呢？在落款日期為 7 月 6 日的〈香港佔領地通貨整理要領〉[27]（作者不詳，但推測可能是香港經濟委員會）中僅僅指出，"在立即下調軍票兌換港幣之現行比率的同時，使管轄區內軍部認可的錢莊確認軍票與港幣的兌換。兌換比率不依託市場行價，而是根據我方對實際形式之考察，以港幣貶值為目的自主進行釐定和管制"，卻並沒有規定具體的兌換比率。但是，匯率並非根據市場的行情走勢，而是以使港幣貶值的形式進行"自主"釐定。換言之，即不拘泥於行情，而是"自由"決定。資料中開始記載將兌換比率調整為四比一，是落款日期為 7 月 9 日的〈關於香港佔領地區貨幣暫行措施的相關事宜（草案）〉[28]（作者

25　內閣總理大臣，〈香港經濟委員會規程〉（1942 年 6 月 16 日）（大藏省資料 Z530-145）。

26　香港經濟委員會，〈關於香港佔領地區貨幣暫行措施的相關事宜〉（1942 年 7 月 11 日）（大藏省資料 Z530-145）。

27　〈香港佔領地通貨整理要領〉（1942 年 7 月 6 日）（大藏省資料 Z530-145）。

28　〈關於香港佔領地區貨幣暫行措施的相關事宜（草案）〉（1942 年 7 月 9 日）（大藏省資料 Z530-145）。

不詳，推測應該出於香港經濟委員會之手）。在該草案中，寫下了"立即
將香港貨幣兌換軍票的現行公認比率二比一下調為新的比率五比一"，接
着又指出"對於管轄區內軍部認可之錢莊允許進行軍票與港幣的兌換，
匯率雖然可依據市場行情，但根據我軍貨幣對策之需要可由我方自主進
行管制"。即使在這個草案中也曾用鉛筆將"預計為五比一"的匯率訂正
為"四比一"。這些情況説明，兌換比率的釐定取決於政策而非實際的匯
率行情。

那麼，實際上如何實施兌換呢？落款日期為 1942 年 7 月 24 日的香
港總督命令第 32 號〈關於香港佔領地區總督管轄區內貨幣及兌換規定的
相關事宜〉[29]，是以總督磯谷廉介之名發表的文件。該文件指出"關於香港
佔領地區總督管轄區內貨幣及兌換規定按照以下規定制定"：宣導禁止除
軍票以及港幣以外之貨幣的使用（第一條）、租稅及其他向總督部繳納的
經費全部使用軍票（第二條）、實施軍票和港幣在香港流入流出的許可制
度（第三條）、僅允許在獲得總督許可的軍票兌換所進行軍票和港幣的兌
換（第四、五、六條）、禁止軍票和港幣之外的貨幣兌換（第八條）、違反
這些規定的"以軍法處置"（第九條）。關於軍票和港幣的兌換，在文件中
僅指出"另行制定"（第七條）而並未作出規定。

日軍的第 44 號公示文件[30] 列明了兌換比率，該文件的"以下為指定
兌換銀行"中，列舉了橫濱正金銀行和台灣銀行，並規定兌換比率為 1
張軍票兌換 4 港幣，18 張軍票兌換 100 張儲備券。另外，在落款日期為
7 月 28 日的第 47 號公示[31] 中，指定軍票兌換所為交通銀行、東亞銀行、

29　香港佔領地總督部，《總督部廣報（第 14 號）》（1942 年 7 月 31 日）。
30　同前。
31　同前。

華僑銀行，之後又在落款日期為 7 月 31 日的第 49 號公示 [32] 中，增加了康年儲蓄銀行、永安銀行、中南銀行、鹽業銀行，總計從事軍票兌換業務的銀行共有九家。

結語

香港軍政政策的主幹之一就是人口疏散政策。香港作為日本侵華戰爭的避難所，很多中國文化界人士、實業家和政治家都來港避難，加上一般市民和工人也為了尋找工作和安居之地來到香港，導致開戰前香港的人口膨脹至將近 160 萬。

日軍最初着手處理的問題是將膨脹的香港人口縮小至"適當規模"。日軍所謂的"適當規模"，是指只要能維持香港產業現狀的最低限度人口。因此，軍政廳和總督部從一開始就強行實施人口疏散政策。為了減少人口，日軍不只採取消極的人口疏散政策，還強行實施向海南島派遣勞動力的人口輸出政策。結果導致香港人口減少到開戰時的一半以下。在這個政策的實施過程中，香港市民作出了巨大犧牲。他們在疏散途中僅有的一點財產也被強盜和小偷奪走，導致走失街頭的難民頻頻出現。甚至還發生了中途把返鄉者遺棄在海上而死亡的事件。日軍在穿插於這些事件的同時，推進了香港的人口疏散政策。

與人口疏散政策同時開展的另一項重要政策，就是軍票流通政策。當初以 1 張日本軍票可兌換 2 港幣的比率來兌換軍票，後來在 1942 年 7 月開始調整為一比四，港幣價值減半，最終更禁止港幣流通。結果導致香港居民自身的財產貶值至只有當初的四分之一。兌換業務以特定時期

32　同前。

在香港各地銀行進行辦理的方式推展,但在兌換業務結束後,日軍就嚴厲禁止使用港幣。

第 5 章
華民代表會、華民各界協議會與分區統治政策

引言

作為香港統治機構的一種特徵，日軍將 "以華制華" 為目的而創建了由中國人組成的軍政合作機構，並試圖加以利用的情況，在前文已有所論述。總督部於 1942 年 2 月設立地區事務所，同年 3 月又成立了華民代表會和華民各界協議會，作為由中國人組成的軍政輔助機關。這樣，日軍總督部開始了比英國統治時期更為細緻的統治，並選出英國統治時代的香港權威人士，出任華民代表會和華民各界協議會成員。另外，日軍選出的 28 名地區事務所區長中，雖然不乏英國統治時期的權威人士，但數量極少，其中大部分皆為日本統治時期上升為權貴的人物。日軍也着手籌備把華民代表會與華民各界協議會的成員作為支撐總督部政治統治的顧問，並把區長作為支撐香港統治末端的日本軍政合作者。戰後，華民代表會與華民各界協議會的成員與重返香港的英國統治者再次建立合作關係，而區長階層則大多與日本統治一起終結，從香港政治社會中消

失。本章將分析這些香港人的軍政合作機構及其活動[1]。

一、華民代表會的活動

　　華民代表會於 1942 年 3 月 28 日基於香港總督命令第十號《關於制定香港佔領地總督部華民代表會規定的相關文件》組建而成。因該法令並非冗長的條文，所以下文首先介紹該法令的全文。

第一條　香港佔領地總督部華民代表會（以下簡稱華民代表會）隸屬香港佔領地總督（以下簡稱總督）之監督，就香港佔領地中國人之相關政務應總督之提問申明意見。華民代表會應就中國人相關之市政重要事項向總督提出建議。

第二條　華民代表會組織若干顧問並以其中一名為主席。

第三條　華民代表會成員由總督從香港佔領地居住之中國人中任免。

第四條　華民代表會之報告及建議應為經主席統合裁斷之意見。

第五條　華民代表會之報告及建議皆應以書面形式經由總督部民治部長上呈。

第六條　設置事務局處理華民代表會之相關事務。

第七條　事務局設置主任一名、書記官若干名，由主席任免。

　　附則

　　本法令自公佈之日起施行[2]。

1　關於這一點請參考日本研究者進行的先驅性研究：吉原直樹，〈監督體系（Ward System）與草根動員〉（長尾演雄等編著，《共育・共生的社會理論》稅務總理協會，1993 年）。

2　香港佔領地總督部，《香督令特輯》（亞洲商報印行，一九四三年）頁，同《總督部公報（第二號）》（1942 年 3 月 30 日）。

根據該命令，華民代表會以如下形式組建而成：華民代表會隸屬總督的監督之下，"就香港佔領地中國人之相關政務應總督之提問申明意見。華民代表會應就中國人相關之市政重要事項向總督提出建議"（第一條），其人員構成為"組織若干顧問並以其中一名為主席"（第二條），"華民代表會成員由總督從香港佔領地居住之中國人中任免"（第三條）。華民代表會的報告及建議應作為"主席統合裁斷之意見"（第四條），"皆應以書面形式上呈總督部民治部長"（第五條）。華民代表會是作為應對總督的諮詢，並將總督的意圖傳達給香港居民的機構而成立。

華民代表會有以下四名委員：主席為羅旭龢，委員為劉鐵成、李子芳、陳廉伯。在此要留意一下，以上四人與前文提及的日軍於 1942 年 1 月 10 日在半島酒店招待的香港權威人士所存在的連續性。首先，華民代表會所選出的四名代表中，羅旭龢與李子芳二人都是從被任命為善後處理委員會委員的九名成員中篩選出來的，他們從英國統治時期開始就是香港精英中的精英。

主席羅旭龢在英國殖民地時代開始就是香港的華人代表，戰後也依舊保持着華人代表的地位。委員劉鐵成是交通銀行的經理，李子芳是東亞銀行的經理，陳廉伯是復興煉油公司的總監。委員之中，李子芳與陳廉伯、羅旭龢同是興亞院的合作人員，並且都是 1942 年 1 月被日軍招往半島酒店的人物。

四人之中唯有劉鐵成既不是被招往半島酒店的成員，更不是從善後處理委員會調任過來的。他於日本東京帝國大學畢業並擅長日語，自然與日本人有很深的交友關係。他曾在蔣介石麾下擔任過鐵道部副部長，並不是土生土長的香港人，在英國統治時期也不是一個十分受關注的人。[3]

華民代表會與總督部之間，平均每月召開兩次集會。在 1942 年 5 月 19 日召開第一次集會之後到 1945 年 1 月 23 日召開最後一次集會為止，總共召開了 45 次集會，討論了 78 項議題。議題中涉及最多的是"糧食"問題，然後依次分別為"救濟"、"燃料"、"倉庫貨物處理"、"治安"、"物價"。當然，根據不同時期議題數量會有偏差。在 1942 年的佔領初期，涉及"救濟"的問題最多達七項，居其次的"糧食"問題、"燃料"問題、"慰安所"問題為四項。但是，進入 1944 年後，"糧食"問題與"治安"問題一併上升至第二位。[4]

讓華民代表會成員備受困擾的問題之一，是日軍強行要求設立慰安所。在日軍佔領香港後不久的 1942 年 1 月，日軍將 1,700 名慰安婦從廣州送到香港。憲兵隊本打算在灣仔附近開設慰安所，但由於當地居民強烈反對而中止。緊接着日軍又打算在位於香港島中區（中環）的傳統中國人商業區設置慰安所，又受到在此處擁有大型銀號的董仲偉強烈反對。董仲偉是華民各界協議會中心成員，是香港華民商會主席，將在後文提及。憲兵隊後來威脅不順從的華民代表會成員，終於在 9 月於香港島的石塘咀與春園街一帶、九龍的南昌街、長沙灣一帶、尖沙咀、天文台道口等地設立了慰安所[5]。

二、華民各界協議會的活動

日軍在組建華民代表會的同一時期，基於香港總督命令第十一號發

---

3   關禮雄著、林道生譯，《日本占領下の香港》（御茶の書房，1995 年），84-87 頁。

4   同前書，211-212 頁。

5   同前書，98-99 頁。

佈了《關於制定香港各界協議會規定的相關文件》，並組建了華民各界協議會。該法令內容如下。

第一條　為使香港佔領地與中國人相關之政務順利運行，特設立香港華民各界協議會（以下簡稱各界協議會）。各界協議會在華民代表會指導下，就中國人相關之問題協助總督部行政機關之工作，並就相關政務陳明意見。

第二條　各界協議會由居住於香港佔領地之中國人，且為香港各界所認同的代表人士，經華民代表會之推薦，由香港佔領地總督任命之會員組成。

第三條　各界協議會選舉主席一人，副主席一人。主席與副主席應由會員內部選舉產生。

第四條　華民代表會委員可列席各界協議會之會議並發表意見。

第五條　華民代表會之會議由主席進行統合和決斷。

第六條　第一條相關之各界協議會之意見申訴須皆以書面形式經由華民代表會上呈。

　　　　附則

　　　　本法令自公佈之日起施行[6]。

　　根據該法令中"為使香港佔領地與中國人相關之政務順利運行，特設立香港華民各界協議會（以下簡稱各界協議會）。各界協議會在華民代表會指導下，就中國人相關之問題協助總督部行政機關之工作，並就相關政務陳明意見"（第一條）的規定，各界協議會作為前述華民代表會的

6　同前，《香督部令特輯》，7頁，前揭《總督部公報（第二號）。

下級組織而成立。關於其成員，規定"各界協議會由居住於香港佔領地
之中國人，且為香港各界所認同的代表人士，經華民代表會之推薦，由
香港佔領地總督任命之會員組成"（第二條），由來自商業、工業、運輸、
金融、教育、慈善、技術、醫生、建築、勞動等各個領域 22 位公認的代
表組成。各界協議會中設有主席和副主席各一人（第三條），華民代表會
委員可列席各界協議會的會議（第四條），待決事務由主席進行統合和決
斷（第五條），意見申呈經由華民代表會報告總督（第六條）。各界協議會
每週召開兩次例行會議，商討各類問題，通過華民代表會向總督匯報意
見。

　　以下來看看華民各界協議會的成員。首先是擔任主席的周壽臣，他
是可與華民代表會主席羅旭龢相提並論的香港權威人士。周壽臣是東亞
銀行的董事長，與華民代表會主席羅旭龢同為英國統治時期的香港華人
代表，是被日軍招至半島酒店的人物，也是日軍興亞院選出的委員之一。
副主席李冠春是和發成公司的經理。以下再看看其他成員：董仲偉是香
港華商總會主席、葉蘭泉是香港中華廠商聯合會主席、伍華是香港建築
商會長期顧問、羅文錦是律師、酈啟東是《南華日報》社長、凌康發是香
港九龍總工會會長、林建寅是港九勞工總會會長、李忠甫是東華三院主
席、郭贊是香港華商總會副會長、陸藹雲是香港南華體育會會長、周輝
年是建築師、郭泉是永安銀行司理、王德光是華民代表會事務局主事、
譚雅士是律師、王通明是香港九龍通明醫院院長、鄧肇堅是鄧天福銀號
的會計、顏成坤是中華汽車有限公司董事長、黃燕清是香港光華中學校
長、馮子英是東華三院主席、章叔淳是上海商會會長、李就是港九華洋
雜貨商販會會長。在這些人當中，1942 年 1 月未被日軍招至半島酒店的
只有酈啟東、林建寅、凌康發、周輝年、黃燕清、章叔淳、李就，剩下

的全是被招往半島酒店的一夥人[7]。

由於華民各界協議會的討論意見要通過華民代表會上呈總督，所以二者討論的議題基本相同。與華民代表會一樣，華民各界協議會的討論內容雖然不明確，但雙方基本就相同議題進行探討。比如 1942 年 10 月香港遭遇空襲，混亂之中物價飛漲，之後面對持續抬高物價的商人，華民代表會發表聲明表示"立刻降為原來價格，如若無所反省將斷然加以處置"[8]。可以想像此等問題在華民代表會提出之前，也應該在華民各界協議會上進行了討論。

三、分區統治政策的開始

日軍在佔領香港後設立了華民代表會與華民各界協議會，就在這一時期前後，日軍還新設立了地區事務所和區政府，作為地方行政機構。

日軍在設立總督部之後不久的 1942 年 4 月 16 日發佈了〈地區事務所規定〉（香督令第十四號），並成立了新的地區事務所。

根據該規定，地區事務所設置在香港佔領地區的三個地方（香港島、九龍、新界）（第一條）；所長三人、副所長三人、主管九人、辦事人員136 人（第二條）；所長接受總務長官的指揮和監督並執行總督的命令（第三條）。地區事務所中設置了三個事務科系（總務、經濟、衛生）以開展活動。另外，根據《指定地區事務所的位置管轄地域》，香港地區事務所設置在香港市對香港島及周邊地區進行管理；九龍地區事務所設置在九龍市對九龍及其周邊地區進行管理；新界地區事務所設置在大埔道，對

7　參照東洋經濟新報社，《軍政下的香港》（東洋經濟新報社，1944 年），114 頁。以及前述，《日本占領下的香港》，206 頁。另外《軍政下的香港》中只記述了 20 名成員。

8　《香港日報》（1942 年 10 月 28 日）。

除前述兩個事務所管轄地區之外、以新界為中心的地區進行管理[9]。

　　而且，總督部根據香督令第二十六號〈總督部關於香港佔領地實施區政之文件〉，於 1942 年 7 月 20 日制定了區政制度。下文將介紹該文件的內容。

第一條　各區將依照香港佔領地總督（以下簡稱總督）所發佈命令處理歸屬區所管轄的事務。

第二條　各區的名稱及轄區由總督另行規定；區劃分的廢棄、分合及區域的變更亦如此。

第三條　各區內設置區長一人、副區長一人、區職員若干人。

　　　　區長及副區長由總督任免。

　　　　區職員由區長任免。

第四條　區長代表該區並統籌區內事務。

　　　　副區長輔佐區長。如若區長遭遇不測則由副區長代理區長之職務。

　　　　區長、副區長如若皆遭遇不測，首席區職員代理其行使職務。

　　　　區職員接受上司之指揮和監督從事事務工作。

第五條　為應對區長之諮詢在區內設置區會。

　　　　區會是由區長及其區會員組成。

　　　　區會員之定額以一區五名至一〇名為限另行規定。

　　　　區會以區長為議長。

第六條　區長就各區之年收入、支出、預算及區內居民之權利和義務相關重要事項向區會詢問。

9　《香督部令特輯》，8-9 頁。

第七條　區會員由地區事務所長從擁有區內住址之人員中任命。

區會員為名譽職務。

區會員之任期為兩年，但候補區會員任期為其前任之剩餘任職時間。

第八條　區會員被判定不適合其職位時，在獲得總督同意之後該地區事務所所長可解除其職位。

第九條　區內居住者有義務分擔處理區內事務所需之費用和總督命令中規定屬於該區應負擔之費用。

第一〇條　區內欲徵收區費、手續費以及賦役，徵收實物賦稅時須總督之許可。

第一一條　區對每個結算年度之收支預算進行調整時須總督之許可，區結算年度應以國家之結算年度為依據。

附則

本命令自發佈之日起施行[10]。

區是為了執行總督發佈的命令而新設立的行政機構（第一條），日軍將香港島分為十二個區、九龍分為九個區、新界分為七個區進行統治。區裏有總督任命的區長一名、副區長一名和區長任命的區職員若干名（第三條）。區長統率區內事務並代表區（第四條），為應對區長的諮詢在區內設置了由區長和區會員組成的區會。區會員的人數定額是一區五至十名（第五條），該地區事務所所長從擁有該區住址的居民中任命會員，區會員是名譽職位，任期為兩年（第七條）。區會員如若被判斷為失職，該地區事務所所長在獲得總督同意後可解除其會員職務（第八條）。區長關

10　參照前書 25 頁及前述，《日本占領下の香港》，208 頁。

於該區的年收入、支出、預算及與區內居民的權利和義務相關的重要事項，可向區會進行諮詢（第六條）。區內居民有義務分擔處理區內事務所需的費用和總督命令中所規定的屬於該區應該負擔的費用（第九條）。

正如第七、八條明確規定，區政府隸屬於先前的地區事務所，地區事務所所長有權任命和開除區工作人員。這樣日軍便創建了一條"地區事務所→區政府"的行政路線。

四、分區統治的實態

日軍在佔領香港的同時，將地名改成了日式名稱，比如把以前的中環改稱為中區等，對香港地名進行了大幅度改動，並設置了區長。香港各區和區長姓名及區工作人員人數如下所列。

地區	區域名稱（原名）	區長姓名	區會員數
香港	中區（中環）	冼秉熹（後任陳李博）	10
	西區（上環）	邵蔚明	8
	水城區（西營盤）	李啟新	8
	藏前區（石塘咀）	孫廣權	8
	山王區（西環）	簡文	6
	東區（灣仔）	何日洳	10
	春日區（鵝頸）	何德光	8
	青葉區（跑馬地）	吳文澤	6
	銅鑼灣區（銅鑼灣）	郭顯宏	6
	筲箕灣區（筲箕灣）	曾壽超	8
	元港區（香港仔）	溫少甫	6
	赤柱區（赤柱）	李頌清	6

九龍	元區（九龍城）	黃揚友	10
	青山區（深水埗）	黃伯芹	10
	大角區（旺角及大角咀）	曾榕	10
	香取區（油蔴地）	馮浩	10
	湊區（尖沙咀）	梁繼	6
	山下區（紅磡）	李壽三	6
	鹿島區（九龍塘）	關心焉	6
	荃灣區（荃灣）	陳慶堂	6
	啟德區（東九龍）		6
新界	大埔區（大埔區）	陳國雄	6
	元朗區（元朗區）	蔡寶田	6
	沙田區（沙田區）	陳達仁	6
	沙頭區（沙頭角區）	溫二	6
	新田區（新田區）	文展程	6
	西貢區（西貢區）	許美南	6
	上水區（上水區）		5

資料來源：前引《日本占領下の香港》，210 頁。

　　區工作人員最多的地方有十人，最少的地方也有六人，總共 201 人。他們的工作是接受地區事務所的管理和監督，將香港總督部下達的各種行政事務在前線實施。

　　這些區工作人員和 1942 年 1 月 10 日被日軍邀請至半島酒店的香港權威人士之間存在着甚麼關聯呢？

　　華民代表會和華民各界協議會中的人員幾乎相同，可見兩者間的聯繫之深。然而，區工作人員的特點是幾乎看不出他們之間的相互關聯。重複的人員僅有中區的冼秉熹、九龍青山區的黃伯芹、新界元朗區的蔡寶田這三個人，其餘推選出來的都是不同的人員[11]。因此，日軍在統治香

11　參照興亞院，〈港九中國紳士名錄〉（1942 年 1 月 10 日）（防衛廳防衛研究所資料《昭和十七年陸亞密大日記》第七號 2/3）以及前述，《日本占領下の香港》，210 頁。

港的過程中，創建了之前英國統治時期沒有的新機構，在新機構上任的區長從此出現在日軍統治香港的舞台上，他們也是與之前英國統治時期的新領導者不同。他們所擔任的最重要工作就是前述的人口疏散政策和軍票政策，這兩大政策從地區事務所經區政府在香港居民中徹底實施開來。

就第 4 章中所探討的人口疏散政策來說，直接負責此項工作的是區政府，而其負責人就是區長。總督部為了執行人口疏散政策，首先為製作戶籍簿，按照戶口規則進行了戶口調查。而落實人口調查的就是區政府和區長。

那麼日軍是以甚麼方式實施戶口調查的呢？首先看看香港總督命令第四十號的戶口規定。

第一條　住址或居所固定於香港佔領地總督管轄區內（以下簡稱管區內）者，如有以下情況之一應在該事實發生十日內提出申報。

　　　　1. 出生

　　　　2. 死亡

　　　　3. 居住（自管區外遷入管區內者）

　　　　4. 搬出居所（自管區內遷至管區外者）

　　　　5. 搬遷（管區內搬遷）

　　　　6. 與前述申報事項有相異或變更之處時

　　　若在固定的地點滯留九〇日以上則可視為居所固定者。

第二條　若戶主死亡或搬離，而其他親屬欲繼續在原地居住時，應提交上述死亡報告或居所遷離報告，同時應確立新戶主並提交居住報告。

第三條　第一條與第二條之報告依據附錄第一號至第六號樣式製作。申
　　　　報者若為我帝國之臣民則由所轄地區事務所所長負責，若為中
　　　　國人以及外國人者應由所在地區長負責。

第四條　出生報告應由父親或母親提交。

第五條　除上一條以外的申報皆應由戶主提交。
　　　　因戶主死亡或因事故而無法申報時，應由管理戶口者代為申報。
　　　　在提出前項申報時需在申報書中記錄申報事由。

第六條　死亡申報書需附上醫師開具之死亡診斷書或驗屍報告。

第七條　一戶全員均欲遷至管區外時應提前提交搬遷事由申報書。

第八條　區內搬遷時需提交兩份申報書。

第九條　醫院、監獄或其他公立場所出生或死亡時，無申報書遞交人時
　　　　應由該場所長官或負責人提交。前項所示公立場所以外之場所
　　　　內出生或死亡而無申報書遞交人時，應由其看護人或該設施負
　　　　責人提交申報書。

第一〇條　發現棄子者應即刻向所在地之區長提交報告。

第十一條　欲獲得依據本令提交報告之相關證明者，應附上規定之手續費
　　　　　向地區事務所所長或區長提出申請。

第十二條　地區事務長及區長確認有必要時，可命令住戶提交戶籍謄本或
　　　　　身份證明文件，或可命該項事務負責人進入住戶居所內進行戶
　　　　　口方面之必要調查。然而，於日出前及日落後不得進入住戶居
　　　　　所中。

第十三條　住戶應於居所入口處懸掛記錄有位址、門牌號或區號以及戶
　　　　　主姓名之門牌。

第十四條　凡發生以下情況者處以三個月以內監禁或五百萬円以下罰款。

1. 提交與本法令相關之虛假報告者。

2. 無故於期限內未提出報告者。

3. 拒絕或躲避戶籍人員進行戶口實際調查者。

4. 戶籍人員進行戶口實際調查時陳述虛偽言辭者。

附則

本法令於昭和十七年九月一八日起施行 [12]

依據該戶口規定，居民出生、死亡或遷至管區外時有報告義務（見第一條），日本居民有向所轄地區事務所、中國人居民有向所在地區長提交報告的義務（見第三條）。以上規定是區政府為明確把握區內居民動向而實施的。

把握居民動向的必要性，一方面體現在整備糧食配給機構，使不必要的居民移住香港之外，即這是日軍為釐訂疏散政策的基本資料而實施的舉措；另一方面是為了徹底實施軍票政策。如第 4 章中所述，軍票政策是 1942 年 7 月將軍票和港元以一比四的比率進行兌換、加以削弱港元而實施的政策。但是到了 1943 年 4 月，之前港元與軍票混合使用的情況，因徹底實行軍票一體化而終止，港元被強制兌換成軍票。

當時無論在九龍還是新界，區政府如同銀行一樣作為軍票兌換所並發揮了重要的作用。這樣區政府便處於軍政統治的行政末端，分擔了日軍統治香港的工作。

12　前述，《香督部令特輯》，48 頁。

結語

本章探討了日軍"以華制華"政策之核心的華民代表會和華民各界協議會、區政府的制度性特徵及其業務內容。基於現階段的考察，我們可以清晰得知，華民代表會和華民各界協議會均為集結了香港權威人士而建立的組織，其成員從英國統治時期起就參與香港的上層社會。他們就香港的統治問題，進行審議並將審議意見上呈總督部。如在慰安所這樣的問題上，他們對於總督部的方針並非毫無異議，但在多數情況下，都是以順從總督部意願的形式展開討論。而與此相對，日軍期望區政府作為實施總督部軍政的機構開展活動。因此，擔任區長的人並非英國統治時期的權威人士，而是由日軍推選出來的。華民代表會和華民各界協議會的成員，在二戰日軍戰敗後的英國統治下再次回歸，而區長在戰後則大多喪失進行政治活動的餘地 [13]。

13　關於區制在戰後的繼承，對我們啟發深遠的研究有吉原直樹，〈街坊〉、谷垣真理子，〈香港的區議會選舉分析〉（二者均見可兒弘明編，《香港及香港問題研究》（東方書店，1991 年））。但關於戰爭時期以及戰後的 "連續" 和 "斷絕" 有待今後的分析研究。

第 6 章
軍政下的生活

引言

佔領香港的戰事一結束,香港街頭看上去似乎迎來了和平安穩的局面。的確日軍在建立軍政廳、開設總督部後就正式開始了軍政統治。如同之前考察的那樣,香港總督部和構成總督部的各個部門釐訂了香港基本統治政策,但實際上接觸香港居民並支配其生活的是香港的憲兵隊。與其他日軍佔領區一樣,日本憲兵也是以高壓手段控制香港的居民。因此,如果不提及憲兵支配下香港的真實情況,就無從談起日本軍政下香港的居民生活。本章在關注這一側面的同時,探討日本軍政下香港市民的生活。

一、軍政下的生活

佔領香港的戰事結束後,隨着佔領體制整備活動展開,從表面看來香港市民開始了平靜的生活。

正如本書第 II 部分的詳細論述,作為香港市民主要交通工具的電車於 1942 年 1 月恢復營運,公共交通工具、火車和連接香港島與九龍的渡輪也隨之開始運行。雜誌類刊物雖然種類減少了,但還是復刊及發行。

電影雖以讚美日本戰爭的作品居多，但以九龍好世界戲院重新開業為契機，其他戲院也陸續開始營業。無線電廣播也於 1942 年 2 月再度播放，賽馬也於 1942 年 4 月以後再次舉行。但是，學校卻遲遲難以恢復教學，除了極少數以外，大多數學校都未有再次開放校門[1]。

儘管在表面上，香港街頭的百姓生活看似平靜，但實際上香港居民的生活卻遭到日本憲兵支配，一不留神就會被憲兵輕易殺害的恐怖和緊張氣氛充斥市面。

僅是忘記向檢查站的日本兵行日本式鞠躬禮而橫過馬路，就會立即遭到毆打，這種生活在英國統治時期簡直無法想像[2]。憲兵對香港市民生活的干涉滲透到每一角落。比如，在日常生活中，他們會強制要求香港市民打掃自家門口，如若沒有打掃，則會當眾毆打這家人。在日本軍隊生活如同家常便飯、常常發生的毆打（或"打耳光"），給香港市民留下了"野蠻"和"屈辱"的印象。被憲兵在公眾面前"打耳光"、被迫"鞠躬"等行為使香港居民對日本軍政的批判倍增。而且，日軍又聲稱突擊檢查而闖入民居進行搜查，如若發現意圖持有港幣或違禁物品的人，就會立即遭到"打耳光"，嚴重時甚至會被憲兵隊帶走，面臨喪命的危險[3]。

居民遷移對由移民構成的香港社會來說，本來是司空見慣的事情。對居民遷移活動的限制就是對香港市民生活本身的限制。然而，日本的軍政統治卻硬要實施限制，也就是伴隨分區統治制度的實施，而施加對香港市民進行管理的措施。再加上糧食配給制度又大大鞏固了日本統制

1　關於香港百姓在日本軍政統治下的生活，雖然在以往的研究中涉及到的很少，但《日本占領下的香港》中對日軍統治下的香港市民生活，在多個篇幅中進行了介紹，在該書中可以詳細地看到當時市民生活的實際情況。

2　和久田幸助，《日軍在佔領下的香港幹了甚麼》（岩波書店，1991 年）。

3　參照前述，《日本占領下の香港》第二、三章。

措施。其結果是香港市民由於受到出行限制，導致日常生活明顯受到約束。違反規定者則會受到嚴厲懲罰。

　　日軍在經濟方面採取嚴格管制，反而催生了"黑色產業"，而憲兵為了取締這種黑色經濟卻愈發擾亂香港居民的日常生活。憲兵中有人與軍隊以及特務機關勾結，販賣鴉片或從越南走私大米、從澳門走私威士忌、煙草和相機等違禁物品而獲得巨額利潤。日軍中這種軍紀的混亂情況隨着香港戰事嚴峻而越發加劇[4]。而由中國人以及印度人組成的輔助憲兵所進行暗中取締的間諜活動，反而愈加招致香港市民反感，因為這些輔助憲兵趁着日本統治之便到處進行野蠻殘暴的行為。這些人當中有不少人在軍政蔭庇下，利用手上的"權力"把平時看不順眼的人貼上"重慶分子"、"抗日分子"的標籤，硬將罪過強加於人，甚至倚靠日軍為後台而"狐假虎威"、作威作福的人也不少[5]。結果導致因無故受責罰而不得不逃離香港，或被迫隱居的香港市民人數急增。這樣的生活在戰局惡化的1943 年後半年起，變得愈發嚴峻。

二、香港居民生活的衰敗之路

　　這種日軍佔領下的日常生活，從 1943 年後半年開始，由於軍票隨意發行造成通貨膨脹的惡化和盟軍轟炸加劇，以及物資不足等原因，導致日軍的軍政統治逐步走向破滅道路。

　　首先是軍票流通量急增和因此引致的通貨膨脹。關於香港軍票激增的詳細內容，請參看本書第 II 部第 1 章的內容。1942 年 7 月，由於軍票與港元兌換比率變為一比四，導致全香港軍票流通量增加，又加之 1943

4　謝永光著、森幹夫譯，《戰時日軍在香港暴行》(社會評論社，1993 年)，142 頁。
5　同上，139-142 頁。

年 6 月的軍票一體化政策，也導致軍票流通量激增，從 1943 年 4 月的
2,534 萬日圓到 12 月的 4,159 萬日圓，逐步遞增至 1944 年 4 月的 1 億
500 萬日圓，再增加至 1944 年 12 月的 3 億 937 萬日圓，然後增至 1945
年 8 月戰敗時的 19 億 6,275 萬日圓。日軍在中國各地發行的軍票也於
1945 年 8 月達到 25 億日圓，而香港的軍票則佔日軍 1945 年 8 月在中國
佔領地區軍票餘額 70% 的高比例。其中 12 億日圓是在香港印刷的 100
日圓面額軍票。香港的紙幣印刷一直持續到日軍戰敗。

因此，香港物價飆升也是事出無奈。觀察 1943 年末至 1944 年一整
年商品的物價上升比率，即使從總平均上升比率來看，如果把 1943 年 4
月的食品價格指數定為 100，1943 年則為 278，1944 年 4 月則是 654，
1944 年 12 月則是 3,777。1943 年之後通貨膨脹如此急速上升，逐漸威
脅到香港市民的生活。

配給米價格的動向也許最能明確體現日軍佔領後期香港的通貨膨
脹，以及居民生活的困難狀況。在香港，每個區政府都會設立大米配給
站，向香港居民提供大米。一斤大米的價格經歷了如下調整。

1942 年　3 月　20 錢

　　　　　10 月　30 錢

1943 年　9 月　37 錢 5 厘

1944 年　1 月　75 錢

　　　　　4 月　1 円 50 錢

　　　　　12 月　3 円 [6]

而且，日軍這種配給政策在軍政統治開始後，本來對於管區內居民
是一視同仁的，但自 1944 年 4 月起配給對象卻限定為軍政統治合作者，

6　《香港東洋經濟新報（創刊號）》（1944 年 6 月），6 頁；同前第 1 卷第 7 號（1944 年 12 月），8 頁。

而同年 12 月甚至僅限於軍政統治直接合作者本人。當時在 1944 年 4 月，一斤大米的配給價格為 1 円 50 錢，和市場價格 10 円之間存在着 8 円 50 錢的差價。可以説，1944 年以後香港普通市民生活之困苦，簡直令人無法想像[7]。這樣的生活狀況，再加上盟軍轟炸加劇，香港市民生活越發困苦。香港於 1942 年 10 月 24 日遭受第一次轟炸之後，盟軍的轟炸愈見激烈，在 1943 年轟炸了 9 次，1944 年 8 次，進入 1945 年後轟炸的規模和由此帶來的災害急增[8]。香港居民處於水深火熱的狀態，日常的生活難以維持。

讓我們來聽聽當時香港居民的回憶。

大家在地裏挖着吃像木瓜皮的東西，也吃紅薯葉、花生麩子。花生麩子就是花生榨油後剩下的渣子，原本是當作肥料，在田間耕作時才會用到，但當時我們甚至要吃這種東西。記得當時媽媽和姨母吃了這種東西以後，眼睛和臉都腫得跟懷孕的人一樣。人們都瘦了。一家子都奄奄一息、徘徊在生死邊緣。渾身只有眼睛突兀着，整個身體骨瘦如柴[9]。

街上到處都是死人屍體。搬運屍體的人一個抱着頭、一個提着腿，然後再把屍體放到車上。即使是尚有一絲氣息的人也會被當作死人埋到坑裏[10]。

在貧困生活中餓死的人增加，屍體被隨意擱置，甚至出現搶奪屍體

---

7   同上。

8   Endacott, *Hong Kong Eclipse*, p.169.

9   採訪香港軍政統治下的受害者 (採訪人：陳莊勤律師，講述人：何葦，1993 年 6 月 5 日，翻譯：吳輝)。

10 採訪香港軍政統治下的受害者 (採訪人：鍾長賢律師，講述人：易小環，1993 年 5 月 15 日，翻譯：吳輝)。

爭相食用的悲慘境地 [11]。據説小孩子被隨意帶走殺害、販賣孩子肉的事件也時有發生 [12]。

香港居民從此失去了對將來的期望，只能圖一時之樂沉溺於賭博。日本軍政當局也出於軍票通貨膨脹的對策，默許了在香港和澳門的賭博 [13]。當時香港所有的一切都變成了得過且過的敷衍。

三、抗日運動高漲

盟軍反擊加劇，加上人民生活日益困苦，使反日運動以各種各樣的形式湧現。早在日軍佔領香港以前，中國共產黨就已經誕生，且在這一區域展開了反對日本侵華戰爭的抗日運動。

日軍佔領香港後，廖承志率領隸屬中國共產黨的東江縱隊港九獨立隊，在日軍佔領下的香港各地開始活動。他們有時在抗日遊擊戰中與日軍展開戰鬥；有時積極幫助中國抗日鬥爭運動家逃離香港；有時收集資料為盟軍提供珍貴情報 [14]。1942 年 2 月 3 日，正式組編的港九大隊積極協助中國知識分子逃離香港，以及營救盟軍士兵。比如，1944 年 2 月美軍第十四航空艦隊的唐納爾・卡爾（Donald Carr）中尉在香港上空被日軍擊落，在乘降落傘下降後就被港九大隊的成員營救出來，並幫他擺脫日軍追蹤，帶他逃到安全地帶。在港九大隊的行動中，被營救出來的盟軍戰士以 20 名英國人、8 名美國飛行員為首，總計達 89 名 [15]。

與此同時，英軍服務團（British Army Aid Group）的遊擊活動也日益

11　鮫島盛隆，《香港回想記》，122 頁。
12　採訪香港軍政統治下的受害者（採訪人：鍾永賢律師，講述人：盧佩英，1993 年 5 月 15 日，翻譯：吳輝）。
13　仲山德四郎，《私記香港的生還者》（佐佐木紀錄，1978 年），55 頁。
14　參照前述，《日本占領下的香港》，131 頁以後。
15　徐月清編，《活躍在香港》（三聯書店（香港），1993 年），6 頁。

活躍。英軍服務團組建於 1942 年 5 月，總指揮部設在國民黨轄區的昆明，指揮官為英軍上校賴廉士‧萊德（Lindsay Ride）。他曾在香港被日軍俘虜，在港九大隊的協助下，從俘虜收容所逃往國民黨轄區後，提倡組建英軍服務團。他在獲得英國陸軍部許可後，便立即開始着手組建工作並開始地下活動。

　　他們協助被俘的盟軍士兵逃離俘虜收容所，並展開行動破壞日本的軍事設施。據說英軍服務團曾幫助 600 名以上的盟軍士兵，從日軍的俘虜收容所逃到安全地帶 [16]。

　　國民黨也在香港設有組織開展活動。國民黨中央執行委員會屬下的調查統計局、宣傳部、外交部和組織部，分別在香港設有辦事處及支部，在極端保密中開展了各種類型的活動。從日本憲兵隊留下來的史料中，能窺見這些組織活動的片段 [17]。

　　針對這些活動，香港總督部為了完善、強化之前九個地區事務所 —— 區政府的“上情下達”機構，於是在進入 1945 年以後，以區以下的街區為中心，實施了保甲制度。

結語

　　日本軍政統治下的香港百姓生活，由於物資短缺和憲兵蠻橫，導致了悲慘結局，特別是在戰局開始不利於日本的 1943 年下半年之後愈發明顯。在嚴重通貨膨脹下，香港居民生活困苦，在糧食稀缺之下甚至不得不搜羅屍體用來飽腹。盟軍的轟炸使香港居民本來就困難的生活雪上加

16　前述，《日軍在香港幹了甚麼》，168-169 頁。

17　姬田光義編，《重慶中國國民黨在港秘密機關檢舉情況》（不二出版、1988 年）。另外，以香港民眾的抗日運動為中心記述的旅遊指南中有：和仁廉夫編，《行走於旅遊指南上沒有的亞洲 —— 香港》（梨木舍，1996 年）。

霜。在盟軍開始真正轟炸之前,香港的經濟活動已經停頓。轟炸把事實
上已經崩潰的香港社會推向深淵。在這方面,香港與其他日軍佔領地區
一樣遭受了二次破壞。一是因為海上封鎖,二是因為轟炸。但是,香港
算是被第三次破壞了,為甚麼呢?因為在這兩次破壞之前,香港在日軍
佔領之際就已經遭受破壞。

第 7 章

戰後的香港

一、戰後處理

1945 年 8 月日本投降後，香港迎來了新時代。當初蔣介石率領的國民黨軍隊本打算武裝解放香港，但從戰爭期間就一直考慮戰後再次統治香港的英國，強烈反對國民黨進駐香港。8 月 27 日，英軍少將夏愨率領英國太平洋艦隊在香港出現。

8 月 30 日，英軍登陸香港島。9 月 2 日，總督田中久一受理投降事宜。9 月 16 日，日軍正式簽署投降書。英軍在香港實行軍政統治，至 1946 年 5 月香港政府恢復辦公[1]。

在此之後香港迅速走上復興之路。英國臨時軍政府使香港從日軍佔領時所受的戰爭創傷中復元，並開始興建大樓、工廠以及船塢。與此同時，政府開始對戰犯進行審判，通過裁決日本戰犯積極處理戰後問題。被起訴的日本人有 121 名，其中被判有罪的達 109 人，17 名被判死刑。其中包括前述以日本憲兵隊長野間賢之助為首的眾多日本軍政幹部[2]。

與日本軍政統治合作的中國人也受到了同樣的制裁。這時曾被稱為

1　《日本占領下の香港》，185-191 頁。
2　茶園義男，《BC 級戰犯英軍裁判資料（下）》（不二出版，1998 年），137-154 頁。

野間賢之助心腹的密探黃佐治，被判處死刑並施以絞刑。黃佐治作為密探頭目，據説曾逮捕很多香港人並把他們收監[3]。

　　日軍的軍票在英軍佔領香港時就被作廢，禁止流通。1945 年 9 月初，新的英鎊從英國運到香港取代軍票並開始流通。當時日本的軍票因英國政府宣告作廢，在一夜之間變得一文不值。因此，當時價值達 12 億美元的香港軍票在沒有任何補償措施的情況下，被擱置於香港。

　　要求對香港軍票進行補償的運動，以 1968 年聯合國香港協會的後繼組織 ── 香港索償協會的活動開始為契機而變得積極起來。軍票補償運動在當今日本已經展開了法庭訴訟的鬥爭。另外，戰後英國的香港政府在 1947 年以後開始對戰爭受害的實際情況進行調查，並製作了受災情況統計表。這項調查工作從 1953 年開始，以委託給聯合國香港協會的形式繼續進行下去。但是自從 1951 年 9 月簽署了《舊金山對日和平條約》，其結果制定了日本不需要承擔戰爭賠償的方針，英國也響應《舊金山對日和平條約》使香港政府中止對戰爭受害情況的調查，並把這項調查委託給民間團體 ── 聯合國香港協會。這個協會的後繼組織就是索償協會[4]。

　　期間日本根據與盟軍的協議執行了中間賠償，向以英國為首的聯合國作出實物賠償。隨着實物賠償的執行，日本對英國也進行了賠償，據説從日本發出的一部分機械材料也曾到過香港，但詳細情況並不清楚[5]。

　　但是，整個 20 世紀 40 年代都屬於戰後復興的過渡時期，加上物資不足，香港可以説完全被黑市經濟支配。黃谷柳的《蝦球傳》中的主人

3　謝永光著、森幹夫譯，《戰爭時期日軍在香港的暴行》(社會評論社，1993 年)，260-261 頁。

4　參照高木健一、小林英夫等編，《香港軍票和戰後補償》(明石書店，1993 年)，79 頁以後。

5　有關中間賠償，參照大藏省財政史室編，《昭和財政史 (1)》(東洋經濟新報社，1984 年)，275 頁以後。

公"蝦球"當初就是依靠黑市買賣維生。這本書描寫了香港當時的實際情況 [6]。

二、中國革命與香港

香港戰後的混亂，在 1949 年中國解放後又發生了新的進展。眾多難民在解放期間穿越邊境湧到香港。戰爭期間，由於日軍實施人口疏散政策，香港人口曾經一度銳減至 50 萬的低位，後因大陸難民流入而激增，到 20 世紀 50 年代人口已經超過了 300 萬。其中包括眾多解放前在上海和南京經營企業的經營者和銀行家。當然逃亡到香港避難的不只是企業家和銀行家，還有在戰爭中敗陣的國民黨軍人。當時國民黨軍人集中居住在香港調景嶺，該地也因而被稱為"國民黨村" [7]。

英國為了將中國解放戰爭的影響止於邊境線，於是向香港派遣大規模的軍隊，導致兩國關係緊張。在 1950 年 6 月朝鮮戰爭爆發後，亞洲局勢就更為緊張，冷戰轉變為熱戰後，香港就成了英、美對華作戰的戰略據點，具有重要的意義。

從此之後，香港成為國民黨與共產黨的爭奪之地，雙方展開了激烈爭霸。這樣雙方的對立發展為流血抗爭，從而引起了香港的政治鬥爭，1956 年 10 月發生的九龍雙十節（辛亥革命紀念日）暴動就是其中之一。高舉國民黨青天白日旗想要慶祝雙十節的香港居民，和想要加以阻止的共產黨派系居民之間就"反中國的暴動"產生對立，把香港捲入了示威遊行和對抗的漩渦之中 [8]。其後，這兩方的對立在香港持續存在。

6　參照黃谷柳著、島田政雄譯，《虾球物語（上・下）》（三一書房，1950 年）。

7　簡・莫里斯（Jan Morris）著、飯島涉、伊藤泉美、西條美紀譯，《香港》（講談社，1995 年），363 頁。

8　參照中嶋嶺雄，《香港》（時事通信社，1985 年），152 頁以後。

三、工業化發展的道路

20 世紀 50 年代，香港出現了輕工業的繁榮。以服裝產業和收音機組裝為代表的電機產業高速發展，就是具體的體現。與纖維相關的工業是戰前中國通商口岸發展起來的產業，而以收音機為代表的電機產業，則是 20 世紀 50 年代勞動密集型產業的典型。在香港，這些產業迅速繁榮起來，一是因為前述從內地流入的資金和勞動力，另一則主要是因為英聯邦特惠關稅，產品從香港入口到英聯邦諸國可以免稅。

香港企業利用英聯邦特惠關稅，輕易得到廉價的勞動力，於是香港在 20 世紀 50 年代的棉製品、雜貨，60 年代的服裝、塑膠、黑白電視機，70 年代的電子產業，均先後取得急速發展。再加上香港企業本身帶有的投機性，以及在香港搜集到情報，使這些企業迅速膨脹起來。20 世紀 60 年代後半的越戰更加速了香港的工業化。香港在越戰中扮演着美國補給基地的角色，這一角色增加了香港的外匯收入。

在香港的工業化中，日本企業起着重要作用。日本企業最初進駐香港可追溯到 1956 年。這一年，東芝和三井物產合資成立了商事公司，在香港設立了寶蓮船運和海運公司。此後，日本企業的數量急劇增加，到 70 年代初期，以纖維產業為中心的日本企業進駐香港的高峰期還在持續。到了 1971 年有 72 家企業進駐，投資額達 4,100 萬美元；1973 年有 216 家，投資額達 1 億 2,300 萬美元[9]。

日本企業的進駐高峰在 1973 年末第一次石油危機時受挫，一段時期內經濟異常不景氣。但是，1975 年恢復元氣後，香港的對外出口開始穩步增長。其中以服裝為代表的纖維製品的增長，是支撐 70 年代香港經濟

9　參拙著《戰後日本資本主義和 "東亞經濟圈"》（御茶の水書房，1983 年），第一部第三章。

高速增長的重要支柱。70 年代後半期，香港從日本、韓國、台灣乃至內地輸入棉紗、合成纖維、棉織品、合成纖織品，成功建立起以這些織品為素材的服裝產業，以對美出口為中心，香港把衣物輸往世界各國，成為世界最大的縫製基地[10]。

　　緊接着進入 80 年代後，香港以外資流入和低租金為優勢，成為了電機電子產業基地，並變得日益重要。時值當時內地以"改革開放"為口號開始推進市場經濟，香港成為了內地交易的窗口。70 年代以後，香港保持高速經濟增長，和東亞的韓國、台灣、新加坡並稱為"四小龍"，甚至是亞洲新興工業化經濟體。

四、香港回歸的道路

　　同時，香港一邊受到大陸另一頭的政治經濟影響，一邊苦思應對政策[11]。關於中國革命對香港的影響，如前所述，1966 年開始的文化大革命風暴也影響到香港。高呼"毛澤東思想"的反帝國主義示威遊行，也針對以香港為殖民地的英國。1967 年 8 月，北京的英國大使館被中國的遊行隊伍襲擊。同年 5 月，以九龍的塑膠花製造工廠的罷工為契機，爆發了大規模反英暴動。從 20 世紀 50 年代開始，香港以服裝和雜貨為中心，開始推進工業化，眾多的勞動者從事製造業。他們對工資低、勞動時間長的現狀感到不滿，罷工由一間工廠迅速蔓延到九龍一帶的工廠。當時香港政府以警隊鎮壓罷工，使混亂加劇。這次暴動雖然被香港政府鎮壓而最終告一段落，卻為中英之間帶來了巨大影響[12]。兩國開始圍繞香港前

10　同上，參照第一部第四章。

11　有關香港回歸的交涉，參照莫里斯、中嶋前述書以及 Chan. Ming K, G. A. Postiglionne. *The Hong Kong Reader, Passage to Chinese Sovereignty*, New York: M.E. Sharpe, 1996。

12　參照可兒弘明，〈歷史中的香港〉，同編，《香港以及香港問題研究》（東方書店，1991 年）所收。

途對話。英國以這次暴動為契機,尋求與中國對話之路。1970 年 10 月,麥理浩爵士就任新一屆香港總督。1972 年 3 月,尼克遜訪華、台灣被聯合國除名等事件中,英國承認中華人民共和國是統治全中國的唯一合法政府,台灣僅是中國的一個省份,另外亦與中國交換大使,改善外交關係。

英國與中國圍繞香港回歸的交涉,在 1982 年首相戴卓爾夫人訪問中國以後落實。在數次協商下,雙方於 1984 年 12 月簽署了《中英聯合聲明》,中國與英國達成共識,規定 1997 年把香港歸還中國,這具有劃時代意義。作為英國把香港還給中國的擔保,中國承諾未來 50 年間保持香港的政治系統不變,即到 2047 年前維持實行"一國兩制"。換言之,香港是中國的一部分,但卻是享有高度自治的特別行政區。

之後,英國就歸還香港開始了具體交涉。1997 年 6 月 30 日,英國終結了對香港的統治權,7 月 1 日開始,香港交還中國統治。

第 8 章
日本軍政與澳門

引言

談香港很難避免涉及澳門。這不僅因為兩者距離相近,而且從歷史來看,兩者關係密切。澳門於 1564 年被葡萄牙租借,香港比澳門晚一些,在兩百多年後因 1842 年鴉片戰爭簽訂的南京條約,而變成英國的租借地。一個是葡萄牙的殖民地,一個是英國的殖民地,港澳作為中外交易的據點,發揮了重要的作用。

兩個比鄰且相似的都市國家型殖民地,在第二次世界大戰的最高潮,踏上了完全不同的命運。香港被日本佔領;與此相對,澳門作為"中立城市"得以逃脫日軍的佔領。但是到了戰後,在中國革命和東西方冷戰激化,以及文化大革命的動亂中,澳門作為鄰近中國的都市國家型殖民地,在"大國‧中國新生時代"的浪潮中經歷磨練。1997 年香港回歸中國,澳門也在 1999 年回歸中國。除去被日本佔領的時期,澳門幾乎和香港走上相同的道路。此章以澳門為中心,看看它和香港的關係。

一、太平洋戰爭下之日葡關係

1941 年 12 月 8 日太平洋戰爭爆發,與此同時,日軍開始侵略東南亞各國。在攻擊夏威夷珍珠港的同時，日軍對香港、菲律賓、馬來半島也展開了攻擊。戰火從荷印（現在的印尼）擴大到新畿內亞、所羅門羣島。就這樣，日本在 1942 年上半年不到半年裏，佔領了廣大領域：北以阿留申羣島的阿圖島、基斯卡島為始，南至帝汶島，西以緬甸為始，東至所羅門羣島，藉此驅逐英、美、法、荷的勢力。為了製造佔領澳洲的前進基地，日軍佔領了屬於中立國葡萄牙領地的帝汶島。這裏屬於“大東亞共榮圈”的南端。日本自開戰前就曾嘗試進入此島以獲取資源[1]。

　　1942 年 2 月 20 日，日軍攻打帝汶島，在 4 月之前完全佔領該島。當時在亞洲地區，帝汶島屬於中立國葡萄牙的領地。日軍對帝汶島的攻擊，屬於侵犯中立國領土的事件，這使兩國關係急劇惡化。

　　日本在攻打帝汶島的問題上意見不一。日本首相東條英機擔心兩國關係惡化，主張在驅逐帝汶島的英、澳、荷、印聯軍後就從該島撤退（帝汶島的東部和北部屬於葡萄牙的領地，其餘為荷蘭的領地。日軍主張，開戰後英、澳、荷聯軍進入葡萄牙的領地，已經侵犯了葡萄牙的中立。）。與此相對，擔任軍令部總長的永野修身考慮到帝汶島的戰略價值，主張先看葡萄牙的態度再決定是否撤兵。結果永野的意見獲得通過，日軍事實上駐紮在帝汶島[2]。

　　對此，葡萄牙政府強烈抗議，開始和日本政府就此問題進行外交談判。曾參與談判的公使島村守人回憶道，時任葡萄牙總統兼外務大臣薩拉查“力排沸沸揚揚的輿論攻擊，一邊抑制激化的反日情緒，一邊和日本公使館耐心地進行交涉”[3]。在帝汶島問題談判上，同是葡萄牙殖民地的

1　詳見後藤乾一，《近代日本與東南亞》（岩波書店，1995 年），參照第 3 章。
2　防衛廳防衛研修所戰史室，《荷屬印度攻略作戰》（朝雲新聞社，1967 年），394-401 頁。
3　森島守人，《珍珠灣‧里斯本‧東京》（岩波書店，1950 年），86 頁。

澳門，總是成為談判的問題所在。日軍在攻擊帝汶島之際，實行“只要葡萄牙保持中立態度，我們就對澳門保持現有態度”[4]，對佔領帝汶島，只要葡萄牙保持中立態度，日軍就實行不攻打澳門的方針。這件事雖然沒有史料可以證明，但或許可以說，犧牲帝汶島使澳門得以保持中立。

關於澳門為甚麼可以保持中立的問題，一般認為若是日本佔領澳門，會擔憂巴西報復，將移民巴西的日本人遣返回國。但這種看法也沒有確鑿根據[5]。不如說，正因為葡萄牙是中立國，原則上不會佔領它的領土；但是一旦有戰略需要，佔領它也在所不辭，但那時也會考慮葡萄牙是中立國的情況，這才是日本的基本方針。而且當時屬中立國的里斯本走漏了歐洲情報，該情報被稱為“里斯本情報”。對日本來說，這跟瑞士的伯恩，瑞典的斯德哥爾摩同等重要[6]。因為法國、荷蘭等西歐國家被納粹德國佔領後，里斯本成為了“大西洋沿岸唯一的自由港”[7]。

二、佔領前的中立區 —— 澳門

中日戰爭擴大，香港落入日軍之手，澳門也受到了巨大影響。中日戰爭擴大亦使廣東被日本佔領。廣九線一度被切斷，澳門因為作為替代連接廣東和香港的要衝之地而廣受注目，甚至到達“澳門一時間勝過香港之繁榮”[8]的地步。

然後，隨着太平洋戰爭中日軍佔領香港，連接香港和澳門的珠江航線也一度被切斷，至日軍佔領香港後，港澳間的定期航線才告復航。這

4　前述，《荷屬印度攻略作戰》，396 頁。
5　關於此觀點的恰當批判，請參照宣野坐伸治，〈太平洋戰爭中的日澳關係——關於日軍不佔領澳門的初步考察〉（香港日語研究會編《日語教育 —— 日本研究論文集》，1995 年）。
6　前述，《珍珠灣‧里斯本‧東京》，82-83 頁。
7　阿部真穩，《波瀾萬丈的葡萄牙史》（泰流社，1994 年），219 頁。
8　東西海運股份有限公司營業部企劃課，《澳門港》（1942 年），6 頁。

樣一來，澳門代替被佔領的香港，成為連接中國大陸地區和海外地區的
"自由港"，甚有價值[9]。但是，即使是定期航線，在戰爭中也並不安全。
例如，澳門政府租用名為"永華"的船，從事於澳門和法屬印度支那的業
務，卻遭到美國軍機攻擊而沉沒。在"永華"之後，澳門政府租用的葡萄
牙號船，據說為了避免被盟軍攻擊，在各腹前後畫上葡萄牙國旗，甲板
塗白船腹塗黑，在船桅和煙囪上標記葡萄牙和船名，晚上用電燈將之照
亮[10]。

　　就這樣，澳門作為"大東亞共榮圈"內唯一的中立地帶，和法屬印度
支那、泰國等進行貿易，成為了歐美產品入口的窗口。因此，儘管在戰
爭時期，澳門也有豐富的物資，而且賭場生意興隆。

　　以國際酒店及賭場聞名的中央酒店所在的街道叫做新馬路，這裏可
以稱得上是澳門的銀座街，是唯一一條熱鬧的街道。走在這條街道上你
會感到這裏銀號之多，以及洋貨雜貨商品之豐富。英美的化妝品、藥品、
西服襯衫、毛巾等雜貨類商品應有盡有，但是價格都很昂貴。尤其是藥
品價格貴得驚人。一般的糧食以及其他生活必需品比較便宜。一斤米
九十美分，一斤豬肉四美元，一個雞蛋三十美分；在街頭賣煙的小商販
很多，種類豐富，價格也不貴。但是這些物價用"西洋紙"，即澳元來算
的話比較便宜，換算成澳元以外的通用貨幣的話，就沒有那麼便宜了。[11]

　　來到澳門，店舖十分齊全地擺着別的地方難以找到的英美進口商

9　同前書，27-34 頁。
10　《香港東洋經濟新報》（第 1 卷第 1 號，1944 年 6 月），31 頁。
11　同前。

品。就如同戰前香港一樣，戰時的澳門成為了物資豐富的地區。如前所述，可以明白這個地區混雜流通世界各國的貨幣。

澳門被稱為"各種貨幣的示範區[12]"，這裏流通着各種貨幣。不過這種現象並非澳門地區獨有，在 20 世紀 20 年代的中國也十分普遍。到了 1935 年，國民黨實行貨幣改革，再加上日軍佔領中國後實行貨幣統一[13]，貨幣混用以澳門為代表，只在特定地區保留。

但是，在澳門"港幣是基本貨幣"[14]。考慮到在 20 世紀 20 年代之前的情況，澳門屬於香港經濟的一部分，那也就理所當然了。但是到了 1941 年 12 月，香港被日本佔領，日本推行強硬的貨幣政策，港幣被驅逐，短期內"港幣暴跌"[15]。之後被稱為白銀的 20 錢銀幣取代港幣登上基本貨幣寶座。但是這種銀幣需求擴大到脫銷後，澳門政府只好從國立海外銀行發行一種叫做"西洋紙"的澳元紙幣，回收白銀，實行貨幣統一。如果澳門政府夠強硬的話，回收白銀也會大力進行，但是勢力漸弱的政府並沒有這種能力，於是白銀還沒回收就被囤積了[16]。以下為 1942 年 9 月澳門的通貨流通狀況：

大西洋銀行券	約 400 萬元
港幣	約 5,000 萬元
白銀	約 3,000 萬元
法幣	約 5,500 萬元[17]

12　同前。
13　參照拙著《日本軍政下的亞細亞》(岩波書店，1993 年)。
14　波集團司令部，《波集團經濟封鎖情報月報》(1942 年 9 月 30 日)。
15　同前。
16　前述，《香港東洋經濟新報》(第 1 卷第 1 號，31 頁)。
17　前述，《波集團經濟封鎖情報月報》。

　　蔣介石政府的法幣即使有所衰落，但還具有壓倒性的流通量，港幣僅次於它。另外也有"港幣日趨衰落，且廣州灣中國腹地及香港等地交易頻繁流通。最近特在我方佔領地域內禁止該貨幣流通，或許因香港的價值交易等，入澳貨幣額一直在增加"[18] 這樣的日軍調查結果為證。而且，在戰局對日本有利時，香港流通的日本軍票創下了高價記錄。與此相反，到了 1943 年以後，戰局對日本不利，軍票價值低落，港幣價值則開始高漲。

　　因此，在香港的日本統治者，把在香港回收的港幣帶到澳門，在澳門購買物資後再倒賣到香港，從中獲取巨額利益。

　　當時走私在兩個地區盛行。在澳門和香港"兩地域間的走私依然活躍。利用眾多小艦艇和分散的島嶼，從澳門偷運蔬菜、水果、海產等；從香港偷運藥品、棉布、油類等[19]"的狀況下，不難想像應是使用港幣進行結算。

　　因澳門是"中立城市"，對於在香港的日本當事者來說，獲取物資很方便。而且他們可以避開危險，在澳門安心休養。盟軍不曾空襲轟炸"中立地帶"的澳門，而且發生戰鬥的可能性也很小。在這層意義上，澳門的"中立性"對日本來說非常有利。

　　縱使澳門擁有這樣的優勢，但隨着日軍戰局陷入不利、運輸漸入困境，及物資不足，澳門的情況也變得嚴峻起來。進入 1944 年，煤炭顯著缺乏導致未能有足夠煤炭用作發電，停電成了家常便飯，只有支撐澳門經濟的賭場例外，它們"用自己發的電，燈火輝煌毫不吝嗇，電梯也一直

18　同前。
19　同前。

在運行"[20]。糧食不足也愈發顯著。原本澳門的糧食就一直不能自給，所有都得靠進口。進貨鏈條停滯導致嚴峻的糧食問題。糧食零售價高漲，於是便有"一大清早碼頭就有很多人一邊眺望着大海，一邊等着這些（運輸糧食的 —— 引用者）小船入港。現在這樣的場景一點都不稀奇"[21] 這樣的狀況發生。

三、被佔領後的澳門動態

然而，戰局的發展並未使澳門成為中立地區。日軍戰敗漸成定局，為了鎮壓澳門的反日運動及為盟軍的反擊作準備，日軍內部"應該佔領澳門"的呼聲逐漸高漲。事實上，步入 1945 年，日軍就預料到美軍會以六個師向香港發動攻擊[22]。

在開戰之前，日本的特務機關就一直在澳門有所行動。自 1941 年初，駐港武官鈴木卓爾已在澳門執行任務，1941 年 3 月，陸軍中尉井崎喜代太接替鈴木，表面上掛着"三和公司"的牌號進行商業活動，暗地裏卻在開展情報間諜活動[23]。

另外，澤榮作大佐號稱"澤機關"的特務機關，也在澳門建立了事務所暗中活躍着[24]。戰爭爆發後，澳門雖然未被佔領，但在澳門的日本軍人及其家屬逐漸增加，還開設了橫濱正金銀行分行。因此，澳門陷入到等同於被佔領的境況中。

然而，澳門由於是中立地，相對來說擁有言論自由，持各種立場的

20　前述，《香港東洋經濟新報》（第 1 卷第 2 號，1944 年 7 月），18 頁。

21　同前。

22　防衛廳防衛研修所戰史室，《昭和二〇年的中國派遣軍》（朝雲新聞社，1971 年），458 頁。

23　中野校友會，《陸軍中野學校》（原書房，1978 年），340 頁。

24　前述，《珍珠灣・里斯本・東京》。

報紙也可在此發行。日報有《西南日報》、《華僑報》、《大眾報》、《商報》、《體育報》、《阿博茨之澳門》（葡語）等。除《西南日報》外，其餘均側重盟軍的報導[25]。可想而知，隨着日軍陷入不利戰局，日本也開始大力制止這些報導。

在這樣的對立境況下，澳門總領事福井保光於 1945 年 2 月 4 日在做完廣播體操回家途中被暗殺。其死亡疑點重重，至今真相未明。據說他被視作親英派，所以在中國恐怖事件中被殺的可能性較小。也有"日軍利用他的死企圖佔領澳門"這樣的傳聞，所以看來他是中了日軍圈套，反而被殺的可能性較高[26]。

隨着戰局惡化，澳門的戰後處理也逐步成了需具體解決的事項。日軍投降後的問題，成為美、中、英懸而未決的問題。

四、戰後的澳門

戰後由於葡萄牙復歸和中國國民黨軍隊進駐，使澳門變得不穩定。但是，1949 年中國革命成功，國民黨撤退到台灣，加上冷戰加深等事件，使澳門再次確立作為對美國羈絆很深的葡萄牙殖民地的地位。美國也支持葡萄牙復歸。跟香港一樣，澳門也是由戰前宗主國重掌主權。

但是復歸後不久的澳門，經濟和政治上都處於不安定的狀態。在經濟上，躲避戰爭的難民湧入澳門，令人口激增。要進口能養活這麼多人口的糧食十分困難。當初從中國大陸進口糧食還可以維持情況，但自1949 年中國革命以後，這已經變成不可能了。

25　前述，《香港東洋經濟新報》（第 1 卷第 1 號），32 頁。

26　參照前述，《珍珠灣‧里斯本‧東京》，97-101 頁，及 Geoffrey C. Gunn, *Encountering Macau: a Portuguese City-State on the Periphery of China, 1557-1999*, Boulder: Westview Press, 1996, p.196。

在政治上，澳門和中國的邊境線也十分緊張。尤其是在朝鮮戰爭期間，產生了武力衝突。但是，導致澳門和中國發生流血慘案，源於從1966 年到 1967 年中國居民和葡萄牙當局的衝突。當時正值中國文化大革命時期，受此影響的中國居民以 "反殖民地" 為口號，進行了向葡萄牙政府的示威遊行，由此引發了流血事件。

隨着中國對澳門的干預加強，葡萄牙對澳門的控制隨之急速減弱。1975 年，葡萄牙的軍隊最終從澳門撤退，同時在澳門立法議會的選舉中，多數親中派議員當選，並且人數在每次選舉時都在增加。

澳門的產業起初是對中國的貿易、賭博業以及觀光產業，從 1960年後半年起，亦開始了以纖維、雜貨為主的出口工業化，然後再逐步成長[27]。

五、澳門回歸的道路

澳門的回歸道路始於 1974 年葡萄牙政變以後。如前所述，1975 年澳門成立了自治政府，並舉行立法議會選舉。1979 年 2 月，葡萄牙和中國恢復邦交。在那之後，1985 年 5 月，葡萄牙總統埃亞內斯訪問中國，繼以香港為中心的中英談判後，中葡兩國約定探討澳門的前途問題。隨後兩國的談判急速推進，1987 年 4 月，雙方簽訂了〈中葡聯合聲明〉。葡萄牙希望在 2007 年歸還澳門被拒，於是歸還日期被定為 1999 年 12 月20 日。

之後，澳門的回歸準備工作加速進行。1988 年 9 月，由 48 名成員組成的澳門基本法起草委員會成立。成員中有 29 名屬中國任命，剩下的

27　參照 Geoffrey C. Gunn, op. cit.，歷史教育者協議會編，《中國必知 III》（青木書店，1996 年）。

19 名都是澳門出身。澳門特別行政區基本法亦通過這些委員在 1993 年 4 月制定。

　　與香港不同，澳門在回歸後並無人民解放軍的進駐計劃，葡萄牙承認澳門的中國居民擁有葡國籍，回歸後的華人官員具有向中華人民共和國宣誓的義務。另外，由於葡萄牙廢除死刑的傳統在澳門一直適用，所以回歸後還繼續保持死刑廢止制度。葡萄牙與英國相比雖是小國，但它充分認識到自己的立場和力量，以不起衝突之宗旨進行回歸事務[28]。

28　參照 Geoffrey C. Gunn, op. cit.，前述，《中國必知 III》、前述，《波瀾萬丈的葡萄牙史》。

第 II 部

香港日本軍政統治的各方面

柴田善雅

第 1 章
香港軍票和通貨金融政策

引言

1941 年 12 月亞洲太平洋戰爭爆發，日軍佔領英國殖民地香港，施以軍政統治，並把香港貨幣換成軍票，以鞏固經濟。香港作為中國的一部分同時也是英國殖民地，由於地位特殊，對香港實施的管制措施與中國其他佔領區完全不同。歷來作為英屬自由貿易區域的香港經濟，在日本軍政統治下出現了顛覆性的衰退，為此，本課題旨在探討通貨金融政策的各種作用，從另一方面剖析三年零八個月的日本軍政統治，由此梳理香港經濟管制的獨特性，以及與中國其他佔領區的相同之處。對中國各地、南方佔領區及干涉區的實際情況分析，筆者欲立足於自身關注點，圍繞金融和財經兩個方面，以概括視野展開本課題的研究。本文既是相關課題研究的一環，同時也可成為香港地域分論研究的一部分[1]。

香港軍票經濟伴隨日本戰敗隨之消亡，由於戰後軍票的回收工作一

1　研究中國各佔領區的文獻繁多，但華北佔領區通貨金融統治方面的研究，目前有桑野仁的《戰時通貨工作史論》（法政大學出版局，1956 年）；華中華南佔領區的研究，有拙稿〈日本帝國主義下中國佔領區通貨金融工作〉，載淺田喬重編，《日本帝國主義下的中國》（樂游書房，1981 年）；華中軍票工作研究，有拙稿〈軍票和華中通貨〉，載中村正則、高村直助、小林英夫編，《戰時華中地區的物資調動和軍票》（多賀出版，1994 年）；蒙疆研究，有拙稿〈“蒙疆”通貨金融政策的展開〉，《亞洲經濟》第 34 卷第 6 號，1994 年 6 月。以上供參照。

直擱置，有待回收處理的軍票估計高達 4 億 9,800 萬日圓，直至今日一直受到相關利益者的索償[2]。筆者本來無意把這種行動和其損益關係相提並論，只是認為對作為其追償依據的軍票統計進行研究，倒可以從中得出一些不同的見解。然而，這種背景下的香港軍票經濟實態，筆者覺得很有必要從堆積如山的各類資料中，整理出其中的事實關係，本文正是基於此，從現實意義方面略作嘗試。

　　雖然這種現實政治課題一直存在，但是提及香港軍票的書籍還是有限。有些書籍介紹了軍票制度的某個方面[3]，小林英夫的一系列論著[4]和柴田善雅[5]也論及香港軍票。除此以外，日文著作中，有松本繁一的香港軍政統治研究[6]，他的研究中特別提到軍票，最初向軍票一體化工作這種恆久的通貨體系的過渡，並未能好好計劃就加以推行，在通貨膨脹影響下，由於日圓貨幣類物資不足而且為了維持軍票價值，軍票成為了軍政當局最大的負擔。此外，軍票制度研究方面，有日本銀行貨幣制度方面的概論書，書中重點介紹了貨幣的形狀等[7]，也有介紹香港金融制度史的某一

2　例如，1968 年發起的對日索償協會，在每年 8 月 15 日日本戰敗紀念日，對軍票的戰後處理，即戰後補償提出訴求，申訴一直持續。進入 1990 年代後，其訴求之聲不斷壯大。

3　關於軍票制度的某一方面研究，在大藏省昭和財政史編輯室，《昭和財政史》第 4 卷〈臨時軍事費〉（東洋經濟新報社，1995 年），和日本銀行調查局，《圖錄日本的貨幣》（10）〈國外通貨發行（2）〉（東洋經濟新報社，1974 年）、除野信道，《太平洋戰爭時期日本軍票論》（學術選書，1978 年）等均有解說。另外也可參照小林英夫，〈軍票史研究之現狀與課題〉，載駒澤大學，《經濟學論集》第 19 卷第 1、2 號，1987 年 10 月，〈軍票之歷史〉，高木健一、小林英夫，《香港軍票和戰後補償》（明石書店，1993 年）。

4　小林英夫，〈香港 —— 軍票告發之事〉，載《世界》第 588 號，1991 年 9 月，《日本軍政下的亞洲》（岩波，1993 年）、〈太平洋戰爭下的香港〉，載駒澤大學經濟學會，《經濟學論集》第 26 卷第 3 號，1994 年 12 月，以及大致選錄同題的《日本占領下的香港》等書籍的內容簡介。

5　拙稿〈日本軍政期香港的通貨金融政策〉，載《日本殖民地研究》創刊號，1988 年 11 月。論文是本論著的底稿。日本軍政統治下的香港軍票通脹也是饒有趣味的話題，但上列小林英夫論〈太平洋戰爭下的香港〉在不止物價統計方面的各類問題記載中，詳細討論了軍票，為此，本文只好忍痛割愛此詳述。

6　松本繁一，〈日本軍政期的香港經濟〉，載《亞洲經濟》第 17 卷第 1-2 號，1976 年 1 月、2 月。

7　前述《日本貨幣圖錄》（10）〈國外通貨發行（2）〉；日本銀行調查局，《香港貨幣、紙幣、銀行券之沿革概要》（1977 年 2 月）。

時期的專書[8]。當然，説到香港軍政統治時也會提到以上這些研究。在中文書方面，有葉德偉等人的回憶錄，對日本佔領時期各類回憶整理成集，書中提到了軍票經濟[9]；另外，香港金融制度史在這本概論書中，論述了日本軍票這個特定時期的產物[10]。英文著作中，主要集中在通貨金融研究方面，景復朗（Frank H. King）在其重點論述香港金融制度史的概説書中，提到軍票流通時期港幣功能的衰退[11]，在景復朗另一本談香港上海銀行滙豐銀行全史的專書，也提到了日本佔領時期[12]。在另一本最先研究香港上海銀行滙豐銀行史的書中，用了一整節記述了日軍佔領期該銀行人員在扣留期的痛苦體驗[13]。

在這些提到軍票的文獻中，與筆者的關注點接近的有松本繁一的論文，也對軍票引入初期的政策進行了探討，指出有必要按時間順序對其政策展開研究。筆者撰寫此論文，希望能從各方面對日本軍票經濟下的通貨金融統治進行解釋説明，使已有的研究能再向前邁進一步。本文將圍繞以下幾點展開論述，力求接近香港佔領區通貨金融政策的本來面目。（1）軍票一體化和港幣回收工作、（2）香港軍票發行額增大之趨勢、（3）敵性銀行的接管和清算、（4）包括日系銀行在內的市區金融機構之對策、（5）香港的對外匯率結算等。本文同時作為中國佔領區各區域分論

8　新莊博，〈香港的金融制度〉，載高垣虎次郎監修，《東南亞的金融制度》（大藏財務協會，1958 年）。

9　葉德偉等，《香港淪陷史》（廣角鏡出版，1982 年）。另外同類書中還有不平山人，《香港淪陷回憶錄》（香江出版，1971 年），和前面已列出的關禮雄的專書。

10　姚啟勳，《香港金融》（香港泰晤士書屋，1963 年）。在此基礎上，東京銀行調查局於 1967 年整理《香港金融內情》。

11　Frank H. King, *The Monetary System of Hong Kong*, K. Weiss, 1953, Hong Kong.

12　Frank H. King, "The Hongkong Bank between the Wars and the Bank Interned, 1919-1945", in *The History of the Hongkong and Shanghai Banking Corporation*, vol.3, Cambridge: Cambridge University Press, 1990.

13　Maurice Collis, *Wayfoong: The Hong Kong and Shanghai Banking Corporation*, London : Faber, 1978. 詳見 "The Japanese Irruption and the Loss of Hong Kong" 一章。

研究，希望在與其他佔領區之間的關係和比較中，能有筆者自己獨特的
視點。當然，本文的研究課題作為佔領區通貨金融政策史研究，不僅只
是和中國佔領區的比較，而與南方佔領區的比較，及與舊宗主國的關聯
也有所裨益。

一、軍票的普及活動和對港幣的處置

1. 軍票和港幣混合流通政策

　　日本佔領前的香港貨幣制度，由獲得特許證允許發鈔的三家民間
殖民地銀行，即香港上海滙豐銀行（Hong Kong and Shanghai Banking
Corporation，1865 年成立，總行在香港）、渣打銀行（Standard and
Chartered Bank for Australia, China and India，1853 年成立，總行在倫敦）、
有利銀行（Mercantile Bank for India，1853 年成立，總行在印度孟買），
共同發行統稱為港元的鈔票。1 銀元 =1 元鈔票，屬銀本位的貨幣制度。
但是允許發行 1 元鈔票的銀行，只限於香港實力最強的香港上海滙豐銀
行，其餘兩家銀行只能發行大額鈔票。香港上海滙豐銀行鈔票不僅在香
港及中國大陸，而且在海峽殖民地及暹羅等地也見流通。其他兩家銀行
的鈔票只在海峽殖民地流通使用 [14]。在中國幣制從長期的銀本位制轉移到
金本位制的情況下，英國殖民地香港在 1931 年也討論了貨幣制度應從銀
本位向金本位轉移，但被認為改革時機尚早 [15]。然而，隨着 1935 年的幣制

14　Op. cit, *The Monetary System of Hong Kong*，朝鮮銀行調查室，《香港上海滙豐銀行的發展及
　　其現況》（無日期）, 前面所列，《東南亞的金融制度》，802-804 頁。1853 年設立的 Chartered
　　Mercantile Bank of India, London and China，1892 年改組改名，並歸還海峽殖民地的鈔票發
　　行許可權。

15　南滿洲鐵道株式會社經濟調查會，《香港通貨 —— 殖民大臣任命調查委員會報告書》（1934 年 6
　　月）（*Hong Kong Currency, Report of a Commission Appointed by the Secretary of State for the
　　Colonies*, 1931 年的翻譯）。

改革，中國幣制向黃金換算本位制推移，同年港元也從銀本位制過渡到黃金換算本位制，規定 1 港元換算 1 先令 3 便士。[16] 特別是三家銀行中的香港上海滙豐銀行，不僅擁有發行鈔票的權利，在與香港政府機構的交易中也佔據重要地位，同時該行作為對中國投資的窗口，或作為東亞貿易金融中心，也在多領域廣泛活躍。基於以上歷史背景，日軍佔領香港後隨即開始構建軍票經濟。

　　軍票流通前，香港貨幣中除了港元也能看到法幣，1941 年 12 月 25 日，港幣流通額為 2 億 6,943 萬元，其中，香港上海滙豐鈔票 2 億 3,680 萬元，渣打鈔票 2,872 萬元，有利鈔票 389 萬元，香港上海滙豐鈔票的流通額佔突出地位。然而到了 1940 年末，這些銀行的鈔票流通額僅為 5,847 萬元[17]，顯示一年內增加了 4 倍，其原因大多是預計開戰在即，市民紛紛提取銀行存款所致。隨着日軍佔領香港，香港的轉口港作用也隨之消失，港元貶值勢在必行。

　　1941 年 12 月 8 日日軍開戰，制定了攻擊香港的作戰計劃，12 月 25 日日軍佔領香港，並設立軍政廳。日軍執行軍令組建金融工作組，並且在日軍財務部長的指揮下，由橫濱正金銀行、台灣銀行兩家銀行人員封鎖和管理香港的銀行、錢莊、官廳及主要商社的金庫，12 月 29 日開始查賬，金融工作組結束工作後，於 1942 年 1 月 5 日解散[18]。正如後文所述，敵國銀行成為被查對象，由此遭到接管和清算。這樣，在日本佔領下，軍票開始在香港流通使用。然而，如佔領香港伊始就禁止港元流通而全部換成軍票的話，是不切實際的舉措。最後，軍政廳與總軍參謀長

16　前述，〈香港的金融制度〉，679 頁。中國幣制全面改革，可參照野澤豐編，《中國幣制改革和國際關係》（東京大學出版社，1981 年）。

17　渡邊武，〈香港出差報告書〉。

18　同前，及封閉機關台灣銀行特殊清算事務所，《受難行友追悼錄》（1956 年），80 頁。

通過協商，提出了暫時承認港幣和軍票同時使用這一方針。所以，1941年12月29日，除軍票外也認可面額10元以下的小額鈔票在市面上流通使用。翌日在九龍地區，翌年1月5日在香港島，各自展開了港元兌換軍票的工作。規定一日總額以6,000日圓為限，每人每次10港元以內。"最初要求兌換者甚少，至1月中旬，規定兌換時間從上午9時開始，約到10時半結束，然而等候兌換者還剩千餘人，故而，每日清晨4時半左右，要求兌換者就在店門前等候了"[19]，這樣，順利地展開了軍票兌換工作。但是，由於一天的兌換限額過於保守，1月15日前九龍的兌換額僅為55,000日圓，香港則為46,000日圓。這個時期的工作方針，可通過以下條文大致把握全貌。[20]

〈香港九龍金融應急對策綱要〉

昭和17年1月3日　軍政廳經濟部

第一　方針

一、扣押銀行、錢莊、政府機關，及重要商社貨倉賬簿，並對其內容進行清理調查，同時考慮迅速實施軍票流通及維持軍票價值對策，以便排除英、美金融勢力。

二、金融機構恢復營業，應按我方銀行、第三國合作銀行、錢莊、中方合作銀行之順序執行，條件是必須接受我方統制管理。

　　不合作銀行皆予關閉整頓。

　　我方協助錢莊迅速成立統一管理公會，同時開展華僑工作。

19　前述〈香港出差報告書〉。另外，在《軍政下的香港》年表中，九龍兌換所是於12月31日開設的。
20　前述，〈香港出差報告書〉。

三、不合作銀行存款的退還，控制在清理後的銀行現金存有額範圍內，以維持最低生活所需的最少額為限，逐次退還。

為使合作銀行恢復營業，同意退還部分存款，用於銀行開業所需資金，但其金額應與現金存有額核對後再定。

第二　一般要點

四、調查銀行之要點

調查銀行現金額，命令其提交貸款對照表，調查資產負債系數概要。

資產賬目方面，首先是重點放在對現金（包括未發行鈔票及委託他行保管部分）的調查，負債賬目方面，重點則是對銀行法人及個人存款賬目（不合作、合作），依次進行調查。

五、對港幣的處理

雖然其方針是禁止港幣流通，但一般民眾為維持生計，也會做些必要的小買賣等，為此，允許 10 元或以下小額紙幣在一定期間內，可在民間相互流通。

為取得中國政府要員或資本家等階層的民心，利用沒收的港幣（在當地及第三國大量採購軍需品等），滿足銀行間存款退還等要求，允許大額紙幣一定期間內流通。

港幣與軍票比價，視其香港淪陷後的情勢而定，應對我方有利。

上面所提二者間比價，隨港幣下跌情況即時更新。

六、軍票流通及價格維持

設立軍票兌換所，根據第五條港幣與軍票比價規定，實施軍票與港幣的兌換。另外，利用沒收物資，開設物資交換所，使用軍票銷售被沒收的物資，以便維持軍票價值。

七、利用沒收的港幣

　　　　對被沒收的港幣，計劃儘量在中國各地及第三國進行有效的利用。

　　　　有時可充當籌備沒收物資，軍政廳現場支付之用。

八、法幣對策

　　　　允許法幣在香港、九龍流通，防止價格騰貴。

第三　　對銀行的處理

九、關閉整頓英美荷蘭比利時銀行

　　　　關閉清算整頓，沒收公款。

　　　　重點對象為香港上海滙豐銀行，對存款內容，特別是政府存款、銀行存款、其他銀行被保護的託管存款或者託管關係等進行徹底調查。

十、法國銀行

　　　　暫時貼上封條，待調查清楚與香港上海滙豐銀行等其他銀行的借貸關係後，儘快恢復銀行交易業務。

十一、中方銀行

　　　　重點調查與我方合作或不合作關係。與重慶政權有關係者，視為不合作銀行予以處理；合作銀行，則繼續接受我方統制，見機考慮重新開業。

　　　　銀號的處理參照前面各項標準，指導其協助華僑工作。

　　　　關閉金銀交換所，視需要再重新營業。

第四　對政府機關商社的處理

十二、政府機關現金被全部沒收。

十三、不合作商社中，一些與軍事交通運輸等有重要關係的，先封存金庫，凍結現金，直到決定允許營業時才可開業。

十四、關於中華、商務印書館、大東書局，沒收印製的成品法幣和商品券，同時沒收原範本。

　　　儘力保全機械設備及印刷所需紙張，同時防止紙幣及商品券在印刷途中遺失。對印刷局的利用則另行計劃。

　　這樣，以下一系列指導方針，包括：不合作銀行的關閉整頓和存款退還、港元處理、對小額貨幣的關照、兌換率、通過扣押物資回收軍票，和設立軍票兌換所等得以鞏固。但是，似乎未必都能按以上方針全面實施。如通過扣押物資進行軍票回收就未能貫徹實施[21]。當然，作為和以上主流指導方針相左的少數意見派，還在積極地使用港元。1942 年 2 月，軍政廳總務部長矢崎勘十在〈香港統治方策之我見〉中，提出設立國家政策銀行從而取代香港上海滙豐銀行[22]，然而先前已制定前面提到的〈對策綱要〉，即禁止香港貨幣流通之指導方針，故該提案終究未被採用。

　　雖然是以上的方針中亟待解決的問題，然而 10 港元以下的小額香港上海滙豐鈔票只不過佔發行總金額的 27%，市區小額紙幣匱乏，和大額鈔票之間甚至發生了幾成的溢價現象[23]。日軍於是利用香港上海滙豐銀行

21　大致通過收購華中軍票來維持物資的價格，應充分考慮利用物資配給公會的經驗，用於華中軍票兌換。同公會的活動概況和不同品名配給政策，可參照前述的《戰時華中物資動員和軍票》裏的各章內容。

22　參照前述，〈日本軍政期的香港經濟〉、〈太平洋戰爭時期的香港〉。

23　前述，〈香港出差報告書〉。

未發行的鈔票，強行要求銀行負責人在其未發行的票面簽字發行[24]作為解決辦法。在日軍佔領統治下，這種被追加發行的香港上海滙豐鈔票被稱為"迫簽紙幣[25]"。但在期盼港幣流通長期化的願望下，這種只允許小額鈔票流通的不合規則情態，直到 1942 年 1 月 12 日允許大額鈔票流通後，問題才得到解決，當時並重啟大額鈔票發行的新規例。在日本佔領下，最後新發行面額 500 元紙幣 87 百萬，100 元紙幣 16.5 百萬，50 元紙幣 10 百萬，10 元紙幣 6.3 百萬，合計 119.8 百萬[26]。這樣，依靠市區信任的港幣作為一種暫行流通的制度被固定下來時，軍票和港元間的匯率就成了問題。在廣東，100 港元對法幣的匯率，1941 年 12 月 25 日為 328 元，27 日為 290 元，31 日為 275 元，1942 年 1 月 15 日更持續下跌到 171 元。港元對軍票的匯率在以上相同日期裏，分別為 83 日圓、70 日圓、66 日圓和 39 日圓。日軍佔領後，唯獨港元持續暴跌。為此，12 月 28 日規定法定外匯官價為港幣 2 元 = 軍票 1 日圓，與實際價值相比，軍票雖然被高估，但在其後的持續暴跌中，港元對軍票匯率確實大幅度地低於官價[27]。軍票兌換所被公認能進行貨幣兌換，在允許使用大額鈔票之後（前面已提到），軍票兌換所已不允許 10 元以上的港幣與軍票進行兌換。與之不同的是，為了促進市區軍票兌換，1942 年 1 月 18 日認可 28 家錢莊可辦理兌換業務。香港採用的這些貨幣對策，在大藏省的部務會議上制定了以下條例，並得到確認[28]。

24　Op. cit, Wayfoon, p. 233, op. cit, *The Monetary System of Hong Kong*, p. 22.

25　《香港淪陷史》，114 頁。

26　前述，《香港金融內情》，25 頁。

27　前述，〈香港出差報告書〉。

28　同前。

〈香港金融方面暫行措施條例〉

昭和 17 年 1 月 28 日　　大藏省部務會議決定

第一　方針

　　　香港金融方面制定的諸政策，旨在為維持當前治安及軍事設施，有效的利用資金為目標。

第二　要領

一、軍隊支付全部採用日圓表示的軍票支付。

　　　軍票發放，可作為軍隊軍需物資、勞力等價支付等用途，避免和港幣單一的兌換。

二、兌換結算，原則上只限於軍票等價換算成日圓。

三、對軍隊及其他日本方在當地的物資供給，原則上以軍票等價的形式供給。

四、目前默認港幣流通，不採取禁止流通措施。

　　　對被沒收的港幣，儘快商議其使用用途。

五、迅速確保稅款、手續費等財政收入以軍票形式收取。收進的貨幣，原則上應為軍票，有時也得無奈接收港幣。

六、特殊情況下，軍票和港幣的兌換，有時可根據實際情況決定其可適用的兌換率，但應逐步降低港幣比率。

　　　兌換率的決定，必須事先與日本中央政府取得聯繫。

七、法幣的一般流通不被認可。

　　　被沒收的法幣，在華南或華中等敵對區或其周邊的物資採購中，應儘快加以利用處理。

以上法幣的利用處理，必須事先與日本中央政府取得聯繫。

八、日方以外銀行，非日籍人士的存款支出只准許以維持生活的最低標
　　準為限。

九、不合作金融機關，應速關閉並清算，以上各業務交予橫濱正金銀行
　　或台灣銀行負責處理。

　　　　繼續保留的合作金融機關，應儘快展開清查，進行整理合併。

十、除前二項外，金融機關的整頓，金融機關的債權關係處理，大致參
　　照中國各地的方針之標準處理。

十一、對華僑財力的價值利用，應迅速展開調查，制定相應對策。

十二、為緩和當前對糧食不足的擔心，儘快考慮制訂人口疏散政策。

　　　　儘快確定香港可維持人口的最大限度，考慮採取必要措施維持
　　最低生活水平。

　　這樣，承認港幣在香港地區暫時流通。但另一方面，於 1942 年 2 月
3 日頒佈告示，禁止日本鈔票、台灣鈔票、朝鮮鈔票、中國聯合預備鈔
票、中央儲備鈔票、蒙疆鈔票、丁號和戊號軍票等流通使用，在香港只
承認華南地區流通的乙號、丙號軍票和港幣流通[29]。參與港幣兌換業務的
錢莊，2 月 8 日得到公認的有 11 家，3 月 6 日達 21 家。在這些舉措中，
一方面軍票兌換所完成了當初的使命，2 月中旬就此關閉；另一方面，

29　抗日戰爭中使用的軍票，從甲號一直到戊號都有，甲號票，1937 年 10 月 22 日內閣會議決定，
　　中日甲午戰爭以來的舊樣式券。乙號票，根據大藏省 1938 年 8 月 31 日發給日本銀行的通告，在
　　未發行日銀兌換券上加蓋 "大日本帝國政府軍用手票" 字樣的日銀券樣式。丙號票，按照 1938 年
　　9 月 30 日的訓令，刪掉 "日銀兌換券" 字句的一種樣式。丁號票，按照 1939 年 5 月 11 日通牒，
　　採用新圖案。戊號票，在票面加印批量編碼，去掉 "軍用手票" 四字，作為政府紙幣。其中丁、
　　戊號票在華中，丙號票在華南地區使用。在香港當時只能使用華南流通券（前述《日本貨幣圖錄》
　　（10），242-246 頁）。關於抗日戰爭時期軍票制度等，可參照支那派遣軍總司令部（清水善俊執筆）
　　〈支那事變軍票史〉，1943 年 1 月（日本銀行調查局，《日本金融資料》，昭和編（29），大藏省印
　　刷局，1971 年）。日軍在進駐北部法屬殖民地越南的時候，以及在南方佔領區都發行了軍票，關
　　於這點可參照拙稿〈南方軍事財政和通貨金融政策〉，載疋田康行編，《"南方共榮圈" —— 戰時日
　　本的東南亞經濟統治》（多賀出版，1995 年）。

日本香港總督部財務部命令正金、台灣銀行分行（1 月 24 日開業）開設僅限於買進軍票交易的軍票兌換所，通過收購有可能維持軍票價值。在香港佔領初期的這種體制下，雖暫時承認港幣流通，但同時實施軍票流通，軍票管理政策也由軍政廳移交給總督部負責。

2. 廢止港幣的具體性方針

　　即使在總督部體制下，也不得不允許港幣暫時流通，由於堅持擴大維持軍票流通政策，有必要降低不合作貨幣港元的價值，和提出廢止港幣的方針。1942 年 3 月 18 日，香港總督部制定了利用扣押的港幣和使軍票一體化為目標這一貨幣政策作為具體方案，並向陸軍省作了匯報[30]，可以認為其構想早已深思熟慮。在這份向陸軍省報告的方案中，引人注目的是積極推行軍票收付等措施，到 3 月 24 日有了更為具體化的議案。[31]

〈香港通貨暫行處理要領（議案）〉

昭和 17 年 3 月 24 日

方針

　　為避免香港通貨向管轄範圍內集中，倒不如向管轄外疏散謀求軍票一體化，實施過程中，避免過激改革，儘量緩和對管轄內民眾的衝擊。

要點

一、香港貨幣由於與華中、華南地區聯繫密切，儘可能向香港管轄範圍外、特別是非佔領區疏散，阻止管轄範圍外的香港貨幣流入到管轄

30　香港總督部參謀長致陸軍副司令函，1942 年 3 月 18 日（大藏省資料：Z530-145）。
31　大藏省資料：Z530-145。

範圍內。

二、我方所扣押的香港貨幣，可充當物資籌備或其他經費的支付，儘快消費。

三、儘量緩和因劇烈的價格波動，給管轄內民眾帶來的衝擊，為此，目前允許香港貨幣流通，但從維持軍票價值以及阻止管轄外香港貨幣流入的立場來看，必要時可限制使用。

四、為達成以上目的，並儘量減少我方負擔，制訂如下對策。

　　1. 軍票與香港貨幣的比價不固定，為維持軍票價值以及阻止管轄外香港通貨流入，必要時設定並擴充軍票專用（限制部分香港通貨）部門。

　　2. 為了清算不合作銀行，將來將解除對合作者存款退還的限制。

　　3. 香港貨幣對軍票比價，根據操作，有時香港通貨會下跌，但應儘量避免禁止其全面流通。

　　4. 為調節香港貨幣的過度波動，設定 1,000 萬日圓調節資金。

五、整頓香港貨幣，同時為使清理工作進展順利，特計劃擴充軍票流通，採取措施讓民眾平等受益。

　　　　但是，維持軍票價值（對多種通貨及物資），最好注意對（捐稅和雜費）的收納，限定為軍票，或者物資（特殊或普通）在市場出售（批發或零售），要求以軍票支付等一系列適當措施。

　　　　另外，維持軍票價值，應儘力與華中、華南保持緊密聯繫。

六、這樣，完成我方管制下通貨的軍票一體化工作，確立永久的通貨制度，使其基礎得以加強鞏固。

　　在這份議案中，依然強調通過捐稅和雜費及物質買賣等實行軍票一體化，華中佔領區的軍票一體化工作措施，也採用了這個方案，其效果無疑得以證實。本措施一大特點是，為緩和因限制港元使用所帶來的驟變局面，提出在總督部管理下，設定 1,000 萬日圓調節資金，並對此方案以附頁形式作了補充。[32]

〈關於設定香港通貨調節資金之要領〉

昭和 17 年 3 月 24 日

一、目的

為調節香港貨幣的急劇波動，特設定"香港通貨調節資金"。

二、金額

從沒收的假想敵方資產中，特別扣除 2,000 萬元港幣，把它作為"香港籌措資金"，以便軍隊需要時，按時價和軍隊資金的日圓貨幣進行兌換，儘量以日圓資金形式保管，充分發揮其調節作用。

三、功能

管理權屬於香港總督部，委託橫濱正金銀行負責操作。

四、運用方針

不應阻止港貨貶值，為緩和由於急劇變動給住民經濟帶來的衝擊，港幣暴跌時，可暫時買進港幣，如港幣行市穩定，不可錯失把港幣兌換成軍票的大好機會。

軍票價值對港幣處於不利的下跌局面時，除通過捐稅、雜費、商品

32　同前。

等方式擴充軍票專用部分外，亦不應阻攔對本資金的利用。

五、盈虧負擔

　　因本操作產生的資金損益，依據本條例第二項，作為特別除外的資金負擔，在需要本資金時，適當按敵方資產的處理方法進行處理。

　　通過以上方案規定：把扣留的 2,000 萬元港幣用於橫濱正金銀行香港分行的資金設置，投入調節行情變動之中。興亞院對此也進行了商討，以作為草案。1942 年 5 月 15 日，總督部在〈香港佔領區貨幣整頓要領〉[33] 公告中，提議放棄 2 兌 1 的法定外匯市價，降低港元價值，以 10 兌 1 的匯率全面回收港幣及加速禁止港元流通，確認全面回收華中地區法幣的實施時間，和其對策與香港佔領區之間的相似度 [34]。對於這個方案，興亞院和大藏省要求對以下幾點進行修改 [35]，包括：經日本中央銀行協商，立即降低現行市價 2 兌 1 的港幣匯率，市區行市也按此標準執行，對資金調節權歸於總督部管理的提案也作了落實安排；通過資金進行的港元與軍票兌換，僅限於實際交易需要；關於資金的運用，橫濱正金銀行接受大藏省的指示，用於金銀、外幣、證券買賣等範圍。最後結果是，只有部分修改提案被納入 7 月 6 日制定的〈香港佔領區通貨整頓要領〉[36] 中，一是明確特別資金賬款營運權限由大藏省指示及資金運用去處，二是加進興亞院和大藏省方面的主張訴求。然而，設定新的市價替換現行 2 兌

33　同前。
34　全面回收華中軍票、禁止使用等措施，可參照前述，〈日本帝國主義佔領區的貨幣工作〉和〈軍票和華中貨幣工作〉。
35　〈香港佔領區貨幣清理要領〉，無日期（大藏省資料：Z530-145）。
36　大藏省資料：Z530-145。

1 匯率的意見仍被忽略。接下來，此方案又接受了進一步修改，在 7 月 9 日的〈香港佔領區通貨暫行措施（議案）〉[37] 中，規定新市價為 5 兌 1，大藏省對正金銀行的領導權限退回總督部，要在"當局"（即總督部）的領導之下。此方案隨後又加入興亞院和大藏省的意見，最後形成以下決定。[38]

〈關於香港佔領區通貨暫行措施〉

昭和 17 年 7 月 11 日　　香港經濟委員會決定

方針

儘量規避過於激烈的幣制改革，但也不可拘泥於部分犧牲，導致港元價格下跌，同時儘量使同類貨幣向管轄外疏散，另外需進一步加快軍票一體化工作，應避免實施使我方成為負擔的措施，擴大軍票流通，自然順利地完善軍票一體化所需條件，清理、疏散不勞而食的民眾，造就一個建立永久通貨制度的基礎。

要領

一、港元對軍票，現公認比率為港幣以 2 元的面值兌換 1 元軍票，目前應從速調低為新比率 4:1。

二、管轄內取得營業許可的錢莊，可辦理軍票對港幣的兌換業務，其兌換率按市場行情自行調節，但貨幣政策有必要自覺接受我方統一管制。

三、儘力促進港元向管轄區外疏散，同時阻止其向管轄區內流入。

37　同前。
38　同前。

四、香港和其他地區間的兌換，原則上限於日圓換算，採用軍票支付。

五、軍隊相關經費（主要為人事費）及其他支付，儘量使用軍票，這有助擴大軍票的流通。

六、捐稅雜費，以軍票形式計算，其繳納款，原則上必須用軍票支付。

七、我方對軍隊及軍隊外的物資供給，原則上以軍票形式計算，並以軍票支付。

八、設立香港貨幣特別資金，在捐稅雜費的繳納、我方供給物資的兌換結算，或者因市場需求等情況時，按照實際需要，提供港幣與軍票等價進行兌換。

　　　　另外，本條例第二項，必要時可靈活使用本資金。香港貨幣特別資金的設置和運用細則，依據其他附頁要領。

九、為抑制因港元下跌而衍生的非法物價高騰，將採取停止軍票物價表示（對於港元物價表示，規定採取軍票匯算率的二分之一以下的價格）等一些必要措施。

在這個確定方案中，新的兌換率修改為 4:1。正如文件中說明，對前面附頁中關於香港通貨資金調節，歸納成關於設置香港通貨特別資金賬目營運要領，另附頁作了補充，兩方案一併決定了下來。[39]

〈香港通貨特別資金賬目設置及運用要領〉

　　　　　　　昭和 17 年 7 月 11 日　　香港經濟委員會決定

一、決定於 1942 年 7 月 11 日在橫濱正金銀行香港分行設立"香港貨幣特別資金賬目"。依據〈香港佔領地通貨暫行措施〉之條列，實行必

39　同前。

要的軍票與港元買賣。

二、本資金目前限額為相當於軍票 1,000 萬元。

三、轉入本資金的軍票資金，由橫濱正金銀行香港分行臨時支付。

四、適用本資金操作的港幣對軍票價格，由日本中央政府決定後再指示
　　當地執行，其時價規定四兌一。

五、為靈活利用收進本資金賬目的港幣等資金，允許橫濱正金銀行香港
　　分行對其資金適當利用。

　　前幾項中的港幣資金運用，目前有如下幾類。

　　1. 金銀買賣

　　2. 外幣買賣

　　3. 有價證券買賣

　　4. 各種擔保或無擔保貸款

　　5. 除上述 1. — 3. 外的動產、不動產買賣

　　6. 日本政府指定的其他類

　　以上，為有效運用港幣資金，有關當局應全面儘力協助。

六、日本政府基於外匯損失補償制度，簽訂契約，對橫濱正金銀行由於
　　本資金操作而產生的不應有的損失加以補償，同時對所得利益應由
　　政府徵收。

七、依據前項，政府在外匯管理法的基礎上對橫濱正金銀行進行領導。

八、根據第六項，本應歸屬國庫的損失，將來在香港建立永久通貨制度
　　之際，可考慮調整為其他合適的時機。

　　香港通貨特別資金賬目在營運方面，就明確了由日本中央政府規定
當前兌換率為 4:1，阻擋匯率決定權由總督部確定，其匯率應基於日本中

央政府的大局判斷而定。興亞院和大藏省的介入，可避免由於總督部的獨斷專行而引起的賬目去處及中央政府間的政策混亂問題，同時和其他佔領區通貨工作的整合上也得到考慮。另外，這份資金賬目營運要領中，對衍生出來的正金銀行匯率差損失，可作為一般會計外匯損失的補償對象，從財經的角度來看，對特別資金賬目行市有所干預也很有必要[40]。根據這份確定案，一致同意實施軍票一體化政策，向廢止港幣邁出了決定性的一步。

　　1942 年 2 月 7 日，頒佈了〈管轄區內貨幣及兌換規定〉（香港總督部令（以下簡稱為香督令）第 3 號）[41]。規定：①管轄區內貨幣為軍票和港元，②捐稅和雜費以軍票形式交納，③帶進帶出 2,000 日圓以上的軍票、帶進 1,000 元以上的儲備券及帶進港幣和法幣券時均需得到批准，④設立軍票兌換所（日本橫濱正金銀行、台灣銀行），出售與軍票等價的港元，出售與百元以下港幣等價的軍票，出售與能證明實際所需的港幣等價的軍票，允許自由交易出售與千元以下儲備券等價的軍票，⑤兌換率為軍票 1 日圓兌港幣 4 元，軍票 18 日圓兌儲備券 100 元，⑥禁止軍票或儲備券與法幣券等價買賣，禁止軍票以外的日圓貨幣與港幣、儲備券或法幣券等價買賣，禁止港幣與儲備券等價買賣。

　　實施這些措施，雖增加了市內軍票流通額（表 1），但也給市內帶來了巨大的混亂。可以推定，在接下來的交易中，因實施新的兌換市價，由於擔心港幣行情前景，會加劇港幣在市內市價暴跌。另外，雖然當初

40　特別資金設立後，在 1942 年 12 月 30 日大藏省通告負責資金管理的正金銀行，〈外匯損失補償金由國庫預算外負擔之合同〉，確認了資金運用所產生的盈虧均歸屬政府，〈大藏省外資局 “香港相關主要通告一覽表”〉，1943 年 8 月 4 日。

41　前述，《軍政下的香港》，388-389 頁。報告說：這次的港元貶值，“市內一時混亂，不少店舖關閉” “多數遭受承重打擊，陷入米荒”（香港總督部參謀長發陸軍副司令電報、1942 年 8 月 6 日（大藏省資料：Z530-144））。

禁止與儲備券的外幣交易，卻並未阻止其流入正在推行儲備券一體化的香港，此外又未公然否定汪精衛政權的通貨，這樣均被得到了默許。新兌換行情下的特別資金賬目交易，相應出售 1,000 萬日圓軍票，但是由於實際需求增加，1942 年 9 月 2 日，香港經濟委員會在〈關於香港通貨特別資金增額〉[42] 公告中，決定增額至 2,000 萬日圓，至同年末，達到 3,070 萬日圓。其後，港幣買賣持續，至 1943 年 4 月 1 日華中華南發行軍票新規例時才停止。儲備券雖然作為日本華中華南佔領區軍用貨幣，地位得到日本軍隊認同，但在香港，軍票一體化和禁止港幣工作卻在同步進行。

表 1　香港軍票流通額

單位：千日圓

年月	香港軍票		支那事變軍票			
	A	B	發行額	支付額	國庫存有額	日銀存有額
1941.12	…	…	…	204,342	…	244,497
1942.3	2,746	…	425,661	245,750	179,771	198,657
.4	2,537	…	…	…	…	205,126
.6	…	…	478,461	266,310	212,151	250,546
.7	7,000	…	…	…	…	280,580
.9	…	…	543,661	273,337	270,324	…
.12	25,000	…	629,161	306,584	320,577	381,269
1943.3	…	…	640,751	298,376	342,375	…
.4	…	25,343	…	…	…	…
.5	…	37,514	…	…	…	…
.6	…	36,814	641,601	217,621	423,980	470,896
.7	…	34,439	…	…	…	…
.8	…	29,330	…	…	…	…
.9	35,000	28,322	636,422	148,547	487,875	487,874
.10	32,000	24,318	…	…	…	491,953
.11	39,000	33,565	…	…	…	485,510
.12	46,000	41,950	636,422	149,032	487,390	487,390

42　大藏省資料：Z530-146。

1944.1	47,000	44,250	…	…	…	502,600
.2	62,000	56,503	…	…	…	490,477
.3	79,000	79,938	637,042	191,543	445,499	445,499
.4	100,000	104,998	…	…	…	442,272
.5	…	114,798	…	…	…	…
.6	…	128,976	665,092	227,320	455,772	435,772
.7	…	136,325	…	…	…	…
.8	…	144,187	…	…	…	…
.9	…	170,731	767,204	264,987	502,217	502,217
.10	…	190,028	…	…	…	…
.11	…	242,551	…	…	…	…
.12	309,000	309,374	992,692	321,450	671,245	671,245
1945.1	…	364,821	…	…	…	…
.2	…	409,514	…	…	…	…
.3	…	489,319	1,563,000	334,000	1,229,000	1,229,597
.4	…	491,388	…	…	…	…
.5	…	616,933	…	…	…	…
.6	…	873,448	1,763,000	270,000	1,493,000	1,493,708
.7	…	1,162,194	…	…	…	…
.8	1,962,742	1,962,749	…	…	…	2,516,458
.9	…	…	3,096,000	282,000	2,814,000	…
.10	…	…	3,096,000	281,000	2,815,000	…

註：支那事變軍票指的是 1937 年以後，日本在中國佔領區發行的軍票總稱，香港軍票是其一部分。
　　A 為香港歷史檔案館資料（小林英夫，〈太平洋戰爭下的香港〉（駒澤大學，《經濟學論集》，第 26 卷第 3 號，1994 年 12 月），B 依據其他資料整理而成。

資料來源：〈香港金融內情〉，1942 年 4 月（大藏省資料 Z530-145）、大藏省理財局國庫課，〈第 86 議會參考書〉，1945（大藏省資料：Z386-6）、東京銀行，《橫濱正金銀行全史》第 5 卷上（東洋經濟新報社，1983）、日本銀行統計局，〈戰時金融統計要覽〉，1947 年 10 月（日本銀行調查局，《日本金融史資料》昭和編第 30 卷，大藏省印刷局，1972 年）、東京銀行調查部，《香港的金融內情》及其他資料。

　　1943 年 3 月 26 日，總督部通過〈香港佔領地總督管區內貨幣政策方案〉[43]，防止因堅決實行軍票一體化而引起的通貨投機，樹立 "健全" 的通貨體制，特別資金擴大到 3,000 萬日圓，並用於全面兌換，市價沿襲 1:4 的比率，實施時間約為 3 週，在此採用全面回收方針。不過，在採取禁

43　同前。

止港幣流通措施前，為了儘量減少摩擦，4 月 16 日香督令第 19 號公告中廢除了軍票兌換所軍票買賣金額的限制，促進港幣回收。5 月 10 日頒佈〈香港佔領地總督管區內貨幣規則〉(1943 年香督令第 26 號)，宣佈從 6 月 1 日起，禁止除軍票 (乙號・丙號、50 錢以下的丁號・戊號) 以外的通貨流通，只允許 2,00 日圓以下的儲備券在兌換所 (橫濱正金銀行、台灣銀行) 兌換。同日，又公佈了〈軍票與香港貨幣兌換〉條例，至 5 月 31 日，允許港幣以 1:4 的官價在軍票兌換所進行兌換，同時採取措施，舊港幣支付存款也按照官價換成軍票支付。除原來的軍票兌換所外，追加了中國的 8 家銀行 (上海商業銀行、中國銀行、國華銀行、中國實業銀行、廣西銀行、廣東省銀行、國民商業銀行、福建省銀行) 作為兌換地點。並且，對那些未能趕上辦理實際兌換手續的市民，安排些微救濟措施，5 月 31 日貼出告示，香港、九龍地區可延長兌換至翌日，其他地區則延長到 6 月 4 日 [44]。

　　雖然以上全面實施港幣兌換的內容並不是太詳細，但是根據營運的特別資金賬目 (表 2)，1943 年 1-6 月間，買入港幣 8,805 萬元，賣出港幣 7,303 萬元。從前文提到的港幣發行券餘額來看，同期回收額 1,502 萬元僅為一成而已。此措施未能表現出明顯的回收成果，但是由於巨額回收反而支撐了港幣價格，不得已只好在金額上加以抑制。換句話說，本措施的要點是堅決禁止港幣流通，推進港幣黑市價格回落，進而廢除港幣，徹底回收並不是對港幣現鈔進行絞碎焚燒處理。這種先例可在華北、華中的法幣券回收和禁止流通中看到。在 7 月以後的特別資金賬目動向中，也能看出這期間的港幣政策。7 月以後未有港幣買入，反而賣掉手上港幣用於買進市內物資。在 6 月 21 日頒佈的〈香港貨幣特別資金操

44　前述，《軍政下的香港》，435-447 頁。

作〉[45] 條例中，大藏省向橫濱正金銀行發出通牒，"澳門、廣州灣的進口由
於使用進口結算資金，以 25 日圓以上比價與軍票匯兌，不會影響港幣的
兌換"，特別資金賬目定位於物資籌備資金，澳門作為唯一的非佔領區又
是中立區，在當地的物資搶購，及在廣州的黑市物資籌備中，均被調動
起來 [46]。作為其強化策略，進而在 7 月 13 日宣佈以下宗旨："作為禁止流
通後的對策，應香港總督及陸軍省增額之要求，決定將資金限額由軍票
2,000 萬日圓增至 3,000 萬日圓 [47]"，給予正金銀行通牒，要滿足總督部增
額至 3,000 萬日圓的要求，擁有特別日圓資金的港幣一時處於活躍階段。
但是由於禁止港幣在香港佔領區流通，一直以來從事港幣對軍票交易的
錢莊，就不得不關門歇業了。

之後，一部分港幣還在市內實際流通，但是，1945 年 1 月 8 日開始
禁止持有 "敵性貨幣"，並處以 15 年以下的監禁或是 5 萬日圓以下的罰
款作為罰則。對現在所持鈔票，要求在 2 月 7 日前與軍票兌換，港幣的
話則按官價 1:4 的比率兌換，其他貨幣則按照 1944 年 5 月的市價兌換，
沒有相應市價的貨幣則以總督部指定的市價兌換 [48] (香督令第 1 號)。即
使這樣，"敵性貨幣" 依然在香港黑市流通，日軍曾嘗試對以港幣為主被
大量囤積的 "敵性貨幣" 作最終處理，但由於紙幣是一種易於囤積隱藏的
資產，故其措施未能達到明顯效果。

45　前述，〈香港相關主要通告一覽表〉。
46　特別是重視與澳門的關係。前述，《香港金融內情》，28 頁。至於澳門通貨制度，可參照 Op. cit,
　　The Monetary System of Hong Kong。
47　前述，〈香港相關主要通告一覽表〉。
48　《香港東洋經濟新報》(以下簡稱《香東經》)，第 2 卷第 1 號，1945 年 1 月。

表 2　香港貨幣特別資金賬目

	1943.1-6		1943.7-9		1943.10-44.3		1944.4-9	
	千港元	千日圓	千港元	千日圓	千港元	千日圓	千港元	千日圓
前期末結餘 (港幣買主)	30,706	7,677	45,730	11,790	23,259	6,172	22,152	5,896
中期港幣買入額	88,056	22,014	—					
中期港幣出售額	73,032	18,128	22,470	8,115	1,107	442	11,000	2,750
本期末餘額 (港幣買主)	45,730	11,562	23,256	3,675	22,152	5,730	11,000	2,750
中期流動港幣調整	1,430	—	1,430	—	1,430	—	132	325
合計	47,160	11,562	24,689	3,675	23,582	5,730	11,284	2,821
港幣換算值	—	11,790	—	6,172	—	5,896	—	2,821
政府繳納利益	—	228	—	2,497	—	166	—	—
政府交付利息	—	109	—	68	—	105	—	94
相抵結算政府 繳納額	—	119	—	2,429	—	60	—	-94

註：表中調整額指中期外幣買進流動額，兌美鈔 1,298 千日圓，表中 1944.4-9 指美鈔流動部分中的期末餘額繳納部分。

資料來源：根據前述《橫濱正金銀行全史》第 5 卷上整理而成。

3. 擴大軍票流通

如前所述，佔領香港 1 年零 5 個月後，日本才開始實施軍票一體化政策，但由於強制使用軍票和不容許港元流通，留下了巨額港幣回收遺漏等問題，要求市民在生活中徹底使用軍票顯得困難，軍政統治下恐怖的憲兵隊管制，甚至出現了這樣的事例：港幣持有者一經發現即被處死 [49]。與軍票流通相關的一系列強制要求，產生了諸多衝突和摩擦，引起華中、華南地區物價高漲，而香港也不例外。當然，軍政統治的政府支出也可能是其通貨膨脹的原因。1942 年度香港軍政會計年收入估計為

49　前述，《香港淪陷史》，121 頁。

3,600 萬日圓（宣撫品出售收益 1,800 萬、事業收入 700 萬、稅收 500 萬、煙草收益 400 萬等），扣除臨時軍事費支出 600 萬日圓，餘下的 3,000 萬日圓預計作為軍政支出[50]。下一年度的香港軍政會計預算也被制定出來，作為南方軍政會計補貼轉入 600 萬日圓[51]。1943 年，香港軍事行動的必要性已日趨淡薄，臨時軍事費轉入項目成為當時香港民間貿易黑字（順差）的主因。但是這種情況並未能形成一種足以阻止軍票累增的規模。

在否認港元流通後，日軍特別加大了軍票發行額（表 1）。從表中看，1942 年 3 月，香港的軍票發行額為 274 萬日圓，但是，為了穩定軍事統治，復興經濟活動，同年 12 月軍票發行額增至 2,050 萬日圓，至 1943 年 12 月已超過 4,000 萬日圓，1944 年 12 月更飆升至 1 億 7,000 萬日圓，戰敗時的 1945 年 8 月已超過 19 億日圓。日中戰爭期間的軍票於 1937 年開始發行，中國各地區發行的軍票在市內的餘額（支付額）如下：1941 年 12 月為 2 億 400 萬日圓；1943 年 3 月，因推行新規例停止華中華南軍票，餘額增至 2 億 9,800 萬；1944 年 12 月達到 3 億 1,200 萬，甚至 1945 年的發行量也急劇增加。再看看增大的國庫庫存額，1945 年 9 月發行額為 30 億 9,600 萬日圓，而國庫庫存額竟然達到 28 億 1,400 萬，由此可見，實際的市內軍票餘額停留在 2 億 8,200 萬日圓。軍票與鈔票不同，只要不被註銷，其發行量就一直計算在內，實際的市區流通額則是從發行量中扣除國庫庫存量而得出。順帶一句，海南島最高軍票流通額是 1945 年 8 月，達到 2 億 779 萬 8,000 日圓，同年 7 月，海南島流通額為 1 億 9,342 萬 3,000 日圓，國庫庫存額則為 1 億 5,314 萬 9,000 日圓。由於日

50　香港佔領區總督部，〈昭和 17 年度軍政會計預算編成綱要案〉，1942 年 3 月 25 日（大藏省資料：Z530-145）。

51　前述，〈臨時軍事費〉，353 頁。香港軍政會計的轉入款，成為填補 1943 年度南方總軍和蘇門答臘兩軍政會計財源的一部分。作為軍政經濟研究，有必要對軍政財政作進一步探討，但目前對於個別稅種，因找不到比〈香督令〉公佈的條文更詳盡的統計資訊，故只能忽略。

本戰敗後回收軍票，9 月海南島的軍票流通額減少到 1 億 7,173 萬 3,000
日圓 [52]。不過，海南島似乎沒有進行過軍票銷毀處理，扣除海南島市區流
通額後，1 億 1,000 萬日圓這一數值接近香港市內的流通額。

　　如果表 1 的數值解釋正確的話，日本戰敗局勢已有先兆，同時正如
後文提到，在香港印製軍票也使國庫存有的軍票大量積壓。增加的發行
額，多數通過政府受命企業或銀行回流到國庫庫存。儘管國庫庫存量激
增，但市內流通量還是沒有大幅度增加，其原因或許是在政策上對市區
流通實行壓制所致。日本戰敗前夕，香港市區民眾也喜歡手握軍票自由
流動交易，通過存款吸收軍票似乎變得困難。甚至台灣銀行都在戰敗初
期出現了存款吸收的困境，對日外匯交易被迫陷入窘迫狀況，只好從日
本橫濱正金銀行籌備軍票 [53]。因此戰敗時龐大的軍票數量充斥市區確實是
大家沒預料到的。當然，除在香港發行的軍票外，華中、華南地區帶入
的軍票也多少加大了市內流動性。但是，另一方面由於香港與澳門之間
的貿易進口超過出口，香港軍票也流入澳門。至 1944 年，日本戰敗局勢
幾已明瞭時，對軍票的信任度急速下降，購買力也明顯減弱。筆者曾做
過一個戰敗時香港軍票市區流通額的假定 [54]，而且根據表 1，與戰敗時香
港軍票流通額相比，有可能推算的準確度更高。目前可以確認的是，戰
敗後龐大的 7 億日圓軍票經日方焚燒處理掉，其他近 20 億日圓國庫庫存

52　前述，《台灣銀行史》，940-942 頁。

53　同前，945-946 頁。

54　拙稿書評〈小林英夫《日本軍政下的亞細亞》〉，《日本殖民地研究》，第 6 號，1994 年 6 月。書評
　　中提到 1942 年 7 月不同地區支那事變軍票流通量，華中華南地區 140 萬 7,000 日圓，海南島 5
　　億 9,218 萬 6,000 日圓，香港 15 億 6,185 萬 2,000 日圓。從金額看，此數據包括了國庫存有量，
　　但香港佔了 72%，假如其比率對於 1945 年 9 月合適的話，包括國庫存有量在內的香港軍票則達
　　20 億 2,608 萬日圓。其中關於市區流通量，由於軍票印刷定在香港，所以香港國庫存有量比率比
　　海南島要高，但假設香港和海南島處於同一地區的話，發行總額的 9.1% 作為市區流通量，從而
　　可推算香港市區流通量為 1 億 8,436 萬日圓。從以上的 1945 年 9 月市區流通量中扣除海南島部
　　分 1 億 1,000 萬日圓，與此相比該數據應該更大。總之，也可視為香港市區流通量不夠 2 億日圓
　　額。

部分的處理則不詳，遠遠超過推算的市區流通量。這一部分戰後餘留額，如果可以得到確認的話，或許暗示這些逃脫廢棄處理的國庫庫存軍票，要不已大量流出，要不就構成了大量偽造軍票存在的事實[55]。

軍票製造由日本政府承擔，不僅新造券，回收的華中華南軍票等也由它調動組織。至 1942 年 4 月，引入香港的軍票，從廣東來的日本華南支軍為 298 萬日圓，海軍為 250 萬日圓，從橫濱正金銀行索取 50 萬日圓，從廣東等地個人帶入 50 萬，從日本的日銀代理點索取 304 萬，共計 952 萬日圓[56]，為應對其後逐步增加的軍票需求，1943 年 9 月至 1944 年 5 月間，供給香港的軍票（表 3）為 4,742 萬日圓，其中日本本土 1,330 萬，上海 2,362 萬，廣東 1,020 萬，華中華南共籌措 3,410 萬。因實施儲備券一體化，大量華中華南軍票變得多餘，因而提供給了香港。關於對新軍票的動員，橫濱正金銀行在 1943 年末的報告中這樣寫道："平日由於購置軍需物資，或物價高騰等導致軍票發放激增，進入本年（1944 年）後流通額急劇增加，手上軍票匱乏之危機即至，故決定從上海、廣東、汕頭、日本國內等地接受軍票回收及新券外運以便補充軍票[57]"。順帶一提，1944 年 5 月 20 日，手頭有未發行的香港軍票僅為 2,935.2 萬[58]，1944 年 3 月末至 4 月末流通增加 2,100 萬，因面臨如此巨額的資金追加需求，為確保用於追加發行的軍票，不得不絞盡腦汁。1944 年 6 月至 9 月，成功籌措到 1 億 8,474 萬日圓（表 3），其中主要是從日本國內運來的 1 億

55　報告稱，1939 年的華中地區，偽造日中戰爭軍票的情況很常見（參前引，〈軍票和華中通貨工作〉）。最初發行的軍票印製粗劣容易偽造，其後，即使是對印製質量高的軍票，也很難識別是污損紙幣還是偽造紙幣。但是，無法想像偽造軍票數額達 1 億日圓。

56　〈香港金融內情〉，1942 年 4 月 28 日（大藏省資料：Z530-145）。

57　東京銀行，《橫濱正金銀行全史》第 5 卷上，1983 年，511 頁（以下簡稱為《全史》）。

58　同前，522 頁。

1,055 萬，其次是上海運來的 6,878 萬等 [59]。之後重新利用華中華南地區棄
用的軍票，所追加供給部分也僅僅只有來自廣東的 574 萬日圓，其餘只
好依賴新造券。

表 3　往香港的軍票外運額（1943 年 9 月 -1944 年 9 月）　　單位：千日圓

外運地	1943.9-44.5	1944.6-9	預定追加	合計
日本	13,300	110,550	50,000	173,850
上海	23,620	68,780	—	92,400
廣東	10,200	3,300	5,746	19,246
汕頭	300	2,110	—	2,410
合計	47,420	184,740	55,746	287,906

資料來源：根據前述《橫濱正金銀行全史》第 5 卷上整理而成。

新造券的印製不只依賴日本國內，香港也能製造。1942 年 2 月，被
接管的中華書局、大東書局、商務印書館等，在日軍佔領前均曾從事法
幣印製工作，其設備、技術可用於新券製造。1942 年 4 月 3 日，陸軍省
發函內閣印刷局長，通告並委託其經營以上所提的三家公司。軍事印刷
物、儲備券、郵票明信片、書籍等的印製，均為印刷局的業務範圍。同
年 3 月 31 日，印刷局接受軍隊管理工廠的命令，隨即設立印刷局臨時香
港工廠，開始了在香港的業務。接到陸軍省的通知後，印刷局於 1943 年
6 月開始在以上三家公司投入生產。不過，軍票專用工廠未設在原來印
刷廠地，而是選在另一棟樓的地下進行，工作人員 100 人，至 1945 年 8
月 26 日，3 部平板印刷機一直印製日幣百元鈔。印刷局香港工廠的主要
任務是滿足逐年增加的華中華南儲備券需求，3,100 名總人員中，被分

59　從日本運出的現金，包括了 1944 年 8 月 20 日的戊號票 10 日圓、5 日圓，1943 年 5 月 31 日的
　　香督令，事實上已撤回。另外，1944 年 5 月，67.2 萬日圓從香港運到海南島（同前，590-591
　　頁）。

到軍票製造間的人員有限[60]。但是，只要能籌措到工廠原料，軍票供給枯竭這一個最壞局面可以避免。戰敗時在香港流通的軍票，其中 12 億日圓是在香港印製的百元鈔，可以說香港工廠與戰敗局勢有着重要的關聯。香港工廠除百元鈔外，也印製日幣千元鈔[61]。1944 年 10 月 26 日，百元鈔開始流通，但總督部發出聲明，這並不意味着增發貨幣[62]。1943 年 5 月 10 日，暫時停止使用的丁號、戊號的 1 元、5 元、10 元日鈔，於 1944 年 12 月 22 日公佈再次啟用（1944 年香督令第 37 號）。當時總督部一直都喜歡使用丁號、戊號券中的 50 錢以下幣券，其解釋是海南島也在使用[63]。連同百元鈔開始使用，這些都成為解決當時現鈔不足所採取的措施之一。

雖然禁止港幣流通，要求一律使用軍票，但是並沒有對原有港幣採取全面回收措施，港幣的黑市流通被認為變成了常態。而且受華中華南通貨膨脹的哄抬，香港貿易逆差亦處於常態，不得不飽受華中華南進口時通貨貶值之苦。結果是已不可能阻止軍票逐年增加及物價飛騰。在這種戰敗即至、混亂的軍票經濟中，1945 年 8 月日本迎來了戰敗結局。

二、對敵性銀行的接管和對市內金融機構的對策

1. 對敵性銀行的接管和清算

香港佔領伊始，日軍隨即發行軍票，同時制定政策，對敵性銀行歷來的通貨進行強制回收，也就是所謂的對敵性銀行的接管，目標直指港幣和法幣。被認定為屬敵性的銀行，要被迫接受關閉和淘汰。以下將對

60　大藏省印刷局，《大藏省印刷局史》（大藏省印刷局，1961 年，13-14、205-206、605 頁。另外，1942 年 8 月 12 日，興亞院調解，〈關於在香港日軍管理印刷廠印刷中央儲備鈔票之條文〉，按照此條文，儲備券印刷重點放在香港工廠（大藏省資料：Z530-144）。

61　上列文獻《全史》，807-809 頁，和《圖錄日本的貨幣》(10)，334 頁。

62　《香東經》，第 1 卷第 7 號，1944 年 12 月，28 頁。

63　《香東經》，第 2 卷第 1 號，1945 年 1 月。

軍政統治時期，對市內金融機構的系列處理政策作一大概回顧。

　　前文提到 1942 年 1 月 3 日〈香港九龍金融應急對策綱要〉中，已明確表示將統管香港以往金融機構，並關閉那些敵性的金融機構。在香港佔領之初成立的金融工作組，對市區金融機構實行管理或關閉，12 月 29 日開始着手調查銀行的現金、存款等情況，32 家銀行、錢莊、香港政廳、法幣安定委員會、中華書局、大東書局等均受到調查。1942 年 1 月 10 日，當時香港持有的 7,800 萬元港幣（其中未發行券 4,770 萬）、4 億 1,174 萬元法幣（其中未發行券 3 億 3,147 萬）均歸於軍政管理之下[64]。

　　開展這項工作的日本正金銀行，對處理不合作銀行的各項方針作了歸納[65]，有以下幾點。①發行香港上海滙豐銀行的未發行券，②沒收香港政府存款，沒收法幣安定委員會、中央銀行、中國農民銀行的法幣，③香港上海滙豐銀行存款移交正金銀行接管，④香港政府、香港上海滙豐銀行等的現金也一併移交正金銀行接管，⑤敵性銀行的剩餘現金，因存款退還業務，照原樣管理，⑥中方銀行重開時，須在正金銀行開設存款戶頭，經由正金銀行進行最後交易結算。在這些指導方針中，含有一些明確給予正金銀行利益的條款，正金銀行吸收不合作銀行存款和現金，擁有香港結算銀行的身份，似乎獲得了與原老牌香港上海滙豐銀行同樣的地位。事實上，從跟台灣銀行的關係來看，通過正金銀行進行的交易結算，中方銀行這種"失火後反而興旺"的業務擴大或許未能得到採納。在這一系列接收工作中，主要對象是被認定為敵性的金融機構，如英、美、荷、比利時方銀行和重慶方的各銀行。從這些銀行接收的通貨，在港幣方面（表 4），香港上海滙豐銀行居首，為 6,360 萬元（其中未發行券

64　前述，〈香港出差報告書〉。

65　前述，《全史》，63 頁。

4,705 萬），另外，有利銀行、渣打銀行、大通銀行及其他中方銀行，包括錢莊、中華書局在內，共計 7,295 萬元（其中未發行券 4,770 萬）。法幣方面，除了中央銀行、中國銀行、交通銀行、廣東省銀行、法幣安定委員會，中華書局的中央銀行未署名券有 1 億 7,506 萬，共計 3 億 4,380 萬（其中未發行券 2 億 1,676 萬）。在正金銀行繪製的統計表中，港幣接收點包括中華書局，法幣接收點則未包括中國農民銀行和大東書局，留下一個不作對比調查的統計數據[66]。即使忽略這點，1942 年 1 月 10 日的即時調查中，正金銀行把金融機構持有的港幣 7,800 萬元佔比 93% 的現金，及持有的法幣 4 億 1,174 萬日圓佔比 83% 的現金，分別置於自己的管理之下。

表 4　香港金融機構被沒收港幣和法幣情況表

被接管機構	港幣（千港元）	被接管機構	法幣（千元）
香港上海滙豐銀行	16,559	中央銀行	2,000
	47,050		10,000
有利銀行	235	中國銀行	5,000
	650		20,400
渣打銀行	397	交通銀行	1,000
萬國通寶銀行	169		90,000
大通銀行	3,392	國華銀行	2,400
華比銀行	2,900	廣東省銀行	270
錢莊	1,266		2,300
中華書局	144	法幣安定委員會	30,220
其他	197	錢莊	5,150
		中華書局	175,061
共計	72,959	共計	343,801
其中未發行	47,700	其中未發行	297,761

註：表中下行表示未發行，中央銀行的下行未署名。

資料來源：前述《橫濱正金銀行全史》，62-63 頁。

66　金融機關等現金調查與收錄在〈香港出差報告書〉中的內容不一致。

　　其中，法幣被一些與敵人相鄰的地區挪出，用於購買物資[67]。考慮到市民生活，一部分港幣將退還給存款者。1942 年 1 月 19 日開始在接下來的 3 天裏，允許每人可退還存款 50 元港幣；同月 23 日，又進行了第二次退還；2 月 17 日，再次允許可以退還英、美、荷、法、比利時銀行的存款。緊接着在 3 月 18 日至 27 日，實施了第三次退款，每人可退 150 元[68]。第 1 至 3 次活動，累積退款 328 萬元。3 月 22 日至 25 日，中立國人或非敵對中國人存於香港上海滙豐銀行九龍分行的存款允許退還，在 5 月 15 日至 20 日的第四次退款活動中，對一直未辦理退款的存款者允許退款 500 元[69]。通過存款小額退還，可從 2 月 24 日重新開市的中方銀行和被接收的各銀行那裏，得到最低限度的現金供給。

　　但是被認定為敵性的銀行不僅庫存現金被沒收，甚至被迫關閉和清算。1942 年 4 月 7 日，香港上海滙豐銀行、渣打銀行、有利銀行 3 家發鈔銀行及其他 10 家銀行接到清算指令，正金銀行、台灣銀行接受委託對以上銀行進行清算工作（表 5）。5 月 20 日，通濟隆銀行、新沙宣銀行等 3 家銀行接到第二次清算指令。6 月 15 日，當時允許重新開業的重慶方中央銀行、中國農民銀行、廣東銀行、中國國貨銀行等 4 家銀行，也被認為敵對意識強烈而遭到清算。這些被清算的銀行中，正金銀行在 6 月 15 日至 30 日負責渣打銀行、有利銀行、華比銀行 3 家銀行的第一回清算退款工作。關於個人存款退款，日本人 100%，同盟國人 50%，其他

67　興亞院聯絡委員會決定，〈關於促進對扣押的華中貨幣（屬於法幣安定資金部分）利用之方案〉，1942 年 7 月 18 日（大藏省資料：Z530-6），提出了華中地區法幣處理方針，雖然華南地區也照此標準執行，但當時香港沒收的法幣也受到處置。另外，法幣安定資金作為此次方針執行的對象之一，在上海設置機構，從同類資金中扣押 4.7 億日圓法幣。這次處置可參照前面已列文獻〈日本帝國主義下中國佔領區通貨金融工作〉。

68　前述，《日本軍政下的香港》，334-335 頁。但是對敵對國人員的返還工作沒有進行（前述，《香港淪陷史》，122 頁）。

69　〈被清算銀行第一回清算分配〉（大藏省資料：Z530-144）。

情況 20%，按顧客的敵意強弱來制定退款差額比，總計渣打銀行 151 萬元，有利銀行 34.9 萬元，華比銀行 8.9 萬元，合計退款 195.6 萬元，基本上為活期存款[70]。這種不同國籍的退款比差以後也用於其他各清算銀行。

表 5　香港的清算銀行

負責銀行	清算日	清算銀行名	
橫濱正金銀行	1942.4.7	香港上海滙豐銀行	Hong Kong and Shanghai Banking Corporation
		渣打銀行	Chartered Bank of India, Australia and China
		有利銀行	Mercantile Bank of India Ltd.
		華比銀行	Banque Belge pour I'Etranger (Extrene-Orient) S. A.
	1942.5.20	新沙宣銀行	E. D. Sassoon Banking Co.
		通濟隆銀行	Thomas Cook and Son (Bankers) Ltd.
	1942.6.5	中央銀行	
		廣東省銀行	
台灣銀行	1942.4.7	大通銀行	Chase Bank
		萬國寶通銀行	National City Bank of New York
		友邦銀行	Underwriters Saving Bank for the Far East
		美國運通銀行	American Express
		荷蘭銀行	Nederlandsche Handels-Maatschappij
		安達銀行	Nederlandsche Indische-Handelsbank
	1942.5.20	義品放款銀行	Credit Foncier d'Extreme-Orient
	1942.6.15	中國農民銀行	
		中國國華銀行	

資料來源：東洋經濟新報社，《軍政下的香港》，東洋經濟新報社，1944 年，196-199 頁。

70　橫濱正金銀行外匯部，〈香港敵性銀行存款返還處理方案〉(1942 年 7 月 21 日)(大藏省資料：Z530-145)。

正金銀行負責清算銀行業務的香港上海滙豐銀行作為最大的發鈔銀行，與同行業者及香港政府等之間的交易規模也極其重要。從市內銀行業務停止時，各銀行存款的結算表（表 6）來看，香港上海滙豐銀行 1 家就佔了 22 家銀行業務的 44%[71]，銀行同行委託香港上海滙豐銀行保管的存款為 4,867 萬元，顧客託管存款則以渣打銀行為最多，有 1,329 萬，接下來依次是華僑銀行、交通銀行、萬國寶通銀行、東亞銀行、美國運通銀行，很多銀行位列其中，並調動銀行發券功能，承擔起銀行該當擔負的作用。關於香港上海滙豐銀行清算計劃（表 7），其方針為：調動前文提到的那些未曾發行的鈔票，香港政府存款 1,580 萬全額退還並處沒收，同行業者存款退還 4 成，普通存款和儲蓄存款退還 2 成，估計預支付合計 5,220 萬元，與 6,319 萬庫存現金之間的差額 1,099 萬元被沒收。但是，退還同行業者的存款，原則上視顧客對日方有無敵意來決定返還率增減，所以，各銀行並非一律設定為 4 成退還。實際着手清算時，也有債權回收，存款退還沒必要僅依賴庫存現金。以下大約是 1942 年末的清算表（表 8），在正金銀行負責的部分中，香港上海滙豐銀行為 8,474 萬元，渣打銀行為 2,281 萬元，有利銀行為 315 萬元，華比銀行為 125 萬元。通過對渣打銀行、有利銀行、華比銀行 3 家銀行託人保管存款回收，基本上完成了退款工作。但是香港上海滙豐銀行現金回收量低於渣打銀行，只有 1,123 萬元，因此，1941 年 12 月 25 日雖有存款餘額 1 億 8,072 萬元，卻只能執行退款 8,474 萬元。

71　香港上海滙豐銀行存款沒和同行借貸對照表校準，原因不明（前述，〈報告〉）。

表 6　香港主要銀行存款額

單位元：千港元

銀行名	存款額	其中活期存款	同業者他人委託保管款	同業者委託他人保管款	其中香港上海滙豐銀行	備註
香港上海滙豐銀行	98,559	88,451	48,679	773	—	英系／清算
渣打銀行	20,776	19,959	9,638	13,335	13,296	英系／清算
有利銀行	3,732	3,732	1,625	1,428	1,428	英系／清算
萬國通寶銀行	12,881	9,016	651	4,501	3,794	美系／清算
大通銀行	4,317	3,709	711	1,921	1,919	美系／清算
美國運通銀行	3,678	2,832	127	8,762	3,398	美系／清算
安達銀行	1,461	1,448	—	157	241	荷系／清算
荷蘭銀行	1,248	1,248	1	241	157	荷系／清算
華比銀行	971	—	—	—	621	比系／清算
東方匯理銀行	939	938		1,778	1,778	法系
中國銀行	12,355	12,101	9,708	4,174	1,154	總行重慶
交通銀行	10,542	9,613	6,743	6,451	5,020	總行重慶
永安銀行	1,757	1,243	—	176	68	總行香港
上海商業儲蓄銀行	4,499	3,518	123	2,944	—	總行上海
廣東銀行	7,569	5,688	249	1,822	1,714	重慶系／清算
華僑銀行	7,408	6,610	383	5,954	5,699	總行新加坡
金城銀行	1,750	1,410	212	554	—	總行上海
國華銀行	1,766	1,050	654	747	—	總行上海
中國國貨銀行	1,648	1,285	285	5,387	16	重慶系／清算
東亞銀行	18,275	13,969	4,488	1,394	3,517	總行香港
廣東省銀行	1,215	432	65	463	—	總行曲江
中南銀行	2,209	1,608	178	1,306	—	總行上海
合計	219,552	189,860	84,521	64,910	43,820	

註：香港上海滙豐銀行的同業者委託他人保管存款中，包括其他幾家銀行部分，也包括錢莊存款。
資料來源：根據渡邊武，〈香港出差報告書〉，1942 年 2 月（大藏省資料：Z530-146）。

表 7　香港上海滙豐銀行存款支付標準

單位：萬港元

現金等		存款（A）		其中預定退還額（B）	退還率（B/A）%
現金	1,614	政府活期存款	1,580	1,580	100
未發行券	4,705	銀行活期存款	4,473	1,790	40
		普通活期存款	7,265	1,450	20
合計（a）	6,319	儲蓄存款	1,010	400	39.6
（a/b）	44.10%	合計	14,328	5,220	36.4

資料來源：前述〈香港出差報告書〉。

表 8　清算銀行發還存款

單位元：千港元

銀行名	發還存款額	債權回收額
香港上海滙豐銀行	84,743	11,231
渣打銀行	22,817	16,379
有利銀行	3,151	3,147
華比銀行	1,250	1,273
合計	111,961	32,030

註：發還存款額指的是香港上海滙豐銀行自 1942 年 11 月末至 1942 年 12 月末時的情況，債權回收額指的是 1942 年 10 月末時的情況。

資料來源：前述《橫濱正金銀行全史》第 5 卷上，158 頁。

　　雖然有特別按存款人合作態度劃分退款等級的方針，然而對日本人、敵對國的公有財產，即與香港政廳相關的存款及對同行業者，基本上為全額返還（表 9）。其中，與香港政廳有關聯的存款被沒收。從表 9 中看，已支付率低於可支付率，主要是對同盟國人、敵對國人的退款，餘留需要退款額約有 800 萬元。不過，銀行債權回收和現金等的退款未完成時，標記為退款未還清，延遲清算。為了清算這些不合作銀行，1943 年 11 月 5 日公佈了〈不合作銀行持有擔保不動產處理規則〉（香督令第 50 號）[72]，當中制定如下方針，清算的不合作銀行中，如存在不動產債務擔保的，要求年末前償還債務並解除擔保，否則受委託清算銀行會進行擔保處置。處置融資擔保不動產，加快了清算步伐。這樣，日本佔領下的香港，除法系東方匯理銀行外，以英系發券銀行為主的歐美系銀行的各業務，因清算工作被迫完全停止。東亞殖民地金融據點香港，因日軍佔領的特殊情況，功能一路大幅衰退，之後進入日本掌控時代。在日軍佔領下的香港，已不可能找到原有的經濟活動景象了。

72　前述，《軍政下的香港》，350 頁。另外，1945 年 3 月，強行佔領法屬殖民地印度支那地區，即今越南，封鎖當地政府機關，接管發券銀行印度支那銀行（香港為東方匯理銀行 Banque de Indochine），確保日軍支出皮阿斯特幣（Piastre），但其香港分行如何處理，情況不明。法屬殖民地印度支那地區的貨幣工作，可參照前文已列文獻〈南方軍事財政和通貨金融政策〉。

表 9　香港上海滙豐銀行存款支付明細

單位：千港元

賬目	1941.12.25 即時額	至 1942.11 支付額	支付許可率 %	已支付率 %
日本人	215.4	204.9	100.0	95.1
敵對國共有財產	24,191.1	21,031.4	100.0	86.9
銀　行	48,423.1	47,920.3	100.0	99.0
軸心國人	999.6	103.3	50.0	10.3
第三國人	65,006.9	14,854.6	20.0	22.9
敵國人	41,890.8	629.0	20.0	1.5
合　計	180,727.0	84,743.5		

資料來源：前述《橫濱正金銀行全史》第 5 卷上，158 頁。

2. 對中方銀行的處理

　　銀行接管政策也適用於中方銀行。戰前在香港開展業務的中方銀行共有 31 家，在日本佔領下，對這些銀行的活動加以統一管理，其中 24 家銀行於 1942 年 2 月 24 日允許重新開業[73]。由於暫時允許軍票和港幣同時流通，作為促進兩種通貨交換業務之對策，錢莊也得以復活。然而，4 家重慶系（國民黨政府）銀行被認為敵意強烈而遭清算（表 5）。中國銀行、交通銀行 2 家銀行雖是重慶系發券銀行，卻被視為與華北、華中佔領區相同的普通商業銀行而允許重新開業。最後共有 20 家銀行允許重新開業。7 月 28 日，指定其中的交通銀行、東亞銀行、華僑銀行，同月 31 日，又指定康年儲蓄銀行、永安銀行、中南銀行、鹽業銀行作為臨時軍票兌換所，這些銀行在促進軍票流通政策上發揮了作用[74]。然而，在日本軍政統治下，中國人社會經濟活動衰退也導致中方銀行呈現蕭條萎縮景象。同年 7 月 4 日，總督部參謀長在其電文中寫道，除營業良好的東亞銀行外，19 家銀行存款合計 6,300 萬元，其中準備支付款額僅為 2,300

73　前述，《軍政下的香港》，199 頁。

74　同前，339 頁。

萬元。為此他提議："目前支付原有存款的個人賬款，每月為 300 萬，條件是每次支付時均需得到認可，保證銀行營業持續一段時間。以中方銀行為主的數家銀行由於資金困難，被迫公告臨時停業。今後如取消原有存款支付限制的話，局面將進一步惡化。隨着近期實施的港元貶值對策，給治安方面帶來不少擔憂，此時介入銀行，堅決查封沒收敵方所有存款，在整頓銀行存款的同時，把這些銀行合併為一家銀行"[75]，從而為這些銀行指明方向，通過強制合併，使中方銀行從業績衰退的困境中解脫出來。按照此提案，7 月 11 日，香港經濟委員會決定發佈〈香港佔領區通貨暫定措施〉，繼續沿襲使港元貶值的 1:4 匯率，同時香港經濟委員會又制定了以下淘汰中方銀行的指導方針。[76]

<h3 style="text-align:center">〈加強對香港佔領區中方銀行的整合〉</h3>

昭和 17 年 8 月 5 日　　香港經濟委員會調解

香港佔領區目前允許開業的中方銀行有 20 家，大部分銀行的資產狀況不佳，如就此置之不理，則不得不停止支付，關閉營業，甚至給治安帶來令人不滿意的影響，為此將依據以下要領，整頓統合，鞏固強化。

一、把 20 家中方銀行合併為 1 家或少數幾家銀行。

二、除沒收這些銀行的"敵性"存款外，也對其他重要的存款進行清理。

三、另外，對第一項中的新設銀行，為彌補資金不足，必要時可將香港佔領區總督部沒收的香港上海滙豐銀行未發行鈔票用作橫濱正金銀行抵押款，金額限度為 2,000 萬元內，靈活使用港元資金。

75　香港總督部參謀長致陸軍省軍務局長電報，1942 年 7 月 4 日（大藏省資料：Z530-145）。
76　大藏省資料：Z530-146。

這樣，通過合併、沒收敵方存款和新設銀行，日軍提出了如何有效利用沒收港幣的指導方針。但是，在看到這份成熟方案前，草案中曾表示通過整合"成立一家銀行"的方針，由於興亞院補充修改為"或者少數銀行"[77]，所以合併為一家銀行的方針多少被迫延後。

遵循上述方針，重新營業的中方銀行最初減少到 20 家（表 10）。1943 年 6 月 1 日，由於強制實行軍票一體化，錢莊由此關門歇業，中方銀行的通貨兌換業務也被迫停止，銀行業務日趨衰退。廣西銀行、中南銀行、金城銀行、國華銀行、新華信託、聚興誠銀行、川鹽銀行、福建省銀行、廣東省銀行等 9 家銀行遭到淘汰。其中，廣東省銀行同年 8 月 1 日停止存款退還，8 月 12 日遭到清算[78]。儘管銀行減少，但存款放貸業務卻並未急劇下跌，除廣東省銀行外，銀行關閉其實是總督部強行催促合併的結果。最終至 1943 年底，11 家銀行留了下來，其中總行在香港的銀行有 5 家。中方銀行只允許辦理存款業務。從 5 家總行在香港的銀行於 1942 年 11 月 30 日的情況來看（表 11），一直以香港為營業據點的東亞銀行規模格外龐大，5 家銀行除 1 家外，存款放貸大幅上升，作為軍政統治下的通脹對策，政府期待吸收更多存款。但是與 1942 年 12 月 25 日的各銀行存款（表 6）相比，可以看出東亞銀行、永安銀行 2 家存款有所減退，一言以蔽之，即銀行業務已趨停滯。中方銀行如墨守既定方針，營業就會一直處於不景氣狀態，在軍政統治下，將面臨被淘汰的更大威脅。在這種局勢下，中方銀行被迫停業迫在眉睫；但另一方面，1944 年 11 月 12 日，總督部決定授權與日本軍政合作的東亞銀行，可辦

77　同前。
78　前述，《軍政下的香港》，348 頁。

理貸款、外匯兩類業務[79]。然而，對這些銀行來說，除非日本戰敗，軍政統治消亡，否則其營業環境不會大幅改善。

表 10　中方銀行之動向

單位：千港元、千日圓

年月	銀行數	存款餘額	放貸餘額	現金・委託他人保管款
1942.12	20	65,851	22,377	18,544
1943.3	18	56,662	20,939	14,322
1943.6	15	15,137	5,063	6,577
1943.9	13	14,819	4,688	6,495
1943.12	11	15,004	4,475	6,872

註：通貨單位 1943 年 5 月末前為千港元，以後為千日圓。
資料來源：前述《軍政下的香港》，201-202 頁。

表 11　以香港為據點的中方銀行資金狀況

（1942 年 11 月 30 日即時）

單位：千港元

銀行名	各類存款	同行業者借款	計	現金	同行業者貸款	各類貸款	計
永安銀行	1,275	128	1,403	528	—	354	882
香港汕頭產業銀行	331	—	331	3	15	721	739
國民商業儲蓄銀行	217	154	371	41	—	187	228
康年儲蓄銀行	1,221	—	52	1,221	778	792	1,622
東亞銀行	16,398	—	16,398	1,443	222	4,231	5,896
小計	19,442	282	19,724	2,067	1,067	6,285	9,367
總計	55,512	7,810	63,322	4,849	10,319	22,423	37,591

資料來源：前述《橫濱正金銀行全史》，161 頁。

79　《香東經》，第 1 卷第 7 號，1944 年 12 月，28 頁。

3. 日方銀行在港的活動

　　在軍政統治下，作為政府委託事業，到處可見日本法人進出香港的身影，當然這也確保了日本金融機構在港活動的場所。在此簡單説明一下日本金融機構在港的動向。香港的日本金融機構只有橫濱正金銀行及台灣銀行。在戰前，2 家銀行就已開設店舖，戰時經歷接管，日本佔領香港後於 1942 年 1 月 24 日恢復原來店舖。前面也提過，2 家銀行均參與英、美方銀行的清算業務，而且正金銀行和台灣銀行把店舖分別移到了清算對象廣東銀行和花旗銀行裏，為方便顧客，而在香港中心商業區辦理業務。因實施軍政管制和軍票發行，和日本政府的交易激增，為了應對這些情況，正金分行於同年 2 月 5 日接受委託作為日本銀行代理點以處理各類業務。為進一步擴大在九龍半島的交易，正金銀行接受總督部命令，於 7 月 24 日在九龍半島酒店開設分行，並於 1944 年 1 月 10 日成為總督部處理銀行資金的辦事處。兩家銀行作為軍票兑換所致力軍票普及工作，同時擴大日本法人及個人存款貸款匯兑業務。兩家銀行由大藏省和總督部共同監督，經過強制實行軍票一體化，總督部統一管理貸款得以鞏固。1943 年 8 月 11 日，政府實行貸款總督許可制，同年 10 月 1 日，兩家銀行定期存款利率從 2.5% 提高到 3%，特別是活期存款日息由 3 厘提升到 5 厘，以作為控制軍票供給對策中的一環。翌日，大藏省、總督部共同監督制移交總督部單獨監督[80]，這只是總督部為了強化香港政治經濟管理的一系列措施中的一部分。

　　兩家銀行可以維持和日本法人之間的交易。在與政府交易中，可以推定正金銀行的交易額比台灣銀行多，如要弄清楚台灣銀行各類明細，

80　前述，《軍政下的香港》，卷末年表。

可參看台灣銀行香港分行借貸對照表（表 12），該行存款從 1942 年 4 月
的 403.7 萬日圓，穩步增加到 1945 年 2 月的 1 億 783 萬日圓，對日本法
人和個人存款的吸存業務也進展順利。貸款業務在同一時間，從 2.4 萬
日圓增加到 7,158 萬日圓，但是從開戰前夕的 1937 年 6 月，貸款合計只
有 289.8 萬日圓的水平來看 [81]，到 1943 年 5 月間已恢復到戰前的水平，之
後也逐年增加。所謂託人保管的存款，就是把餘錢委託正金分店保管。
通過此表可以判明，台灣銀行香港分行結算款具有以下特徵：處理流入
的台灣鈔票，或把多餘資金轉為日本國內周轉資金；同時是 1942 年 11
月至 1944 年 2 月期間，最大額的一項資產；另一特徵是存款增加業務超
過日本企業貸款，同時處理因存款增加產生的多餘資金。然而，華中、
華南的通脹波及令軍票發行驟增（表 1），即使在 1945 年 2 月期間，各類
貸款都急劇增加。香港分行作為台灣銀行的交易點，戰前就一直與三井
物產、三菱商事、服部產業等保持密切關係。日軍佔領香港後，與以下
各公司開始新的業務，包括：當地接管的造船公司如香港造船廠、大日
造船廠、日立造船九龍造船廠；負責沿岸航路的內河運營公會；負責日
本和中國之間航路的國策海運公司 —— 東亞海運公司；受命接管事務
的南日本漁業統管會社等。另外，與軍政統治期進入香港的昭和通商、
國際電信通信、大建產業、大倉商事、台灣拓殖、中華出光興業、安宅
產業、田村駒等的交易也得以深化 [82]。雖然這些交易顯而易見，但是在
1944 年 2 月之前，香港分行結算款還是超過貸款，吸收存款所帶來的多
餘資金，被轉為日本國內周轉資金，總體來說，企業在香港的融資還是
比較低調。

81　台灣銀行史編纂室，《台灣銀行史》，1964 年，945 頁。
82　同前，945 頁。

表 12　台灣銀行香港分行借貸對照表

單位：千日圓

		1942.4.30	1942.11.30	1943.5.31	1943.8.31	1944.2.29	1944.8.31	1945.2.28	1945.8.31
資產	各類貸款	24	637	4,677	7,012	19,502	44,520	71,583	103,803
	存款	1,609	1,929	6,027	360	966	1,552	7,299	141,549
	本分行結算款	1,583	6,717	13,689	19,393	29,571	24,934	23,837	23,232
	現金	844	513	1,080	621	1,374	1,050	5,392	9,437
	其他	132	133	336	327	283	101	1,000	2,815
	合計	4,191	9,930	25,818	27,713	51,695	72,157	109,110	280,835
負債	各類存款	4,037	9,894	25,463	26,784	51,382	71,596	107,835	276,853
	其他	154	36	354	929	313	561	1,275	3,985
	合計	4,191	9,930	25,818	27,713	51,695	72,157	109,110	280,835

資料來源：台灣銀行史編纂室，《台灣銀行史》，1964 年，946 頁。

　　另外，正金銀行在統計上缺乏可靠資訊，根據 1945 年 4 月末資產運營概要，存款為 5,496 萬日圓，而貸款僅為 875 萬，對日本的匯劃賬尾為 3,674 萬，現金委託保管額為 867 萬，其他為 79 萬。為此，正金銀行解釋道："香港運營之特徵為，當地金融不活躍，以吸收存款業務為主，再將之運回日本國內 [83]。"與 1945 年 2 月的台灣銀行相比，貸款比重較輕，由於當地放貸風險大，態度似乎相當謹慎。當然，前文提到的總督部統一管理貸款也是原因之一。日本戰敗後，正金銀行在 8 月 31 日的資產構成分別是：存款 14.70 億日圓、放貸款 5.97 億、本分行結算款 7.02 億、現金 0.89 億、其他存款 0.82 億，仍然以本分行間的周轉資金形式處理存款。通過代理店辦理的大宗存款包括：日本銀行 4.82 億日圓、軍政會計 3.13 億、台灣銀行 1.41 億，大宗貸款則有香港興發營團的 4.70 億，可以說政府及軍政統治下的統一管理機構，幾乎包攬了大部分存款放貸業務 [84]。關於正金銀行的軍票結算款，可從以下這份多少通過仔細核查制定

83　前述，《全史》，726 頁。
84　同前，809 頁。

的借貸對照表中得到試算（表 13）。從這份表看，華南軍票結算款的統計中也包括海口在內，故不能把海南島分離出去，多少有所保留，儘管海南島與香港相比只是少額。根據此表的統計，可以説僅存款就有 15.9 億日圓的負債，與此相比，資產的短期透支為 5.6 億日圓，各類寄存金為 1 億日圓，這些負債超過部分通過本分行的結算款進行調整。結算款的構成幾乎和 8 月 31 日的香港數據完全一樣。

　　由於統一管制，日本佔領下的香港經濟活動蕭條萎縮。正金銀行的活動範圍主要集中在日本政府或政府相關機構；台灣銀行給進入香港市場的企業法人貸款增加，由此找到一條擴大業務之路，得以靈活運用剩餘資金。但正金銀行和台灣銀行兩家銀行終究還是存有大量多餘資金，並出現業務停滯狀況。只是對兩家銀行的資金周轉來説，香港多餘資金這一部分周轉款雖不巨大，但還是成了其他地區資金的供給源頭，因而被有效地利用起來。

表 13　橫濱正金銀行華南軍票結算款

（香港・九龍・海口）　　　　　　　　　　單位：千日圓

資產		負債	
短期透支	564,425	各類存款	1,598,278
貼現票據	53,282	賣出匯票	4,954
買入匯票	2,310	付款外匯票據	4,886
托收票據	5,217	未付利息	1,173
各類委託保管款	100,806	未經過利益回扣	50
暫付金	10,524	暫受金	9,327
日常用具	78		
外幣	2,936		
現金	97,041		
土地建築物	170		
合計	836,793	合計	1,617,666

註：統計時間不明，但應為戰敗後製作。

資料來源：橫濱正金銀行，〈仕外資產負債表（按地區類別統計各分行）〉，1959 年 8 月 31 日。

三、對外匯率結算

1. 佔領初期匯率統一管制和對華南匯率

　　即使是在日本佔領期，香港與華中、廣東省、澳門、日本等地之間的貿易或貿易外結算都有其必要。香港在被佔領前是貿易中轉基地，被佔領後其地位基本消失，日本佔領體制隨即在香港實施。在此背景下，政府需考慮重新建構一個貿易和貿易外結算制度。

　　如前所述，1942 年 1 月 24 日，正金銀行、台灣銀行分行在港開設，對外匯率管理方針成為了最初亟需解決的問題。同月 28 日，大藏省決定頒佈〈香港金融方面暫行措施〉，提出當前的指導方針是，匯率結算原則上限制於和軍票等價的日圓結算[85]。同日，外匯局發文通告正金銀行和台灣銀行兩家銀行"關於香港菲律賓和吾國及吾國外地區間的外匯交易"條例[86]，匯兌暫時只作為軍票匯兌，與日本外的外匯交易需得到大藏省授權。由 3 月 5 日起，兩家銀行重啟外匯匯款業務。

　　另外，香港從越南、泰國進口大米，1942 年 5 月 13 日，政府參照華中華南以外大米進口標準，採用如下操作制度作為特殊結算：售款經由正金銀行香港分行，以軍票等價的日圓結算，從匯往日本的款項中扣除離岸（FOB）價、運費、保險費等，再把剩款額撥入指定商社的大米特別賬款結算香港業務窗口。1942 年 7 月至 12 月，往日本的匯款中，泰國大米為 774 萬日圓、越南大米為 730 萬日圓[87]。但是隨着香港佔領區行政體制確立，經由大陸和廣東省的交流必定增加。1942 年 3 月 24 日，九廣鐵路重新開通，其中匯兌交易中的個別認可，煩瑣得讓人難以忍受。

85　前述，〈香港出差報告書〉。
86　前述，〈香港相關主要通告一覽表〉。
87　前述，《全史》，192-194 頁。

4 月 9 日，政府頒佈〈香港分行與廣東分行匯款成交〉公告，規定兩家銀行對廣東的匯款為一份 500 日圓，對中國其他地區的匯款為一份 100 日圓，且必須得到總督部財務部和大藏省的共同認可。此措施於 5 月 2 日開始實施[88]。接下來，與廣東的交流進一步變得緊密，在 7 月 3、4 日的香港廣東經濟聯絡會議上，兩地區間締結了貿易協議，以期進一步擴大兩地貿易。該協議以 1942 年 7 月至 9 月期間為例，香港出口合計 120 萬日圓，進口合計 240 萬日圓[89]。之後，除了廣東，也與汕頭、廈門、海南島等簽訂了相同的貿易協議。但從金額上看，廣東的協議貿易最大[90]。

　　由於需要把香港糧食需求而產生的入超匯劃賬尾結算，政府強烈要求大藏省放寬外匯管理。1942 年 8 月 14 日，總督部參謀長請求軍務局長，"隨着香港當地和中國各地間貿易復甦，大藏省現行外匯許可制，今後會越來越多阻礙交易的順利進行"，"匯兌成交均應變更為當地當局許可制交涉[91]"。但是，要求向中國內地放寬外匯管理並非易事。8 月 31 日，"依據廣東貿易暫行協議，吾方外匯結算額每月 40 萬日圓，希望修改為僅限於香港當地與廣東之間的外匯成交，須經大藏省許可[92]"，要求降低審批標準，甚至撤銷廣東貿易協議中一些具體交易的外匯管理。為滿足大家的迫切要求，9 月 18 日頒佈〈廣東、香港間外匯交易委託認可〉[93]公告，要求只有歷來的貿易外匯管理結算業務，交由駐廣東大藏書記官授權；而貿易除外的匯款，規定特別日圓以一份 1,000 日圓，軍票

88　前述，〈香港相關主要通告一覽表〉。

89　廣東三省聯絡會議、香港佔領區總督部，〈調整廣東、香港貿易復業方案〉，1942 年 7 月 4 日（大藏省資料：Z530-144）。

90　參照本書第 II 部第 2 章的貿易項。

91　香港總督部參謀長發軍務局長電報，1942 年 8 月 14 日（同前）。

92　同題，1942 年 8 月 31 日（同前）。

93　前述，〈香港相關主要通告一覽表〉。另外，稍早（即 1942 年 8 月 11 日）用軍票支付形式從廣東匯往香港的款項，一份 500 日圓以下時可自由辦理。

以 500 日圓為限，並賦予正金銀行、台灣銀行兩家銀行全權許可權。所以，匯款擴大到一份 5,000 日圓，並宣告將統一委任駐廣東大藏書記官。於是香港與廣東之間外匯管理的矛盾得以緩解。本措施對總督部方的意圖，雖然並沒有完全認同，但由於這項措施，每月約 40 萬日圓的外匯結算暫時不會出現困難。

對廣東貿易的協議繼續生效，而另外在第三次協議（1943 年 1-3 月）中，香港進口額計劃每月為 80 萬日圓，出口額每月為 40 萬日圓。根據 1942 年 9 月 18 日的〈貿易取締令〉（1942 年香督令第 43 號），香港和日、滿、華北華中、越南、泰國、南方佔領區之間的貿易，在這期間只限制於香港貿易公會成員之間。10 月 8 日，香港貿易公會開始運作，貿易管理體制得以加強。11 月 1 日，簽訂與菲律賓的貿易交流協議。廣東與陸地相連，所以對香港來說，與廣東之間的貿易顯得尤為重要，擴大規模也勢在必行，但外匯管理作為阻礙與廣東貿易的主要原因，有必要作進一步調整。為此，在 1943 年 1 月 21 日頒佈的〈香港廣東及海南島間匯款管理〉[94] 公告中，通告正金銀行、台灣銀行兩家銀行，香港和日本以外地區在 1942 年 1 月 28 日的外匯交易不需要審批認可；對廣東、海南島的匯款交易，如只是特別日圓或軍票支付的話，也不需要認可，因而促進了香港和廣東、海南島之間的物資等的交流。

跟中國其他地區締結的貿易協議，包括 1943 年 4 月 8 日簽訂的 1943 年度與汕頭貿易協議，該協議於 5 月 1 日生效。4 月 26 日，亦簽訂了與海南島之間的貿易協議。為了強化貿易管理，4 月 19 日公佈了對特定地區無押匯進出口取締規則，除澳門和廣州灣外，禁止向日滿、華中、華南無押匯貿易。5 月 13 日，根據廣州總領事的談話記錄，明確表

94　同前。

示廣州海關對經由香港的物資免徵出口稅[95]，以期進一步促進兩地貿易往來。除此以外，1944 年 6 月 1 日，正金銀行在中立區澳門開設辦事處重新營業。辦事處的業務均通過儲備券收付形式進行，從香港到澳門或從澳門到香港的普通匯兌交易，500 日圓以下不需要批准，500 日圓以上則需要日本當局的匯款許可。澳門的通貨為澳門幣（大西洋銀行 [Banco Nacional Ultramarino]1901 年開始發行，1943 年 1 月 15 日開始與白銀等價兌換），1943 年 1 月前，與軍票的匯兌率是 100 日圓軍票兌 122.5 元澳門幣。流入到澳門的軍票數量相當，軍票作為與香港的結算貨幣被廣泛使用，連同與廣東結算時使用的儲備券、與接敵地域結算的法幣一起，均能在澳門廣泛使用[96]。澳門作為唯一的中立區，廣發開展面向香港的物資籌措調配工作，成為周邊重要的貿易地域。鑒於其重要的外匯結算地位，正金銀行也在此開設了自己的店舖。海南島一直處於日本海軍管制下，其管制實際上近乎於軍政體制，所以軍票直到戰敗前都在當地流通使用。台灣銀行作為辦理國庫金等業務的金融機構，其海口分行於 1939 年 3 月被指定為日本銀行代理店。1943 年 4 月 1 日，在台灣銀行海南島分行開設了海南島特別日圓賬目，通過正金銀行東京分行結算成香港特別日圓[97]。

95　前述，《軍政下的香港》，342-346 頁。

96　《香東經》，第 1 卷第 6 號，1944 年 11 月，16-17 頁。無疑，澳門也未能抵制住通貨膨脹。法幣流通量從 1940 年的 1.3 百萬激增到 1945 年的 25.5 百萬葡幣（OP. cit., *The Monetary System of Hong Kong*, p.105-107）。關於對澳門殖民歷史的概説，有 G. C. Gunn, *Encountering Macau: A Portuguese City-State on the Periphery of China*, 1557-1999, Westview, 1996 一書。

97　前述，《台灣銀行史》，745-761 頁。海南島特別日圓依據〈海南島特別日圓賬目中株式會社與台灣銀行、橫濱正金銀行合同書〉（1943 年 4 月 1 日），在合約簽訂日發佈（大藏省理財局《金融協定等關係集》，413-415 頁）。包括香港在內的各地通貨，可與對方銀行此科目業務等價兌換，例如，開設了軍票與香港份額等的等價兌換，通過這種特別日圓賬目，可按地區分類進行決算。

2. 特別日圓結算

　　1943 年 4 月 1 日，華中華南推行新規例停止發行軍票，中國佔領區通貨統治迎來了最終局面。華中華南地區歷來採用的軍票結算形式隨之消亡，日本帝國各地域間的結算制度也進到新的階段，即擴大特別日圓制度。[98] 特別日圓制度同時被引入香港。1943 年 5 月 27 日，向正金銀行、台灣銀行等五行通告〈關於華中華南、滿洲及香港外匯結算〉條例 [99]。自此，正金銀行香港分行在東京分行開設香港特別日圓賬目，攬集香港外匯資金，並轉賬結算歸為設於東京分行的其他地區特別日圓外匯資金賬戶內。"各地區"指滿洲、蒙疆、華北、華中華南、海南島、越南、泰國、南方佔領區等地方。這些個別賬目均設於正金銀行香港分行內。另外，為填補這些賬目結算資金的不足，按照大藏省指示，設立了普通賬目（表14）。前文提到，從越南、泰國進口的大米，是經由日本結算的，也就是以軍票結算。由於這種結算方式一直存在，故從特別日圓結算中被剔除出來。這種特別日圓制度的實施，可追溯至 1943 年 4 月 1 日。

98　特別日圓制度作為中國佔領區之間的決算制度，可參照以下文獻：前述，〈日本帝國主義下的中國佔領區的通貨金融工作〉、高石末吉，《外匯波瀾四十年》（時潮社，1975 年）。關於滿洲國特別日圓，有拙稿〈固定交易制日圓區域形成後的"滿洲國"對外結算〉，《中國研究月報》，第 431號，1984 年 1 月。蒙疆特別日圓，有〈"蒙疆"的通貨金融政策的展開〉，1993 年 6 月。有關華中補償制特別日圓，詳見拙稿〈外匯交易調整特別會計的設置和運用〉，《立教大學經濟學研究》，第 39 卷第 1 號，1985 年 7 月。

99　前述，〈有關香港主要公告一覽表〉。香港特別日圓的普通賬目的餘款，在可確認的文獻中沒見其數據，可以説，其普通賬目的資金調整功能薄弱。

表 14　香港特別日圓餘額

單位：千日圓

	1943.6	1944.3	1944.9
滿洲	524.2	1,000.5	1,074.2
華北	-100.2	4,553.7	3,912.8
華中華南	13,059.0	14,272.4	-3,770.0
海南島	2,693.4	10,134.6	14,556.9
越南	50.1	59.5	403.0
泰國	-21.2	186.3	-234.9
南部亞洲	-18.3	436.5	1,389.4
蒙疆	-	-	-5,450.0
合計	16,187.0	30,843.5	11,872.4

註：負數表示透支。

資料來源：根據前述，《橫濱正金銀行全史》第 5 卷上製作。

　　考慮到香港與上海的外匯交易會增加，為應對這種局面，在發佈上
述公告的同一天，頒佈了〈關於香港上海之間外匯交易給相關銀行的通
告書〉[100]，限定日本人在兩地之間的外匯交易，貿易外匯一股 10 萬日圓，
貿易外交易一股 1 萬日圓，並賦予正金銀行、台灣銀行三個月全權認可
權。1943 年 6 月，香港特別日圓餘額在華中華南區為 1,305 萬日圓，海
南島區為 269 萬。另外也有賬目透支，但透支額不多。當時，香港外匯
交易集中到華中華南和海南島這兩個地區。因香港與廣東的關係緊密，
華中華南區的交易較多，外匯管理的矛盾因此得到進一步緩和。1943
年 6 月 22 日，政府與華中簽訂貿易協議後的 7 月 7 日，公佈了〈華北及
華中華南與香港外匯交易之認可制〉[101]。這樣連同前文提到的，為緩和與
上海外匯管理而制定的各項措施，同時間向華中和華南整個地區推廣開
來。接着，又發出通告，與華北的交易一股 100 日圓以下時不需要許可。

100 同前。

101 同前。

8 月 24 日，政府與廈門簽訂貿易協議，與華中華南的貿易關係變得更加密切。1944 年 3 月，在香港特別日圓餘額中，可以看到海南島區和華北區不斷增加，可以理解為是外匯管理得到緩和的結果。

在這段期間，華中華南的物價顯著飛騰，香港同樣受到巨大的影響。在與廣東及與華中地區的貿易中，香港過多依賴進口也成為了常態。1943 年度香港與廣東省的貿易計劃中，4 至 9 月間的出口額每月為 50 萬日圓，進口額每月卻高達 100 萬日圓。1943 年度與華中的貿易計劃中，香港的出口額為 1,687 萬日圓，進口額則為 2,437 萬日圓。香港在糧食、面紗等方面過分依賴對外進口，帶來了貿易赤字，在往後一段時間內也不會發生變化 [102]。為此，增加華中華南的支付勢在必行。但香港特別日圓在華中華南區的餘額不但沒有增加，到 1944 年 9 月反而從正金銀行借入其不足部分。與之相反，在 1943 年度與海南島的貿易計劃中，出口額為 850 萬日圓，進口額為 30 萬日圓 [103]，香港貿易出現黑字，海南島區餘額增加，可從以上這組數據體現出來。香港佔領區雖構築了軍票這一獨立通貨循環，但是卻不可能切斷與華中華南的貿易關係，而華中華南地區亂發儲備券所帶來的物價飛騰，也勢必波及香港，致使香港物價騰貴。總之，這不能不歸結到大量發行軍票之上。

3. 向日本國內轉移資金

當日本戰敗局勢已顯端倪，日本不得不加快步伐向國內轉移資金。這種局面意味着，通過固定匯率把包括香港在內（澳門除外）的全中國區域，都拉進日圓經濟圈。這一通貨制度，在通脹的背景下走上了自我瓦

---

102 前述，《全史》，325 頁。
103 同前，336 頁。

解之路。香港與日本（包括舊殖民地）的匯率以軍票匯兌形式結算，且一直維持着這種與日圓等價的名義匯率，而通過這種形式便出現了資金流向日本的現象。為了抑制華中華南的資金流向日本國內，1944 年 3 月開始實施日本與中國內地之間的外匯管制措施，措施從限制金額擴大到查封存款 [104]。

　　日本通過沒有外匯管制限制的香港和海南島，以與日圓等價的軍票匯兌形式，把資金轉移到日本。這種迂迴的手段曾盛行一時。1944 年 9 月間，正金銀行向日本國內的軍票匯款達到 8,500 萬日圓，這正是正金銀行籌措日圓資金不可忽視的一種手段 [105]。對正金銀行來説，既可獲取匯兌手續費，也是業務上獲取利益的一種交易方法。日本與香港之間收支表（表 15）的數值表明了這一時期的情況。作為政府海外收支的支柱，1943 年度日本與香港的貿易收支中，軍票支出 8,800 萬日圓，超過了支付；但是由於 1944 年度發生通貨膨脹和向日本國內轉移資金的情況，企業相關業務和勞務利息等受理業務急劇增加。1943 年度，此項目受理超過 540 萬日圓，至 1994 年上半年增加到 1,060 萬日圓，受理金額超過上一年度的全年金額。由此可見，從香港向日本轉移的資金激增。這種向日本國內轉移的資金，不僅來自香港，中國內地的資金也為了躲避對日匯款的外匯管制，迂迴進入外匯管制較為寬鬆的香港，當時這些金額流入十分巨大。

---

104 中國內地佔領區轉往日本的資金，可參前述，〈日本帝國主義下的中國佔領區通貨金融工作〉。
105 前述，《全史》，572 頁。

表 15　日本本土與香港之間收支實際業績

單位：千日圓

項目	1943 年度		1944 年度上半年	
	收入	支付	收入	支付
貿易	12,096	2,245	4,079	1,590
貿易外	31,316	101,744	19,764	30,867
經常部合計	30,671	196,363	18,063	29,313
其他國家間貿易	21,603	220	2,693	—
貿易附帶費用	—	303	1,413	296
證券利息	—	6		
紅利	35	1	64	—
相關事業及勞務利息	7,596	2,174	11,435	838
相關事業	3,523	2,042	3,059	440
外國相關商社	1,299	29	837	59
本國相關商社	2,224	2,013	2,222	381
勞務利息	4,073	132	8,376	398
海運業	386	2,999	1,097	808
保險業	930	4	512	2,030
外國人日本國內消費及日本人外國消費	39	2,334	585	216
政府海外收支	82	88,323	264	25,124
內部軍票代金	—	88,000	—	25,000
臨時部合計	644	5,381	1,701	1,554
收進外幣的海外投資	309	5,179	619	543
回收海外投資返還外幣	335	202	1,082	1,011
總計	43,412	103,989	23,843	32,457
收支結算虧損	—	-60,577	—	-8,614

　　這種以軍票匯兌形式的對日匯款，增加了日本國內資金之餘，也使日本國內的物價上漲，最重要是暴露了日本的外匯管制過於鬆散。為此，政府不得不予以封殺抑制。自 1944 年 11 月 20 日開始，在限制香港向日本國內匯款的同時，實施一股一個月 1,000 日圓以上，需得到認可後方可辦理。稍後於 1945 年 2 月 10 日，海南島也開始實施匯款限制[106]。1944年 12 月 26 日，需取得許可的對日匯款金額調整到 2,000 日圓，這項規定同時也適用於中國內地、香港、澳門及南方佔領區等地[107]。隨着戰敗局

---

106 同前，684 頁。
107 《香東經》，第 2 卷第 1 號，1945 年。

勢越來越明顯，這種匯款壓力也越來越大，為此不得不採取對策，加強
對匯款的限制。1945 年 1 月 10 日，開始引入當地特別存款制度。按照
此制度，企業收益、紅利等的 75%，以當地貨幣形式在當地開設半年定
期存款；撤回到日本的資金，對超過 20 萬日圓的部分，要把其中的 75%
作為當地存款，從剩餘的 25% 和 20 萬的總數中，再支付約 5,000 日圓的
現金，餘款則作為日本國內的凍結資金[108]。到了 1945 年，開始從香港大
批撤回資金。為應對這種局面，存款支付、旅行信用證及換匯等相加，
可允許到 5,000 日圓，信用證餘額作為日本國內凍結存款，退還存款餘
額時需取得許可[109]。對於資金撤回者普遍增加的現象，大藏省外資局在 4
月 19 日發佈通告，對需帶回國的款項，原則上同意採用匯款形式，對日
本國內的日圓支付或者日圓存款餘額，用外幣表示的形式，將它視作內
地特別存款[110]。關於特別存款的標準，除退休金外需帶回國的錢幣，3-10
萬日圓中要把其中的 85%，至 20 萬是 90%，超過 20 萬則是 95%，作為
特別存款[111]。在日本戰敗基本明朗化和通貨膨脹環境下，向日本國內轉移
資金的現象變得越來越強勢。5 月 24 日，政府實施了一系列措施，包括
除 "撤回金" 外，開設自由匯款科別業務，條件是當地貨幣要當地存入，
或者提高當地特別措施的存款利率等。為阻止資金向日本國內轉移而採
取的一系列對策，雖然加速了香港的通貨膨脹，但對阻止日本國內的通
貨膨脹有着非常重要的意義。香港物價一直強勢緊追中國內地物價，直

---

108 同前，684 頁。

109 大藏省外資局管理課公告，〈關於從香港及廣東撤回日僑隨身攜帶金額之處理方法〉，1945 年 4
月 6 日。

110 〈關於從支那（含香港、海南島）撤回日僑帶回金額規定的實施要領（修訂）〉。

111 採用外幣表示的內地特別日圓存款和當地貨幣特別措施存款，均以 3.5% 利率吸存，並作為外幣
金庫的國策會社貸款進行運營。當時市內利息標準分別為香港 7%、廣東 7.5%、上海 10%、北
京 8%（大藏省外資局，〈關於許可條件下採用外幣表示存款的規定〉，1945 年 4 月 27 日）。

至最終日本戰敗為止。阻止資金轉移的對策和香港軍票與日圓的等價政策，兩者本來背道而馳，強行選擇前者政策，事實上等同置香港的通貨膨脹問題於不顧。

結語

通過以上分析，日本軍政統治下的香港通貨金融統治特徵，可簡要歸納如下。

（1）即使在香港這個非常狹窄的區域，完成軍票一體化也需要一年半時間。在這期間，港元允許暫時流通，直到新規例發佈為止。在貫徹軍票對香港通貨的統治之中，日本本土的經濟能力，特別是對香港的出口能力薄弱。希望通過華中維持軍票價值的機構，能在諸如購買力等方面給予支援的計劃，基本上落空[112]。

（2）在軍票一體化的工作中，設立香港通貨特別資金賬目，以調整軍票和港元匯率市場。這種制度借鑒了華中地區在調整日本軍票與法幣匯率市場時，處理各種資金的經驗[113]。同時可以看出，在香港實施的這種制度，港元籌備機構為了獲取自由市場物資，性質上發生了質變。

（3）在軍票一體化的工作中，為鼓勵民眾使用軍票而制定的諸多決策方案，在中國其他佔領區已證明有一定效果，這些技巧也在香港得以引用。

（4）軍政統治下的香港，由於增加軍票發行和財富資源長期不足，通貨膨脹在所難免。與軍票發行量相比，軍票的市內流通量似乎相當低。

---

112 通過華中地區日本的出口物資來維持軍票價值，華中地區用於軍票兌換時的物資配給公會是這一對策強而有力的機構和行動者。關於這點，詳參前述《戰時華中物資動員和軍票》。

113 作為維持華中與法幣兌換價值之資金，有乙資金、伊資金、軍票價值平衡資金等，關於這點，詳參照前述《軍票和華中通貨工作》。

（5）在通貨金融政策中，總督部、陸軍省與興亞院、大藏省之間的爭鬥暗潮洶湧。雖然針對廢除港幣及緩和香港對中國內地外匯管制等事項制定了一系列方針政策，但是這種情勢不只停留在簡單的官僚機構爭鬥上，而是近乎兩派主張的直接對立。換句話說，是駐外機構主張當前經濟優先的方針，和以日本為中心的帝國經濟政策所提倡的整合性優先方針之間存在對立。這不僅在香港出現，其他地區也能見到兩派的較量。[114]

（6）"敵性"金融機構除了以香港上海滙豐銀行為中心的英美系銀行外，也包括重慶系銀行。這些銀行均遭到清算，部分重開的中方銀行，其經營也極為蕭條慘淡。另外，除與政府有關的交易外，日方銀行同樣面對業務難以增長的問題。軍政管制下的經濟統治，給予香港金融一記致命的打擊。

（7）建立一個與儲備券地區斷裂的通貨循環的政策，即使在香港被採納，但是如果不是以糧食進口為中心的貿易，也無法於香港立足。由於這種結構上的脆弱，放寬貿易外匯管制在所難免。在外匯結算中，軍票緊隨儲備券一路下跌，其跌勢無法阻擋。在華中華南地區向日本國內轉移資金的過程中，香港軍票匯兌充當了一個迂迴的避難所。

如要對上述香港通貨金融政策再作回顧的話，可進一步指出以下幾點。香港軍票政策一直持續到日本戰敗，和華中地區軍票政策一樣，都是從政策層面考慮市區供給量，避免供給過剩為戰後回收帶來負擔。日俄戰爭的軍票回收日後就成了巨大負擔。鑒於這個經驗，在中國佔領區的軍票回收政策，以軍票回收機構、資金動員中所積累的經驗為基礎，

---

114 不管是南方佔領區，還是在爪哇的通貨工作及南方佔領區中央銀行設立案中，也可見相同局勢（參照上列文獻，〈南方軍事財政和通貨金融政策〉）。

通過港元回收軍票,以及調整港元匯率。另外,由於生活必需品的生產受到限制,加上香港人口眾多,需要四處奔走周邊地區進口糧食,因而通貨膨脹的速度也不如儲備券地區那樣迅猛,屬可予控制的水平。但是香港最終的歸屬,其目標是把英國殖民地向日本過渡,為此不可能與儲備券地區的汪精衛政權統一合併起來。所以一旦採用軍票政策,從政策層面上轉換道路幾乎是不可能的。這和主張香港軍政永久性的佔領體制可謂不謀而合。

第 2 章
日本軍政下對香港企業的管控與貿易

引言

　　日軍佔領前的香港，作為英國殖民地和對中國的轉口貿易據點，具有和上海租界近似的作用。雖說香港在行政上與上海近似，但以產業而言，上海作為外國製造業的對華投資據點，很多外國投資企業在抗日戰爭開始前已湧進上海。與此不同，香港是以貿易相關事業為中心，除貿易外，造船、海運也是當中的核心事業。所以，香港在亞洲太平洋戰爭前夕，仍是以英系企業為主的貿易相關業務為中心，從整體事業來說，較上海還是遜色不少。1936 年，關於英國對香港的投資，有企業 69 家，繳納資本額 1 億 5,000 萬港幣，使用總資本為 13 億 5,000 萬港幣；而歐洲的工業投資在 1920 年以後一直處於停滯狀態，取而代之是中國資本家不斷增多的投資[1]。據 1936 年末統計，日本企業在香港的事業投資，除文化事業外的法人數目有 76 家（其中總公司在香港的有 58 家），投資額為 1,979 萬 4,000 日圓（其中，總公司在香港的佔 375 萬 9,000 日圓），從事貿易的有 28 家（其中總公司在香港的有 17 家），貿易行業投資額 684 萬

1　東洋經濟新報社，《軍政下的香港》東洋經濟新報社，1994 年，58-59 頁。香港的中國人資本工業投資從 1920 年的 1,700 萬港幣增加至 1934 年的 5,100 萬港幣。

8,000 日圓（其中總公司在香港的佔 233 萬 9,000 日圓），金融業投資額為
1,014 萬 5,000 日圓。除此以外的事業投資，商業零售業為 95 萬 5,000 日
圓、航運業為 95 萬 5,000 日圓、水產業為 50 萬日圓、工業為 10 萬 4,000
日圓，除去橫濱正金銀行（1896 年開設分行）和台灣銀行（1903 年開設
分行）的金融業，其餘全部都是以商業為主。從事商業貿易的法人中，
除三井物業（1878 年開設分公司）、三菱商事（1905 年開設三菱合資分公
司）等大公司外，也有以香港為主要事業基地的法人，這些法人在日本
佔領香港後，被動員成為貿易工會會員。在航運業方面，日本郵船（1885
年開設分公司）、大阪商船（1901 年開設分公司）很早就進入香港[2]，經營
來往日本的航線。

香港經濟一直以來以轉口貿易為中心，在佔領後日本軍政最初沒有
打算振興香港經濟，但是不得不承認，日本佔領香港的意圖給香港經濟
活動帶來一定程度上的復甦。包括貿易在內的海運業、造船業、鐵路運
輸業，和一部分製造業、通訊業，以及其他的公益事業大部分都有必要
恢復原有的經濟規模。因此，採取了恢復日本軍政統治下企業活動的方
針，而接管企業的業務也開始展開。

一直以來，每提到在軍政統治下的香港企業，除了日本統治下的企
業簡介外[3]，最多就是金融機構的事業發展史中貸方的介紹而已[4]。在香港
佔領地進行事業活動的個別企業的先行研究，從現有書目來看還沒有發
現[5]，此領域的研究可以說還極為薄弱。另外，也沒有根據企業政策的行

2　東亞研究所，《日本的對支投資》（下），1942 年，〈日本的對香港投資〉，1067-1096 頁。

3　太田弘毅，〈向日本軍政下的香港進軍的日本企業〉、《政治經濟史學》，第 250 號，1987 年 2 月。
　　這篇論文介紹了有關日本企業進軍香港的香港經濟委員會等資料，並且提到香港交易公社的設立。

4　台灣銀行史編纂室，《台灣銀行史》，1964 年；東京銀行，《橫濱正金銀行全史》第五卷上，東洋
　　經濟新報社，1983 年。

5　可兒弘明編，《香港以及香港問題的研究》，東方書店，1991 年。

政文書，對香港佔領地進行過評價，而從 1944 年以後到日本戰敗這段時期，對此更沒有進行過甚麼研究。所以本文旨在介紹日本軍政統治下的企業管控在軍政政策中所處的位置，以及 1944 年以後資料不足時期的研究。在軍政統治下的企業活動中，有時候也會受軍政方或受日本國內行政機構經營委託，進行企業經營活動，這是在南方佔領地採用而且貫徹執行的方針政策 [6]。但是在香港，這些企業規模雖小，卻也採取類似的方針政策。所以，本文也試圖介紹這種委託企業，並闡明香港和南方佔領地的相似之處。另外，香港因為在糧食上不能自給自足，所以考察香港經濟不可能脫離貿易，本文希望通過概觀香港與周邊地區以糧食為中心的貿易和統一管理，描寫軍政經濟的脆弱。

一、日本軍政下對香港企業的管控方針

1. 對最初方針的探討研究

1941 年 12 月 25 日，日本開始佔領香港，官營和民營的公益事業，包括水電、煤氣、通訊、鐵路、海運等均被控制。其中自來水在佔領後的第三天已恢復供水；數天後也確保了最小範圍內的電力供給。九龍碼頭、香港煙草工廠，和香港造船廠分別在 1942 年 1 月 16 日、20 日，和 25 日恢復作業。雖然鐵路仍然未通行，但是香港、九龍之間的渡船於 1942 年 1 月 16 日已開始運載普通乘客。

在民間企業中，九龍的製冰廠於 1941 年 12 月 28 日開始復業。另外，雖然有很多像中華書局這樣的企業本可投入生產，可是因動力、材

6　在南方佔領地事業委託的命令得以廣泛推行，關於這點在疋田康行編，《"南方共榮圈"──戰時日本的東南亞經濟統治》（多賀出版，1995 年）一書中，對因為國家政策而進軍國外的企業進行了總括分析，可作參考。

料、勞動力不足，或配給機關受破壞等原因，仍陷入停工狀態[7]。讓這些被迫停業的工廠重新開業，成了日本軍政要解決的問題。

關於對佔領區的香港企業的對策，在剛佔領時的第 23 軍司令部的〈第 23 軍香港、九龍軍政指導計劃〉[8] 中明文規定："凡是與香港、九龍租界地的自治和我方軍事無關的貿易、金融、生產、運輸、交通文化等各種活動，在日本正式實施軍政前，一律禁止"，"軍需以外物資的進出口和企業、營業、商業等行為必須全部得到第 23 軍司令官的批准方可進行"。具體而言，就是"水電、通訊、主要交通機關和重要工廠等歸陸軍管理"。

作為更進一步對所有行業的具體對策研究，香港軍政廳總務部長矢崎勘十於 1942 年 2 月整理的〈香港統治方案之我見〉[9] 中認為：香港經濟的重要性今後依然不會改變，"大東亞戰爭中，香港作為兵站基地或軍事療養基地負有特殊使命，其他既存的完善商業性設施，在香港作為東亞共榮圈的中轉港建立起來之前，理應被利用"。矢崎對於佔領香港的重要性可能有點過分強調，他對工商業作過如下論述。修復香港九廣鐵路，連接粵漢鐵路，以及確保海路通暢，有可能使華南成為地下資源開發的基地。在海軍相關事業中，因為有其必要，所以成立煉鐵行業具有重大意義，如果通過豐富的勞動力把現有的事業有效利用的話，甚至可以把香港建成軍事基地。也就是說，他認為碼頭、煉鐵業（電氣煉鐵）、鐵工廠、汽車修理廠、小型船舶修理廠、製冰及冷凍廠、螺絲釘工廠、皮革工廠、馬尼拉麻繩廠、橡膠工廠可以被有效地利用。其中存有原材料的

7　渡邊武，〈香港出差報告書〉，1942 年 2 月（大藏省資料：Z530-146），前述，《軍政下的香港》，年表。

8　小林英夫，《太平洋戰爭下的香港》，《經濟學論集》，第 26 卷第 3 號，234-236 頁。

9　同上，236-249 頁。

當然要儘快重新投入生產，能從南方調配原材料的也應儘快恢復生產，
更有必要成立不同行業的工會，防止熟練工人流失。當時已恢復生產的
企業有電力公司 2 間，電車公司、自來水公司各 1 間，煤氣公司、製冰
工廠、冰箱公司、公交公司各 2 間，渡船公司、啤酒公司、螺絲釘工廠
各 1 間，煉鐵工廠、汽車修理廠各 2 間，小軍艦修理廠、煙草廠、蒸餾
水廠、牧場、馬尼拉麻繩廠、罐頭廠、皮鞋廠、同類加工工廠各 1 間。
在交通方面，計劃成立能夠得到華僑支持的日華合資企業，取代原有太
古公司（John Swire & Sons）的子公司太古汽船公司運營交通。至於市內
交通，一直以來電車和渡船是分開經營的，之後可仿效柏林公司，將二
者合二為一來經營。在水產行業方面，運用 1941 年 12 月 22 日內閣會議
決定的國策水產公司進行作業。在國營企業方面，水電、煤氣有望成立
國營公司，其餘的像煙草、馬尼拉麻繩、製冰、渡船等暫時作為國營企
業的公司，將來也有可能轉為民營。除了已經許可恢復生產的企業外，
之後值得考察的企業有中國製銅廠等 20 家企業。以上就成了對香港企業
的方針，既使英國殖民地統治下的大部分企業得到延續，又使香港政府
承擔的公益事業能再度展開，不僅使各種運輸通訊事業重投服務，也使
英系民間行業恢復運作。但是像太古這樣資本雄厚的集團企業需考慮另
外的接班人 [10]。

2. 企業統治方針的實施

　　日軍佔領香港後，隨着局勢穩定，1942 年 3 月 28 口總督部發佈
了〈香港佔領區總督管轄區內的出入、居住、物資的進出口以及企業、

10　太古集團與香港的英資香港上海匯豐銀行、怡和控股有限公司等並肩的大規模企業集團，戰後以
　　國泰集團為中心拓展事業。

營業、商業活動取締令〉（1942 年香港總督部令 [以下簡稱香督令] 第 9
號）。根據此令，對物資進出口、企業營業實施全面許可制[11]。按照此令
得到營業許可的工商業者，到 1943 年 9 月末止有 42,000 家，其中，商業
佔 68%、交通業佔 10%、工業佔 2%、貿易業佔 1%、其他佔 8%。日
本人從業者得到許可的 297 家中，依次為普通貿易 87 家、沿岸貿易 84
家、食品雜貨 42 家、雜貨 19 家[12]，但是從日本人在香港開辦企業的數量
來看，"日僑商社除一部分特定商社外，在日軍佔領香港後的 2 年後的今
天，商業活動依然不活躍"[13]。

根據這個企業取締的香督令，商業、工業及其他普通的營業企業，
全部都在總督部的許可制監控之下，但是恢復營業原則上無條件認可。
因為沒有實行嚴格全面的物價統管制度，故通貨膨脹過程中商業還是呈
現繁榮景象。但是，因為有原材料確保問題，工業要全面投入生產還是
很困難，在香港，像造船廠、煙草廠、製糖廠等重要工廠大部分是敵方
工廠，故也置於軍政統制之下管理[14]。

關於接管企業等的暫行運營方針，有香港總督部制定的〈香港工廠、
礦山重建方針〉（1942 年 6 月 22 日）[15]，把原材料消費、資金、船隻、本
地消費等因素一併考慮，決定了當前的開業方針。根據此方針，委託經
營工廠的生產方針有以下思考。①電廠根據將來的需要，特別是軍隊的
需要，決定開業率及破損設備修復的必要性；②煤氣工廠參照電廠標準，
特別是對煤氣罐修理的必要性進行研究；③製氧廠尤其要儘快復工，全

11　前述，《軍政下的香港》，226 頁。
12　同上，226-227 頁。
13　同上，228 頁。
14　同上，186 頁。
15　大藏省資料：Z530-145。

面恢復生產，但是所需材料如無軍隊供給，很難調配；④水泥廠暫定 5
萬噸位生產目標；⑤馬尼拉麻繩廠全面開業；⑥印刷廠僅限於特殊印刷
業務；⑦製冰、精乳是軍需和醫院必需品，冷凍廠由於所需原料短缺，
生產維持原狀；⑧牧場的乳牛數量和賽馬數量維持原狀；⑨漁業的仲介
器材捕魚量定在 2,000 噸左右，其他的器材由 23 軍供給；⑩在共榮圈
內，允許製糖廠在出口實際範圍內進行生產，並指導製糖廠多生產酒精，
少生產糖漿；　銀鉛礦山有必要擴大生產；　鎢礦山也有必要擴大生產；
煙草廠應儘力保障能源材料供給，和現有的煙葉原材料混合、製造，限
定產品的本地消費，允許向越南、澳門、廣東等地出口煙草；　啤酒廠在
原材料許可的情況下，允許全面生產；　汽水廠在原材料足夠的情況下，
允許生產。在這種方針的指導下，臨時軍方管理委託企業被允許恢復生
產。

　　經過一番檢討，香港經濟委員會開始討論委託經營工廠開業方針。
1942 年 9 月 23 日發佈的〈香港佔領地經濟復興暫行方案〉（香港經濟委
員會決定案）[16]，主要內容如下：首先是 "一、人口"，因人口疏散政策，
基準人口定為 85 萬；其次是按 "二、企業"、"三、貿易" 的順序制定有
關方針，並以手寫將條例裏的 "暫定" 改為了 "應急"。針對此方案，海
軍部提出煙草、水泥、砂糖的原料不可能從南方運過來，所以在運輸方
面需要進一步研究。在 9 月 30 日的香港經濟委員會諒解書〈香港佔領區
經濟復興應急處理方案〉[17] 中，主要內容的第一項調整為企業，第二項調
整為貿易，原本列為第一項的人口放在備註部分。最後，互相諒解事項
充分考慮了海軍部 "必須考慮本方案實施過程中，因資財關係勢必給其

16　大藏省資料：Z530-144。
17　同上。

他各項計劃帶來很大影響”、“鑒於船隻不足的實際情況，希望不要出現
與本方案實施不協調的情況”等意見，最後形成以下決定，成為香港企
業恢復生產的基本方針[18]。

<h3 style="text-align:center">〈香港佔領區經濟復興應急處理方案〉</h3>

昭和 17 年 10 月 3 日　　香港經濟委員會諒解

香港佔領地經濟正式運營，必須綜合考慮各種關係後再作決定。應
立即回應當地要求自救生活的要求，並且儘可能給予快速應急處理。

根據已經作出的另行規定，對貨幣及金融進行處理，充分考慮當地
要求及內地的物資供應能力，大致依照以下主要內容，對企業的運營、
交易等事項進行處理。

主要內容

一、企業

1. 香港佔領地各企業的復興，應把非短時間軍需充足、當地自救生
   活及民生安定作為目標，把重點放在公共企業、生活必需品工業
   上。

2. 必須復興企業的運營目標是，公共企業的破損設備在有必要進行
   修理的範圍內允許其營業，其他企業原則上以滿足本地消費為目
   標，允許其營業。

3. 為了促進香港佔領地的對外支付，在原材料許可範圍內允許砂
   糖、煙草等物資出口。

4. 各企業恢復營業所需資財儘可能在當地採購，需要日方提供必要
   的最低限度的物資數量，原則上應納入物流計劃，並予以確保。

18　大藏省資料：Z530-144。

5. 香港佔領地經濟復興所需資金，應另行制定方案，短時間所需資
　　金屬對華投資資金計劃以外的，必須要籌集取得。

二、貿易

1. 進口應以香港佔領地的當地自救活動，以及民生安定為目的，控
　　制在必要的最低限度之內，用於供給。跟廣東省及中國其他南部
　　各地、中國北部、中部地區、和南方地區不同，對日本的期待應
　　控制在最低限度內。

2. 出口貿易目前缺乏能力，應儘可能利用砂糖、煙草等現有生產設
　　備，對中國、南部亞洲進行供給。

3. 香港佔領地和各地區之間的貿易結算方法，在有關廳局協商之後
　　另行決定。（備註省略）

表 1　1942 年度在港企業的運營目標一覽表

企業	內容	運營目標	經營者
陸上交通	市內電車 汽車 纜車 廣九鐵路	修理營運	總督部直接經營 同上 同上 軍隊運營
土木水道	下水道 上水道	修理營運	總督部直接經營 同上
海上交通	350 噸型 渡輪 其他官營航路 200 噸型木造帆船	造船及修理營運	同上 同上 同上 同上
民間海上交通	內河運營所屬船隻 鋼船 木造船 其他托船駁船	修理營運	中國人 同上 同上 同上
通訊	台灣交換機一台		總督部直接經營
電力	香港 九龍		總督部直接經營 同上

煤氣	香港 九龍		總督部直接經營 同上
氧 水泥 馬尼拉麻繩 印刷			同上 磐城水泥 笹村製鋼所 內閣印刷局
冷凍	製冰 儲冰庫 冷藏庫 精乳		日本水產 同上 同上 同上
牧場	乳牛 賽馬		同上 同上
漁業 砂糖 煙草			同上 日東製粉 東洋煙草
啤酒	啤酒 酒精 冰		寶燒酒 同上 同上
清涼飲料水			
銀鉛礦山	＼	擴大	太平洋礦業
鎢礦山		擴大	台灣拓殖
火柴			中國人

資料來源：〈香港佔領區經濟復興應急處理方案〉，1942 年 10 月 3 日（大藏省資料：Z530-144）。

在此決定案中，沒有看到之前談到的互相諒解事項，相信最終還是被刪除了。有關企業和貿易的字句，從 9 月 23 日方案發佈之後到決定案出台期間，未對其進行過修正。在附表〈昭和 17 年度在港企業運營目標一覽表〉中，列出了以下計劃（表 1）。從附表可以看出，除廣九鐵路以外，香港陸上交通、土木、自來水、官營海上交通、通訊、電力、氧氣全部由總督部直接經營負責，這奠定了大部分事業由總督部直營的體制。但是總督部畢竟是軍政主體，並不具備經營個別事業的知識和技術，即使是繼承既存的企業，現場管理也會交日本調派過來富企業經驗的人

士或工商業者負責。邀請日本工商業者對個別事業進行的委託經營，其
中有製造水泥的磐城水泥、製造馬尼拉麻繩的笹村製鋼所、經營印刷的
內閣印刷局、經營冷凍和牧場的日本水產等，共 11 個事業、9 家公司的
日本工商業者參與了經營。但是，此附表所記的事業，畢竟只是一個目
標，並非一定能按章實現 [19]。

　　此後，企業政策內部資料也不甚明瞭，重要法令要數 1942 年 12 月
8 日公佈的〈總督部委託經營事業會計監督實施規定〉（1942 年香督令第
52 號）。依據此規定，事業經理對受命總督部的企業進行監督 [20]。其他重
要的企業管制法令有 1943 年 12 月 25 日頒佈的〈營業等取締章程〉（1943
年香督令第 52 號），由 1944 年 1 月 1 日開始實施。上述 1942 年的香督
令第 9 號同時作廢 [21]。因此，單獨制定了有關企業、營業及商業行為的
規定。在中國人從事的事業中，除與軍政有直接關係的事業及與公益、
公安有關的事業外，允許自由營業，提出申請及註冊登記後即可開業。
1942 年香督令第 9 號，對商業貿易限制過多，壓制香港居民的經濟活
動，隨着軍政穩定，有必要放鬆經濟活動的限制。

　　之後，在 1944 年 5 月 25 日頒佈了〈香港佔領地總督部法人令〉
（1944 年香督令第 22 號），6 月 20 日起實施。本法令由以下條文組
成 [22] "法人如不遵守本法令及其他法令規定，其公司不得成立"（第 1 條）、
"想在香港佔領地總督部管轄區（以下簡稱管區）內設立公司法人的，根
據其行業種類，按照帝國民法的法人或帝國商法的公司的有關規定，或

19　使用手寫方法修改之後，會刊載修正後的企業名單。太平洋礦業最初被命名為日本礦業，封面的
　　備註上在汽車零件工廠一欄中，能夠見到日本國際航空公司的名字，但是其最初被叫做南華鐵工
　　廠（〈關於香港佔領地經濟復興應急處理〉，1942 年 10 月 3 日（大藏省資料：Z530-144））。

20　前述，《軍政下的香港》，341 頁。

21　同上，351-352 頁。

22　《香港東洋經濟新報》（以下簡稱《香東經》），第 1 卷第 2 號，1944 年 7 月，28 頁。

者帝國有限公司的有關規定才能設立法人，但是沒得到香港佔領區總督（以下簡稱總督）的許可不得生效"（第 3 條）、"帝國法人或外國公司想在管區內開設分公司或事務所，必須得到總督許可，但是根據昭和 18 年香督令第 52 號營業等取締規則，已經取得營業許可的不受此限制"（第 9 條）、"根據舊英政府時代的公司法令（以下簡稱舊法令）已取得法人資格的公司，在本令實施後三週內必須申請登記，但是以下公司的登記申請不得受理"（第 11 條）、"一、敵性公司"、"二、本令公佈時在管區內沒有從事原有的事業或營業，並且近期內不可能開始目的性營業的"、"三、除上述公司外，總督認定不適合者"、"上述公司中沒有進行登記的，不得依法人資格和第三者抗衡"。

這樣，新的法人規定被引進香港佔領地，日本的法規體系幾乎被照搬過來，對原來的英國殖民地企業以是否有敵性為標準予以判斷，來決定其存廢問題。這樣一來，使到對既存企業的生產實施強行限制成為可能。依據此法令，對英國系企業作出停業處理。在以後電力事件急速惡化的過程中，也出現了很多無奈接受停電措施，但事實上處於停業的企業。

二、貿易業與香港周邊貿易

1. 香港貿易公會

軍政統治下的貿易，分為周邊貿易（即與華南、海南島、澳門的貿易）和遠洋貿易兩種。前者無論是日本人還是中國人，只要得了總督部許可都可以從事。進出口雖然需要總督部許可，但是香港必需的米、食用油、獸鳥魚肉、蔬菜等重要糧食，只要提出申請就可以進口。在金額上，周邊貿易比遠洋貿易要多得多。總督部直接委派的特命貿易和物流計劃規定的物流物資，屬於在以下將介紹的香港貿易公會控制外的物資[23]。

香港屬於組成"大東亞共榮圈"的一環，所以在香港的貿易計劃中，不論在數量或價格上也受到限控。1942 年 9 月 18 日，頒佈了〈貿易取締令〉(1942 年香督令第 43 號)。依據此令，香港與日本、滿洲、華北、華中、越南、泰國以及南部佔領地的貿易，僅限於香港貿易公會會員[24]。因此，除華南沿海貿易外，"共榮圈"內的貿易成了公會會員限控貿易的對象。

1942 年 10 月 8 日，香港貿易公會成立。會員全是日本商社。工會分為 14 個部門，會員參加 1 個或多個部門。有米、稻肥、燃料、薪炭、第一類食品、第二類食品、鹽、第一類纖維、第二類纖維、煙草、機械金屬、工業製品、第一類雜品、第二類雜品等部門。會員又分為負責進出口的會員和負責批發調配的會員，進出口物資原則上通過批發調配會員售配給零售商，但禁止批發調配會員之間互相買賣。在香港貿易中，糧食、日用消費品的進口很重要，對這些進口商品也實行了限控貿易，香港貿易公會便負起流通限控機構的責任。到 1943 年 12 月末為止，貿易公會會員包括三井物產、三菱商事、岩井產業、日綿實業、日商、東

23　《香東經》第 1 卷第 2 號，1944 年 7 月，9 頁。
24　前述，《軍政下的香港》，340 頁。

洋棉花、大倉產業、三興等大商社在內，共計有 95 家 [25]。1944 年 5 月 26 日，三井物產香港分社社長被任命為公會理事長 [26]，公會剛成立時理事長也是由三井物產分社社長擔任的。

公會之成立經歷了以上兩個階段，所以日本本土的大商社和日本國內及 "共榮圈" 各地的店舖聯合起來進行貿易，中小商社在香港起着批發調配會員的作用。同工會負責除對華南、澳門外的所有香港進出口業務。對華南、澳門的貿易在出口許可制的前提下，普通日本商社或中國人商社都可以較自由地進行貿易 [27]。香港與廣東省、澳門，甚至包括福建省在內的周邊貿易以外的貿易，根據 1943 年 4 月 19 日頒佈實施的〈對特定地區無押匯進出口取締規則〉（1943 年香督令第 21 號），除澳門、廣州灣外的所有地區禁止無押匯貿易 [28]。1943 年 7 月 9 日，頒佈了〈物資進出口取締規則〉（1943 年香督令第 32 號），那些指定物資以外的物資，進口香港時需要批准，所有的出口也需要批准，同日公佈的第 48 號令指定了穀

25　1943 年 12 月末，香港貿易公會成員如下所記（標註了（株）的公司為有限公司）：岩井產業（株）、伊藤商行、岩田產業（株）、市田商會（株）、服部貿易（株）、日棉實業（株）、日商（株）、日本音響（株）、南日本海洋漁業統制（株）、西村商會（株）、日扇興業（株）、本田洋行、堀內書店、盈成商行、東洋棉花（株）、東記洋行、東洋工業商會、中和商業公司、忠榮洋行、兆榮洋行、中香洋行、林大洋行、越智洋行、折田洋行、王永星洋行、大倉產業（株）、渡邊產業公司、東華洋行、加藤商會（株）、加藤物產（株）、華昌洋行、河村洋行、開洋興業（株）、加藤洋行、華南運銷公司、高島屋飯田（株）、（株）竹腰商店、泰福洋行、大成洋行、大同洋紙店（株）、大丸興業公司、台灣日蓄（株）、田中洋行、大陸貿易公司、台灣青果（株）、武田藥品工業（株）、竹村棉業（株）、第一制藥（株）、鶴穀商會（株）、中村商會（株）、南華商業公司、南興公司（株）、野崎產業（株）、山之內制藥（株）、丸山商店、丸永（株）、松阪屋（株）、前田洋行、協同組（株）、吉昌洋行、協元順、協榮洋行、福岡玉屋（株）、福大公司（株）、鄉原洋行、江商（株）、公誠公司、興亞書店、安宅產業（株）、淺野物產（株）、安部幸商店（株）、三羊公司、三興（株）、櫻商行、美豐洋行、三菱商事（株）、三井物產（株）、上海紙業公司、信和洋行、振山公司、鹽野義製藥（株）、時達洋行、新興（株）、新東貿易（株）、白木貿易（株）、昭和貿易公司、廣松洋行、百興洋行、平岡公司、森田洋行、森下仁丹（株）、山口洋行、石油聯合（株）、中華出光興業（株）。共計 94 間公司。（同上，222-223 頁）明顯的錯誤已經被修正。其中標註下劃線的企業為《日本的對支投資》（下）中明確提到 1936 年香港的 23 間外資企業。

26　《香東經》，第 1 卷第 2 號，1944 年 7 月，28 頁。

27　前述，《軍政下的香港》，221-223 頁；《香東經》第 1 卷第 2 號，1944 年 7 月，9 頁。

28　前述，《軍政下的香港》，345 頁。

物類、麵粉類、豆類、獸鳥肉類、蛋類、鮮魚類、牛、豬、家禽類、果實、蔬菜類、動植物油脂類、燃料類為進口需批准的商品。此香督令於 7 月 15 日開始實施[29]，由此加強了對貿易的限控，特別是考慮到香港的糧食情況，一方面默認糧食自由進口，另一方面從這個統制法規中，也可以看出限制財力缺乏的香港的商品出口。9 月 22 日，〈物資進出口取締規則〉作出了修改，即使是指定物資，從廈門和廣東省（澳門、廣州灣除外）以外的地區進口商品，也必須事先得到許可，同年 10 月 1 日開始實施。[30]

2. 香港周邊貿易

香港雖然被納入"共榮圈"內的貿易體制中，但是也必須通過和日軍佔領下的周邊地區進行協議貿易，努力進行糧食等的調配。香港貿易夥伴的周邊地區有廣東、汕頭、廈門、海南島，加上處於中立地區的澳門，香港與這些地區加深了貿易合作，可是協議貿易卻是在日本佔領下的廣東、海南島、汕頭、廈門之間進行。從金額上看，在香港進口貿易中廣東最為突出（表 2）。1942 年協議貿易只限於廣東，1943 年開始和其他地區進行協議貿易，當時香港出口金額急速達到 1,290 萬日圓，香港進口額達到 1,693 萬日圓。

香港最重要的貿易地廣東，於 1942 年 7 月開始與香港進行第一次協議貿易。在第一次協議中，香港出口中藥 35 萬日圓、模造紙類 22 萬日圓、精白糖 12 萬日圓、手工織品 6 萬日圓等，共計 120 萬日圓；進口豬肉 94 萬日圓、蔬菜 40 萬日圓、雞 12 萬日圓、果實 10 萬日圓等，都是

29　同上，347 頁。
30　同上，349 頁。

表 2　香港與周邊協議貿易月額預定額

單位：千日圓

年月	香港出口					香港進口				
	廣東	海南島	汕頭	廈門	合計	廣東	海南島	汕頭	廈門	合計
1942.7	400	—	—	—	400	800	—	—	—	800
.8	400	—	—	—	400	800	—	—	—	800
.9	400	—	—	—	400	800	—	—	—	800
.10	400	—	—	—	400	800	—	—	—	800
.11	400	—	—	—	400	800	—	—	—	800
.12	400	—	—	—	400	800	—	—	—	800
1942 年累計	2,400	—	—	—	2,400	4,800	—	—	—	4,800
1943.1	400	—	—	—	400	800	—	—	—	800
.2	400	—	—	—	400	800	—	—	—	800
.3	400	—	—	125	525	800	—	—	125	925
.4	500	700	—	125	1,325	1,000	70	—	125	1,195
.5	500	700	220	125	1,545	1,000	70	220	125	1,415
.6	500	700	220	125	1,545	1,000	70	220	125	1,415
.7	500	700	220	190	1,610	1,000	70	220	190	1,480
.8	500	700	220	190	1,610	1,000	70	220	190	1,480
.9	500	700	220	190	1,610	1,000	70	220	190	1,480
.10	750	700	220	190	1,860	1,500	70	220	190	1,980
.11	750	700	220	190	1,860	1,500	70	220	190	1,980
.12	750	700	220	190	1,860	1,500	70	220	190	1,980
1943 年累計	6,450	6,300	1,760	1,640	16,150	12,900	630	1,760	1,640	16,930
1944.1	750	750	220	190	1,910	1,500	250	220	190	2,160
.2	750	750	220	190	1,910	1,500	250	220	190	2,160
.3	750	750	220	190	1,910	1,500	250	220	—	1,970
.4	1,500	750	200	250	2,700	3,000	250	200	250	2,140
.5	1,500	750	200	250	2,700	3,000	250	200	250	2,140
.6	1,500	750	200	250	2,700	3,000	250	200	250	2,140
.7	1,500	750	200	250	2,700	3,000	250	200	250	2,140
.8	1,500	750	200	—	—	3,000	250	200	—	—
.9	1,500	750	200	—	—	3,000	250	200	—	—
.10	1,500	750	200	—	—	3,000	250	200	—	—
.11	1,500	750	200	—	—	3,000	250	200	—	—
.12	1,500	750	200	—	—	3,000	250	200	—	—
1944 年累計	15,750	9,000	2,460	—	—	31,500	3,000	2,460	—	—
1945.1	1,500	—	200	—	—	3,000	—	200	—	—
.2	1,500	—	200	—	—	3,000	—	200	—	—
.3	1,500	—	200	—	—	3,000	—	200	—	—

資料來源：《香港東洋經濟新報》，第 1 卷第 2 號，1944 年 7 月，13 頁。

以食品為中心，共計 240 萬日圓 [31]。根據協議貿易，主要進行糧食調配，出口機械零部件、纖維、紙張等（表 3）。協議到 1945 年 3 月第六次才被確認下來。從第一次協議到第六次協議，廣東的出口是香港的 2 倍，第四次協議以後，協議每修改一次，品種就會大體上增多一些。貿易額被提高，反映了物價急速上漲，但是廣東對香港的出口額一直保持二比一的比率。香港的進口產品，各協議大體上都以柴、木炭和蔬菜、肉等生活必需品為中心；出口產品則基本上是棉紗布、汽車零部件、機械器具等。香港進口超額是確保糧食的策略，取得了廣東的理解。

表 3　香港對廣東貿易協議

單位：千日圓

協議	第一次協議 1942.7-9		第二次協議 1942.10-12		第三次協議 1943.1-3	
出口地	香港出口	廣東出口	香港出口	廣東出口	香港出口	廣東出口
月計	400	800	400	800	400	800
品名	汽車零部件 棉布 毛紡品 紙 精白糖 中藥 染料 洗衣肥皂 鹹魚 其他	木柴 木炭 蔬菜 豬 雞鴨類 蛋類 鮮魚蝦蟹 果實 其他	汽車零部件 棉布 毛紡品 紙 精白糖 中藥 染料 洗衣肥皂 鹹魚 其他	木柴木炭 蔬菜 豬 雞鴨類 蛋類 鮮魚蝦蟹 果實 其他	機械產品 土木建築材料 棉布棉織品 毛紡品 紙 精白糖 中藥 染料 洗衣肥皂 魚乾 其他	捲煙紙 草蓆 禮物包裝紙 柴木炭 蔬菜 豬 雞鴨類 蛋類 鮮魚蝦蟹 果實 土木用材料 磚 家畜用飼料 乾草 醫療藥品 化妝品 其他

31　廣東省三省聯絡會議・香港佔領地總督部，〈關於廣東、香港貿易的再次開展、調整的工作〉，1942 年 7 月 4 日（大藏省資料：Z530-144）。

協議	第四次協議 1943.4-9		第五次協議 1943.10-44.3		第六次協議 1944.4-45.3	
出口地	香港出口	廣東出口	香港出口	廣東出口	香港出口	廣東出口
月計	500	1,000	750	1,500	1,500	3,000
品名	電器 汽車零件 機械產品 土木建築材料 棉紡棉織品 毛紡品 纖維屑 紙 砂糖 捲煙 中藥 染料顏料 肥料 橡膠製品 肥皂 鹹魚乾 鮮魚	捲煙紙 電器 汽車零件 機械產品 火柴盒材料 草席 石灰岩 包裝紙 木柴木炭 蔬菜 豬 家禽 蛋類 果實 土木建築材料	電器 汽車零件 機械產品 土木建築材料 棉紡棉織品 毛紡品 纖維屑 舊麻袋 紙 砂糖 捲煙 中藥 染料顏料 工業原料 肥料 橡膠製品 焦炭 鹹魚乾 鮮魚 乾貨 其他	捲煙紙 電器 汽車零件 機械產品 火柴盒材料 禮物包裝紙 柴／木炭 醃鹹菜 新鮮蔬菜 菜乾 家禽 蛋類 淡水魚 果實 造船土木建 築材料	電器 汽車零件 機械產品 土木建築材料 棉紡棉織品 毛紡品 纖維屑 舊麻袋 紙 砂糖 捲煙 中藥 染料顏料 工業原料 肥料 橡膠製品 焦炭 鹹魚乾 鮮魚 乾貨 其他	捲煙紙 電器 汽車零件 機械產品 禮物包裝紙 生絲和生絲製品 煙葉原葉 糖果 中藥原藥 片糖 醃鹹菜 新鮮蔬菜 菜乾 家禽 蛋類 淡水魚 果實 鳥獸肉乾

資料來源：《香港東洋經濟新報》，第 1 卷第 2 號，1944 年 7 月，14-15 頁。

但是在高匯率的儲備券通貨膨脹中，因為廣東省的出口價格上漲，協議貿易最終能否成功地持續供給香港糧食，還很值得懷疑。在 1943 年 10 月至 1944 年 2 月間，廣東已對香港出口 9,982.6 萬元，換算成日圓為月均 359.3 萬日圓。儲備券的匯率為 100 元固定兌軍票 18 日圓。與此相對應，香港同期對廣東的出口為 3,284.1 萬元，月平均為 118.2 萬日圓。廣東省的出口構成中，廣州為 226 萬日圓，新會縣 36.8 萬日圓，保安縣為 95.3 萬日圓。於日本軍事統治下，在加速儲備券通貨膨脹同時也進行物資調度的過程中，不僅是廣州，其他地區也增加了對香港的出口。與此相對，廣東的進口大部分來自廣州，佔 113.7 萬日圓，新會縣為 4,000

日圓，保安縣為 4.2 萬日圓[32]。從廣東對香港的協議貿易金額差可以看出，香港單方的超額進口在廣東各地普遍可見。依原先的貿易協議，廣東的月出口額為 150 萬日圓，香港為 75 萬日圓。實際上，在此可判明的期間內，廣東出口超過原計劃的三成，香港出口則低於原計劃的四成以上。一般認為香港的周邊貿易中，廣東在金額以及調配糧食的數量方面十分突出。在實際的貿易協議的運用中，形成了超計劃以糧食為中心、對廣東省貿易的依賴。另一方面，香港對外出口停滯不前，周邊貿易的貿易地區很不滿意[33]。香港由於人口密度高、庫存原材料短缺，需到處調配物資，故對這樣的批評也只能充耳不聞。

對汕頭的協議貿易，可以確定是在 1943 年 5 月開始第一次協議和 1945 年 3 月結束第二次協議期間進行的（表 4），協議額為 240 萬日圓。

表 4　香港對汕頭貿易協議

單位：千日圓

協議	協議期間	協議金額
第一次協議	1943.5-44.3	2,400
第二次協議	1944.4-45.3	2,400
香港出口	**汕頭出口**	
染料 電器 中藥 橡膠製品 棉布 纖維製品 硫酸銨 藤	禮物包裝紙 魚乾 柴炭類 蔬菜類 果實 副食品類 抽花繡刺品	

資料來源：《香港東洋經濟新報》，第 1 卷第 2 號，1944 年 7 月，14-15 頁。

32　《香東經》，第 1 卷第 4 號，1944 年 9 月，33 頁。

33　比如，在解說了香港面向廣東的貿易活動的報導〈廣東的貿易〉中描述道："在兩地的貿易活動中，香港給人一種不捨得把物資提供給廣東的感覺。這樣的批評言論也經常能夠在香港聽到。"持有這種觀點的人認為，因為設定價格等理由而維持下去的貿易關係對香港不利，但是從廣東的角度來看，當時為了進口糧食而四處奔走的香港，出現這種反應也無可厚非。

香港出口染料、中藥、電器、橡膠製品、纖維製品，這些製品中多數是香港製造的或是在庫的庫存。香港進口紙、柴和炭、可存放的糧食等。對糧食和燃料不足的香港來說，這是必需品的調配市場。對廈門的協議貿易（表5），可以確定是自 1943 年 3 月起第一次協議，至 1944 年 7 月結束第四次協議期間進行的，每次協議額度均衡，第四次協議的貿易額也僅是 100 萬日圓，與汕頭相比規模很小。香港出口纖維製品、煙草、火柴等；進口紙、柑、乾果等食品。由於廈門並非農產品豐富的地區，從廈門大量進口食品並不可能。對海南島的協議貿易，可確定的是 1943 年 4 月開始第一次協議和 1945 年 3 月結束第二次協議期間進行的（表6），每次都是香港向海南島大量出口，香港的出口額遠超過汕頭、廈門。香港向海南島出口鞋類、紙等。從海南進口的貯備糧，由於海南島也不是生產豐富農產品的地區，可以從側面看出，對海南島的貿易是香港通過物資出口，對生活用品缺乏、軍票流通的海南島的一種支援。

表 5　香港對廈門貿易協議

單位：千日圓

協議	第一次 1943.3-6	第二次 1943.7-10	第三次 1943.11-44.3	第四次 1944.4-7	
香港出口	500	750	750	1,000	棉布、棉織品、沒有濾嘴的香煙、火柴、橡膠底運動鞋、禮物包裝紙、柑橘類、乾果、中國酒、中藥
廈門出口	500	750	750	1,000	

資料來源：《香港東洋經濟新報》，第 1 卷第 2 號，1944 年 7 月，14-15 頁。

表 6　香港對海南島貿易協議

單位：千日圓

協議	第一次協議 1943.4-44.3		第二次協議 1944.4-45.3	
	香港出口	海南島出口	香港出口	海南島出口
年金額	8,500	836	9,000	3,000
商品名	棉製品 運動鞋 膠皮底襪子 火柴 中藥 印刷紙 模造紙 餐具 熱水瓶 餅乾 中國製服飾用品 工具 其他	鹽 草蓆 涼蓆 繩子 西瓜子 鹹蛋 鹹魚乾 中藥藥材	棉製品 運動鞋 膠皮底襪子 火柴 中藥 避孕套 冰囊 冰枕 衛生棉 藥品 鐵製品 電池 燈 其他	鹽 原糖 生橡膠 草蓆 涼蓆 赤割藤 西瓜子 鹹蛋

資料來源：《香港東洋經濟新報》，第 1 卷第 2 號，1944 年 7 月，14-15 頁。

東亞唯一中立地澳門，也是一個重要的貿易合作地區。看澳門貿易統計（表 7），僅僅 1943 年度澳門對香港的出口就達 487.9 萬澳幣，進口達 420.8 萬澳幣，澳門出口超過進口，香港主要依靠出口捲煙、煙葉，才能從澳門換取糧食及其他物資。香港對澳門的貿易規模遠遠低於廣東省，但依賴澳門進口糧食卻和對廣東省的貿易有着同樣的地位。1943 年 1 月的外匯牌價是軍票 100 日圓兌 121.5 澳幣[34]，換算後澳門對香港每月平均出口額是 33.4 萬日圓。可以説，香港對澳門的貿易超過廈門、汕頭等地，並且不是協議貿易，實際上是用軍票結算進行的自由貿易。雖説香港曾強制疏散人口，多少可減輕一些人口壓力，但是不可能有很大程度上的改善，所以需要糧食的困難情況一直持續到 1944 年。

---

34 《香東經》，第 1 卷第 6 號，1944 年 1 月，第 17 頁。

表 7　1943 年度澳門對香港的貿易

單位：千澳元

出口	金額	進口	金額
米	24	米	30
豆類	612	各種麵粉	13
各種麵粉	233	花生油及食用油	120
花生米	94	茶	243
花生油及食用油	334	藥品	754
砂糖	303	棉紗布織物	136
魚乾	54	煙葉	591
食品	195	捲煙	1,546
休閒消費品	888	麻袋	15
中藥	415	染料	136
草蓆	228	其他	624
麻袋	187		
廢鐵	18		
煙葉	239		
煙絲	283		
鉛	405		
橡膠及橡膠製品	9		
其他	358		
合計	4,879	合計	4,208

資料來源：《香港東洋經濟新報》第 1 卷第 6 號，1944 年 11 月，19-20 頁。

　　除了以上的周邊貿易，也有些地區與香港簽訂了貿易協議，確認能夠進行限控貿易。對華中的貿易，根據 1943 年 6 月 21 日香港總督部財務部的發佈，1943 年度華中出口額為 2,437 萬日圓（其中棉紗 1,320 萬日圓、小麥粉 315 萬日圓、食用油 235 萬日圓、棉布 130 萬日圓、大豆渣 51 萬日圓等），香港出口額為 1,687.4 萬日圓（其中砂糖 1,500 萬日圓、中藥 50 萬日圓等），香港進口大幅度超過出口，香港出口砂糖主要用來換取棉紗布和糧食。對菲律賓的貿易，在 1942 年 11 月至 1943 年 10 月（1942 年 11 月協議生效）期間，香港出口額為 770 萬日圓（其中包括茶、中國紙、印刷紙、火柴、草蓆、紙捲香煙），菲律賓出口額為 770

萬日圓（其中包括木材、棕櫚油、原糖、糖蜜、煙葉、木炭），香港依靠
出口紙、火柴等以籌集以糧食為主的商品 35。香港把從菲律賓進口的原糖
精煉一部分加工成精糖，並提高價格向華中出口，以維持糧食和纖維製
品的進口，這也是香港貿易的一個特徵。由此可見，香港不僅要依靠周
邊貿易，而且還要依靠從華中、菲律賓進口糧食、棉紗布等以滿足香港
居民的大量需求。

　　不得不強行疏散人口的香港，仍然需要大量糧食供給，但通過增值
出口的商品卻受到原材料庫存的限制。這兩件事説明，根本就沒有好辦
法緩解這種嚴峻的事態。而且，進行周邊貿易的不僅是加入了香港貿易
公會的公司，就連在港居住的中國人也通過人脈關係大量進行貿易，這
些都只能默許，甚至任其擴大發展。可以説，政府是通過不顧體面的進
口政策以籌措消費品，使香港相對控制通貨膨脹，阻止糧食暴動的爆發。

3. 香港交易公社

　　1944 年 9 月 1 日，頒佈了〈貿易限控令〉（1944 年香督令第 30 號）36，
明確規定香港指定物資的進出口必須得到總督部許可，並且規定許可申
請書必須經由香港交易公社遞交。香港交易公社於 9 月 1 日根據〈香港
貿易公社設立認可條例〉（1944 年公示第 55 號）被認可成立 37。香港交易
公社的成立，是以 "為完成大東亞戰爭，依據香港佔領地總督部的命令，
以促進香港佔領地總督部轄區內軍民所需充足、確保戰時生產，全面擔
負起物資籌措的責任為目的"。該社按照總督部的命令開展如下業務。

35　前述，《橫濱正金銀行全史》，第 5 卷上，335-337 頁。
36　《香東經》，第 1 卷第 5 號，28 頁。
37　同上，28-29 頁。

①"軍需物資的採購及保管"；②"協助一般物資的購買保管、制定批發配售計劃"；③"進出口物品及其他經管物資的價格調整"；④"一般物資的購買保管及批發配售"；⑤"進出口許可申請的轉遞、發放證明及手續費的收取"。還有根據"香港交易公社章程"[38]，規定資本金 1,850 萬日圓、總公司在香港、職員從事進出口及批發配售業務的商社和工會，由總督部發給營業許可，由香港總督部從在香港佔領地擁有營業所的指定公司組成，並選出總督部經理部長、民治部長、財務部長、交通部長擔任顧問，顧問可以參加集會發表意見。理事長由三井物產香港分公司社長擔任，副理事長由三菱商事香港分店店長擔任，理事則由福大公司、南日本漁業統制、東洋棉花、美豐洋行、江商的分店長或代表擔任[39]。這樣，香港交易公社取代了香港貿易公會，成為更具有官方特色的投資法人，並依照香督令作為法人，代理進行貿易限控業務。香港交易公社設立後，香港貿易公會隨之解散，業務被香港交易公社兼併。香港交易公社的投資人限定為 18 家公司，以擔任上述職務的商社為中心，聯名為投資者。按照總督部的說明，這 18 家公司都是那些即使投資盡數失敗，也只會受到很少衝擊的公司，非投資商社在必要時也可以從香港交易公社貸款[40]。但是或許因為這些措施，致使小貿易商社中一些生意不好的公司，要無奈完全退出貿易行業。

　　根據 1944 年 9 月 1 日公佈的〈依據貿易限控令第 1 條的物資指定條例〉（1944 年公示第 54 號），香港貿易公社負責的貿易商品有穀物類、麵粉類、豆類、獸鳥肉類、蛋類、鮮魚類、豬牛羊家禽類、蔬果類、動植

38　《香東經》，第 1 卷第 5 號，1944 年 10 月，28-29 頁。
39　《香東經》，第 1 卷第 4 號，1944 年 9 月，7 頁。
40　《香東經》，第 1 卷第 5 號，10 頁。

物油脂類、燃料類、鹽、砂糖；除燃料外，主要是食品，香港糧食進口的限制業務都是由其代理實施的 [41]。這些商品一直都默許從廣東省、澳門自由進口。由此可以看到，通過香港交易公社，不僅加強了歷來都由香港貿易公會負責的遠洋貿易和糧食之外的周邊貿易，也加強了對周邊貿易的全面管理限控。因此，以糧食為中心的香港物資調配便能更加順利進行。通過同年 8 月設立的香港機帆船運營團所屬的機帆船航線，及確保船隻的方針，與此連帶的貿易限制也得到了關注。針對貿易合作地區，作為汪精衛政權流通限制機構的全國商業統制總會，於 1943 年 3 月成立；為了作出平衡，於 1943 年 7 月 1 日在華中地區亦成立了日本貿易聯合會。全國商業統制總會廣東分會於 1944 年 5 月 1 日開始營運，與此對應的華南日本貿易聯合會於 7 月 1 日成立（會長為三菱商事分店長）[42]。與華南地區流通限制機構的擴充相對應，香港更有必要建立更強而有力的貿易限制機構，因此才成立香港交易公社。基於同樣的目的，海南島也設立了海南交易公社 [43]。

　　香港交易公社於 1944 年 11 月 16 日根據〈貿易限控令〉第 7 條規定，接受了徵收貿易調整費的事務委任（1944 年總督部公示第 72 號）。徵收貿易調整費，事實上修正了香港方面的匯率。香港的出口調整費由香港交易公社積存，廣東省、廣州灣、海南島、廈門、汕頭、澳門以外的地區屬於調整對象範圍。參照了 1943 年 4 月日本設置的外匯交易調整

41　同上，28 頁。

42　《香東經》，第 1 卷第 3 號，1944 年 8 月，22 頁，關於全國商業統制總會，可參照交易營團調查部，《華中的集配機構》，1944 年 6 月。中華日本貿易聯合會設立之後，因為華中軍票交換用物資配給組合的廢止，中華日本貿易聯合會繼承了其一部分的資產。這部分內容參照高村直助，《軍配組合的終結》和中村政則、高村直助、小林英夫編，《戰時的華中物資動員和軍票》，多賀出版，1994 年。

43　前述，《台灣銀行史》，925 頁。因為被指定為在外公司的緣故，海南交易公社似乎在戰敗前都在進行經營活動。（1949 年 8 月 1 日外務省、大藏省、厚生省、農林省、通商產業省、運輸省告示第 1 號。）

特別會計，在物價上漲比率有很大差距的佔領地，全面採用對日本之間的貿易價格差調整制度，每三個月調整一次盈虧，後來這個政策也適用於香港[44]。這樣，儘管在共榮圈內限制貿易的框架中引入了此制度，但由於糧食等必需品需依靠周邊貿易，另外亦擔心可能成為抑制進口的重要原因，所以該制度不適用於周邊貿易。據説，香港交易公社在 1945 年 1 月正式開始運作前，成功地進口了一定數量的米、雜穀、食用油、木材和燃料等生活必需品，直到足夠儲存為止[45]。

然而，日本戰敗趨勢漸濃，在這種氛圍下重新改編限制機構勢在必行。1945 年 4 月，香港交易公社解散，連同香港機帆船運營團一併被香港興發營團（依據〈香港興發營團令〉設置）接收。香港興發營團的資本金共 5,000 萬日圓，其中 3,000 萬日圓為香港交易公社的會員企業出資，其餘資金由組成香港機帆船運營團的 4 家海運公司出資[46]。雖然正金銀行提供的資金使業務可以繼續，但不久日本就走向了戰敗。

三、運輸業

日本佔領下的香港，港口是橫跨九龍南端和香港島的優良港口，倉庫、船塢完備，仍然完整保留港口的基本功能。在香港，參與海運、港口相關事業的日本企業數量相當多，1943 年 12 月末，經營這些事業的海運商家有：日本郵船、大阪商船、東亞海運、山下汽船、昭和海運、廣東內河運營公會、國際運輸、日東礦業汽船。另外，碼頭裝卸商家有：台灣運輸、廣東裝卸倉庫公會、三井物產（僅煤炭）、中盛公司（僅煤

44　《香東經》，第 1 卷第 7 號，1944 年 7 月，28 頁。關於匯兌交易調整特別會計，參照拙作，〈匯兌交易調整特別會計的設立和運用〉，《立教經濟學研究》，第 39 卷第 1 號，1985 年 7 月。

45　《香東經》，第 2 卷第 1 號，1945 年 1 月。

46　日本郵船株式會社，《七十年史》，1956 年，369-370 頁。

炭）。海上貨物搬運單位有：穎川洋行、大洋帆船會社、前田洋行、建成行、裕興航運公司、菅商行、林本源興業公司、南亞商行帆船運輸部。帆船貿易業僅有宏發公司，船客行李運輸行業僅有香港赤帽社。此外，據稱中國人經營的帆船貨物搬運商家達 60 多家。[47]

　　由於香港糧食供給等原因，周邊貿易得到重視，當中廣東內河運營公會發揮了重要作用。隨着 1938 年日軍佔領廣東，開通珠江三角洲的航運勢在必行，隨之福大公司開始在廣東和佛山之間調度船隻，1939 年 5 月，日本郵船、大阪商船、三井物產、三菱商事、日清汽船共 5 家商家聯合組成公會。此後，隨着日軍佔領的地盤不斷擴大，沿珠江逆流而上另外還開通了香港、澳門之間的水上航線。該公會在日軍佔領香港後的 1942 年 1 月，將總公司從廣東遷至香港，航線也擴展至廣州灣、海防[48]。香港、廣州港之間的航線在同年 7 日恢復通航[49]。香港、廣東之間的中轉運輸從 1943 年 5 月開始運營，同時停止了外洋汽船前往廣東的直達航線。此決定是基於同年 3 月 11 日，在南京召開的中國各地船舶運輸能力懇談會決議的基礎之上公佈實施，中轉運輸業務則由該公會負責。同樣，同年 10 月，基隆、廣東航線的終點設在香港，而香港、廣東之間的水上運輸全部由廣東內河營運公會負責。該公會擁有貨客船和相當數量的駁船，不僅擁有通往廣東的航線，而且還開通了前往澳門的定期航線[50]。當時因通貨膨脹，乘客的船票價格也被迫漲價。1944 年 9 月 8 日，香港、廣東之間三等坐席價格大幅上調，從 6 日圓上調至 30 日圓，香港、澳門之間的三等坐席也從 5 日圓上調至 20 日圓。船運貨物運費也上調至原來

47　《軍政下的香港》，121-123 頁。
48　同上，124-125 頁。
49　同上，338 頁；前述，《七十年史》，369 頁。
50　《軍政下的香港》，124-125、334 頁。

的 3 倍左右[51]。因此，在燃料等暴漲的情況下，往往會將負擔轉嫁給因參與周邊貿易而獲利的個人商家身上。1945 年，在大東亞省和香港總督部出台建立"南支自治體制"的方針政策，同年 4 月，出資 1,000 萬日圓資金設立南支海運會社。廣東內河運營公會後亦被兼併，由南支海運會社負責運營。但日本很快便戰敗[52]。

開戰前，據說香港已有帆船達 9,000 艘，船員達 5 萬人，其中從香港到澳門、汕頭等地定期航行的大型帆船達 500 多艘。香港被佔領後設置了總督部，對停泊船隻實行調查[53]，1942 年 7 月 1 日針對佔領下的帆船公佈了〈帆船登記臨時措施令〉（1942 年香督令第 25 號）（6 日執行）。為了加強對帆船的組織化管理，7 月 4 日成立了香九帆船運輸公會[54]，試圖通過該公會對已有帆船實行統一管理。這些帆船的運輸航線不僅限於香港佔領區域，還負責香港與廣東、海口、海防、台灣等地之間的航線運輸。為了統一管理從事與香港以外地區進行交易的帆船，8 月 20 日公佈了〈管區外貿易帆船取締規則〉（1942 年香督令第 34 號）[55]。通過這些帆船從外地運入大米等食品及各種物資，同時從香港運出各種出口物資。可以說，香港與周邊地區之間的貿易主要依賴這些帆船。

鑒於帆船的運輸意義重大，為了更好地開展工作，香九帆船運輸公會實施一系列改善措施：帆船統管機構一體化、極力獲取艙位及造船材料、指導船員及改善待遇、完善醫療、保險等福利設施、拓寬物資交流[56]。1944 年 8 月 15 日，成立了香港機帆船運營團，該運營團主要對大

51　《香東經》，第 1 卷第 5 號，1944 年 10 月，30 頁。
52　前述，《七十年史》，369 頁。
53　前述，《香東經》第 1 卷第 4 號，10-11 頁。
54　前述，《軍政下的香港》，338 頁。
55　同上，339 頁。
56　前述，《香東經》第 1 卷第 4 號，10-11 頁。這份資料中為香港帆船運輸公會。

阪商船、日本郵船、三井船舶、東亞海運等四家公司從日本起航的機帆船，實施有計劃性的運輸管理，但是船舶的直接管理機構仍為上述四家海運公司 [57]。當時希望通過從日本引進機帆船，來提高香港沿岸航線的運輸能力。但隨着日本戰敗局勢已定，該運營團如上所述於 1945 年 4 月被香港興發營團合併吸收。

四、製造業等

香港的製造業等，主要以香港總督部管理下的接管企業負責的委託業務為主。總督部的管理事業處為了使管理工作運營順利，成立了金曜會這一組織。除了總督部直營的企業外，還允許日本企業進駐，並將這些企業劃歸總督部管理。1944 年 6 月 16 日設立了香港工業會，隨後改名為金曜會。參加該工業會的企業有：南日本海洋漁業統制會社（香港冷凍工廠、香港牧場）、香港護謨織布工場（第一、第二工廠）、香港麥酒酒精興業廠、台灣拓殖會社（大埔農場）、香港印刷工廠（工廠本部、豐國分處）、香港水道廠、（株）圖南造船所、國際電氣通信會社（香港支社）、香港製菓工場、香港精糖廠、香港煙草廠、香港礦山、福大公司（香港製釘廠、第一、第二油漆工廠）、香港粗麻繩工廠、香港氧氣工廠、香港飲料工廠、香港水泥工廠、香港化學工業廠、香港電氣廠、香港瓦斯廠 [58]。香港工業會主管事業內容包括：①與各商家聯絡與溝通；② 提高工業效率；③採取各種必要措施調度當地各種物資資料，即融通各工廠相互間的物資資料，獲取各工廠共通的必要物資、製造製作各種必要物資、調控資材運費的合理化和防止不合理競爭；④勞工關係；⑤反間諜

57　同上，45 頁。
58　《香東經》，第 1 卷第 3 號，1944 年 8 月刊載的廣告。

和保護工廠；⑥緊急事態發生時工廠各部門的聯絡及準備；⑦提高職員的修養素質 [59]。香港工業會剛成立時，儘可能多地進口煤炭是其主要工作內容。[60]

後來新進駐的企業、海軍管轄下的造船所等，也相繼加入香港工業會，新增會員如下：大興鋼廠、南了造船所、日立造船所會社（九龍造船所）、香港造船所、東光會社、山口洋行、日本製鐵會社（南支事務局）、藤井染織廠、村上鐵工所、香港五二皮革工廠、中華出光興產會社、武田藥品工業所、荃灣碳工廠、渡邊產業會社、森永製菓會社等各公司。其中大興鋼廠和二造船所是香港實力最強的廠家，香港工業會因此得以成為控制香港工業各方面業務的組織 [61]。另一方面，1944 年 5 月 20 日在廣東省的日本人工業廠商成立了廣東工業統制運營會，該組織旨在重點加強完善工業及對所有企業的統一化管理，以期有助加強軍事力量 [62]。像這種加強企業管理的有組織性的舉措，不僅在香港而且在日本其他佔領各地也都紛紛效仿。另外，國際電氣通信會社從 1945 年 1 月 1 日開始接管電信電話業務，依據〈帝國電信法〉開展各項業務 [63]。

這些企業中很多是受命企業（表 8），它們承辦了在軍政下原香港民營或是香港政廳直營的各項事業。雖然受命企業的名稱中有些尚未得到確認，但可以看到承辦的是從日本進駐的受命企業業務，如經營食品冷藏和牛奶供給的南日本漁業統制會社、管理農地礦山等的台灣拓殖、管

59　同上，第 20 頁。

60　據說接下來推動了香港貿易公會和香港大和會於 1944 年 7 月 25 日共同合作，設立了香港海員援護會。（同前，20-21 頁）

61　上述《香東經》，第 1 卷第 5 號，9 頁、22 頁。

62　上述《香東經》，第 1 卷第 4 號，29 頁。廣東工業統制運營會的特徵是，日華合併公司作為其特別會員加入該組織。

63　上述《香東經》，第 2 卷第 1 號，1945 年 1 月。

理電信電話業務的國際電氣通信會社、製造釘子的福大公司、負責九龍造船所生產製造的日立造船會社等。鑒於這些事業的重要性，這些日本企業的進駐得到了軍政的認可。此外，還有一部分企業雖然受命於軍政，但一直保持沒有法人名稱的狀態來開展各項事業，如香港礦山、香港氧氣工廠、香港飲料工廠、香港水泥工廠等。但是總督軍政部並沒有直接參與管理，這些企業的生產亦不是由總督軍政部直接管理，就如台灣拓殖受命負責香港礦山生產一樣，日本企業因受命負責企業的生產而進駐香港。而且，由於軍政要人及技術機密情報的條件限制，如表 1 所示，軍事政權直營的各項事業內容基本上難以實現，只能依靠這些從日本進駐的受命企業，才得以維持各項事業。

另外，從後期香港工業會會員一覽表中的變化可以看出，香港印刷工廠和香港飲料工廠似乎退出了該組織。這些會員企業在香港經濟活動中享受了極高的特權地位。例如，為節約用電出台禁止用電措施時期，這些會員企業享受到例外待遇；電力供給當時依據 1944 年 6 月 1 日實行電燈點燈時間限制措施（1944 年佈告第 8 號），普通企業單位均被限制用電，但是工業會會員企業均屬例外 [64]；另外，雖然同年 10 月 26 日起開始停止一般電力供給，但仍然向電信電話和重要工廠等供電 [65]。

跟這些香港企業單位不同，台灣銀行主要開展資金融資業務。從日軍佔領前開始，台灣銀行除了與三井物產、三菱商事、服部產業企業有交易往來以外，還給昭和通商、國際電氣通信會社、台灣拓殖等提供融資。對於台灣銀行來說，毫無疑問會抓住每個新機會積極參與各項新事

64　除去台灣拓殖和國際電氣通信的香港工業會會員，以及大日造船廠、廣長興船廠、永安盛造船所、福井造船所、香港製釘廠、六河溝製鐵工廠、針山礦山以及青山礦業所。（上述，《香東經》，第 1 卷第 2 號，28 頁。）其中國際電氣通信被認為是受託成為直營公司之後再進行經營。

65　前述，《香東經》，第 2 卷第 1 號，28 頁。

表 8　香港軍政下的受命企業

企業名	事業所名	舊事業名
日本海洋漁業統制會社	香港冷凍工廠、香港牧場	牛奶公司
香港護膜織布工廠	第一、第二工廠	
香港麥酒酒精興業廠		香港麥酒釀造公司
台灣拓殖會社	大埔農場	
香港印刷工廠	本工場、豐國分室	商務印書館、中華書局、大東書局
香港水道廠		香港政府經營
（株）圖南造船所		
國際電氣通信會社	香港分公司	電信：電纜和無線電信會社、大北電信公 電話：香港電話公司
香港製菓工場		Lane Crawford 會社
香港精糖廠		太古糖房
香港煙草廠		大英煙公司、南洋兄弟煙草公司
香港礦山		Meersman 公司（編按，音譯）、香港礦山會 社
福大公司	香港製釘廠 第一、第二塗料工廠	香港製釘有限公司 國民製煉漆油公司、國光製漆油公司
香港馬尼拉繩工廠		香港麻索廠
香港氧氣工廠		極東氧氣乙炔公司
香港飲料水工廠		AS Watson 公司
香港水泥工廠		青州英坭公司鶴園工廠
香港化學工業廠		天廚味精廠有限公司香港分廠
香港電氣廠		香港電燈有限公司、中華電力有限公司
香港瓦斯廠		香港中華煤汽公司
大興鋼廠		
南了造船所		鴨巴甸船塢
日立造船會社	九龍造船所	黃埔船塢有限公司、庇利船渠公司
香港造船所		
東光會社		
山口洋行		
日本製鐵會社	南中國事務局	馬鞍山礦場
藤井染織廠		
村上鐵工所		
香港五二皮革工廠		
中華出光興產會社		
武田藥品工業所		
荃灣碳工廠		
渡邊產業		
森永製菓會社		

資料來源：東洋經濟新報社，《軍政下的香港》，1944 年；《香港東洋經濟新報》及受命企業的事業史。

委託受命 年月日	創業	備考
1942.3	1886 年	英國資本
		華人經營
	1933 年	印度人經營
1942.3.31		受命於內閣印刷局
1943.8.1		最初是總督部經營，後來受命於台灣拓殖
1943	前者是英國、大北是丹麥	
	1938 年	英國
	1894 年	Butterfield and Swire
1942		前者是英國、後者是華人經營，受命於東洋紡織公司
1942.8		英國，受命於台灣拓殖
		華人經營　均為華人經營
		旗昌洋行 Russell & Co.（美國）的經營
		總部在巴黎
	1885 年	
		Jardine Matheson
1943.8	1938 年	華人經營，1923 年在上海大本營創業，味之素受命，開始名為香港食料工業廠。
1943.1.1		英美資本各 50%，實權是英國人掌握。
1943.1.10	1863 年	英國
		受命於福大公司
1942.1	1866 年	1942 年 4 月大阪鐵工所九龍工廠開始營業，1943 年 3 月改名
1941.12	1808 年	太古洋行，受命於三井造船。
		印刷業
1942	1910年	1942年12月歸三紀公司
1942		1942年9月開設
1942		1943年11月改稱為森永食糧工業

業，但後來台灣銀行香港分行的資產負債規模不斷擴大，被認為是由於參與軍事相關的業務所致[66]。相反，正金銀行對進駐香港的企業提供融資的態度則似乎比較消極，除了香港興發營團以外，似乎尚未發現其他融資大客戶[67]。可以認為，這是由於正金欲迴避借貸風險這一營業姿態所致。正金將主要業務特別集中在政府指令的日圓特別管理、各種國庫業務、軍票發行的維持與管理業務上，並通過這些業務，從某種程度上填補了營運成本，並且即使發生虧損，也可通過預算外國庫負擔方式，享受政府一般財政的補償。

由於原料庫存量不斷減少，香港製造業陷入了被迫縮小業務規模的困境中。在這種情況下，雖然香港工業會內部會員企業研究相互通融原材料，但最終能實現多少值得懷疑。在原材料絕對不足且進口極為匱乏的情況下，各企業的生產開工率下降成為不可避免的趨勢。香港的工業是以提供足夠煤炭和原料供給為前提才得以建立，所以原材料匱乏對於香港工業來說是致命打擊。尤其由於煤炭不足引起的電力供給能力下降，給香港工業帶來了巨大影響。作為煤炭的替代燃料，當時曾考慮過柴火、稻穀殼，但由於香港的發電設備太大，不適合煤炭以外的其他燃料。香港與廣東不同，要確保充分供給替代燃料十分困難，因此不得不從廣東進口，可以想像由於大量進口替代燃料所帶來的經濟負擔極為沉重[68]。此外，考慮到只要改造一部分設備便可以使用燃燒柴油發電，於是又開始考慮運輸柴油。在這種情況下此舉僅是權宜之計，例如：香港電氣廠從 1945 年 1 月末開始，為了將稻穀殼和煤炭混合燃燒作為發電原

66　前述，《台灣銀行史》，945 頁。

67　關於正金銀行的應對，可參照本書第 II 部第 1 章。

68　前述《香東經》，第 1 卷第 5 號，10-11 頁。

料，在工廠內放置碾米機，工廠因此得以開始正常運轉[69]。這種裝備雖然可以稍微緩解煤炭燃料不足的問題，但是這種方式並不能實現大規模發電。採取的各種手段也僅能緩和發電量減少的問題。後來煤炭供給量每況愈下，電力供給情況也急速惡化。另外，美軍空襲愈演愈烈，面對戰爭的直接威脅，日軍佔領地的各項事業毫無疑問也隨之走向下坡。

結語

由於香港佔領地的企業活動所需的原材料主要依賴境外，隨着原材料告罄，很多企業被迫停工。但是，由於需要確保香港居民的糧食和維持工作崗位的需求，且香港很多造船設備的技術水平相當出色，因此需要維持產業並堅持其生產活動。而且，在香港永久佔領的方針中，維持產業設備是一個長期方針，備受重視。其間，通過沿岸貿易確保香港居民糧食供給成為了重要的方針政策。在加強控制貿易的同時，也加強周邊貿易的管理。但是在日本佔領下，由日本資本興建的製造業基本上缺乏，很多製造業企業都是通過軍政直營或者以軍政委託的方式延續企業原有的生產活動。這種特徵與南方佔領地的軍政受命企業基本相同。允許一項事業由一家企業入駐，可以看成是陸軍省乃至興亞院、大東亞省對進駐企業的調整。運輸業方面，繼續延續原有企業單位的各項事業，而為了加強沿岸運輸能力，還進一步發展帆船事業。貿易事業方面，經過進駐企業掌握的各領域，對日等共榮圈內統制貿易的負責人 —— 香港貿易統制會的統管，強化了香港交易公社的控制統制功能，其後合併帆船統管機構，改組為香港興發營團，不久即迎來日本戰敗。

69　前述《香東經》，第 2 卷第 1 號。

　　日本雖然佔領香港，但從日本大量進口工業用原料並不可能。雖說從日軍佔領香港開始，已非常重視確保香港工業設備和維持工人，但是香港佔領地的工業維持不得不取決於原材料的庫存，無法指望共榮圈內的貿易及周邊貿易。因此，佔領地香港的工業便因原材料耗盡而被迫停工，加上 1944 年電力供給能力急劇下降，企業更陷入難以運轉的困境。香港的經濟結構一向主要依靠大量的中轉貿易和相關產業，當如戰爭這種迫使貿易終止的例外狀況發生時，支撐社會體制的基礎崩潰，香港作為最不能在經濟上自給自足的地區，就暴露出其脆弱的一面。周邊貿易方面，則為糧食供給而奔波，令香港過度進口問題成為常態。由於華南儲備券通貨膨脹必然導致香港物價暴漲，對於在日軍佔領下需要面對人口過多問題的香港而言，以糧食為中心的生活必要物資調度，成為了周邊貿易的重要課題，也希望通過貿易統制體制的改編，以促進物資進口。但是在空襲成為常態的形勢下，香港經濟依靠周邊貿易的狀況難以維持。由於通貨膨脹引致各項事業開展困難，加上日本人頒佈撤退命令，日軍佔領下的香港產業政策也隨之消失。

第 3 章
日本軍政對市民生活的影響

引言

在日本軍政下，英國籍居民、香港政廳相關人員、英國工商業者、重慶政府方面的中國人都被扣留並受到嚴格監視。前者被關進敵國人收容所，迎接艱苦的生活[1]，後者則在香港酒店受到監視，其中有一部分人為日本統治提供協助，作為獲釋的條件[2]。被捲入戰爭深感痛苦的，不僅是英國人等殖民地社會的統治者，一般百姓也是如此。在日本軍政統治下，一般百姓在諸多方面受到不平等的待遇或嚴重損失，包括糧食、交通、娛樂等，不勝枚舉。由於採用軍政統治方式，日本軍政和香港民眾在很多情況下，關係顯得千絲萬縷。

筆者曾對日本軍政最壞的方面作了研究，包括由憲兵隊控制的軍票發行所引起的經濟混亂等問題，並已有幾本著作談到日本軍政對百姓生

1　Alan Birch and Martin Cole, *Captive Christmas: The Battle of Hong Kong – December 1941*, Hong Kong. Heineman Education Books Asia, 1982.

2　參照本書第 I 部第 2 章。

活各方面的鎮壓、壓迫及影響等[3]。以下通過分析日本軍政和香港百姓的幾方面直接關係，介紹日本軍政給一般市民生活帶來的悲慘個案。尤其是香港一般物資主要依靠進口，由於華南地區通貨膨脹，跟該地區有貿易往來的香港自不免受到影響，因此軍政開始時推出了各種消費限制措施。這些措施直接及嚴重地打擊平民百姓的生活。本章將通過整合一些零碎的資訊，以說明軍政對百姓生活的影響。本章涉及的範圍包括文化生活、醫療服務等，旨在從各方面分析軍政對百姓生活的影響。另外，還會通過軍政統治下的回憶錄，從軍政制度這一角度對軍政干涉和壓迫百姓生活的各方面展開分析。

一、食物等生活物資的短缺

1. 開戰初期的糧食供給

　　日本軍政下的糧食供應問題，一直貫穿從開戰到日本軍佔領香港的整個時期，為了確保香港居民的糧食供應不免要四處奔波。而且，在戰爭形勢下非士兵被牽連的危險性也極高。戰爭開始時，市區米店大門緊閉，門上貼上"白米沽清"告示。對此香港政廳動員警力控制米店哄抬米價，由政府供應大米給各米店。為了安定人心，政府採取每人限量供米的措施。但另一方面，大米的黑市價格達到了政府限量供給大米價格的兩倍，香港政廳規定價格為 1 美元 7 斤大米，但黑市價格則為 1 美元只能購買 2 斤大米[4]。在當時社會危機之下，阻止糧食搶購十分困難。伴隨

3　唐海，《香港淪陷記 —— 18 天的戰爭》（新新出版社，1946 年）；葉德偉等編，《香港淪陷史》（廣角鏡出版社，1982 年）；不平山人，《香港淪陷回憶錄》（香江出版，1971 年）；謝永光，《戰時日軍在香港暴行》（明報出版社 1991 年）、森幹夫譯：《日軍在中國幹了些甚麼》（社會評論社，1993 年）；關禮雄，《日佔時期的香港》（三聯書店（香港），1993 年）（該書日譯《日本占領下の香港》林道生譯，御茶の水書房，1995 年）。

4　前述，《香港淪陷史》，214 頁。

着開戰，在香港政府統管下也發生了嚴重的糧食通貨膨脹，只要香港的糧食供給仍依賴華南等日本佔領地，糧食通貨膨脹就無法避免。香港百姓對今後能否確保糧食供給感到不安，因此對大米需求量相應激增，加上香港政廳的供米量有限，於是百姓忙於購買各種糧食替代品，至後來麵類等食品店也相繼貼出"貨物全部沽清"的告示，庫存已全部售罄[5]。在香港政廳供給官米的劇院前，市民為了購買大米冒死排起長龍，購買糧食的隊伍中時有爆炸發生。大米運達後場面一片混亂，員警拔刀威脅驅散羣眾[6]，像這樣在糧食供給過程中發生混亂，即使發生暴動也不足為奇。香港政府或許早已預料到事態的發展，所以從開戰前就已準備好"平民食堂"；進入戰鬥狀態後，這些平民食堂立即開店，在規定的時間段內提供大米等，並限定一人一餐，來平民食堂的食客蜂擁而至。隨着戰局惡化，平民食堂的食客也逐漸增多，每天約有 1 萬多人湧至灣仔的平民食堂[7]。百姓就這樣時刻需要面對戰爭空襲的危險和糧食匱乏的危機，生活深受其害。但從貫穿整個日本佔領時期的糧食匱乏問題來說，這一時期糧食供給困難幾乎不足為道。

2. 日本佔領下百姓的大米供給

佔領香港的戰爭在短期內即結束，百姓面對空襲的恐慌相應減少，但是市民的糧食供給問題在日軍佔領開始後，絲毫沒有得到改善。戰爭時期糧食供給問題，也從香港政廳疲於尋找百姓需要的糧食，而直接轉變成疲於尋求日本軍政需要的糧食，並一直持續到日本戰敗。日本軍政

5　同上，214-215 頁。
6　同上，215 頁。
7　同上，216 頁。

下香港的糧食和其他生活必需用品等廣泛採用公定價格制。日本軍政認為只要管理好香港這一限定區域即可，因此樂觀預計統制經濟將發揮重要作用。但是當時統制經濟和自由經濟混合存在，如果無法強行干預自由經濟的情況發生，價格統管基本無法發揮作用。例如，曾嘗試實行在華南地區的日本零售商，按照廣東領事館規定的公定價格制和中國商人的自由價格制並存，但日本商人籌集到的生活物資卻被中國商人以數倍的價格倒賣，因此廣東的公定價格制在 1944 年 8 月 1 日被廢除[8]。在香港當然也出現公定價格與自由價格之間背道而馳的情況，但由於在香港這一限定區域實行了軍政經濟，這兩種制度才勉強得以維持。

街道上的商店由於擔心被哄搶所以都關門了，隨着軍政廳設立，表面上確立了由憲兵隊統治香港。為了確保百姓可買到所需的生活物資品，商業交易得以重新恢復。 1941 年 12 月下旬，香港島的一部分商店重新開張，很多市民因為擔心以後的生活紛紛前來購買生活物資，據說呈現了如東京淺草寺門前市集的盛況。 1942 年 1 月 13 日，公佈了日軍政廳佈告〈大日本軍政廳民政部佈告 (第一號)〉[9]，要求各商店重新開業，以安定民心。

但是在佔領初期，米商擔心遭到哄搶，所以很少人開店。由於預計日軍佔領下糧食供給會出現進貨困難的情況，因此採取了配給制，對中國人的配給則採用軍票配給制，但從某種程度上說，這些制度實際是在大米配給相對穩定以後才真正步入正軌。 1942 年 3 月 15 日起白米採取配給制，配給之初各區內只設置一到兩處大米供給處，因此據說"買米隊伍的長龍，看得到佇列的最前面但看不到隊尾，每日排隊搶位比其他任

8　《香港東洋經濟新報》(以下簡稱《香東經》)，第 1 卷第 4 號，1944 年 9 月，8 頁。

9　渡邊武，〈香港出差報告書〉，1942 年 2 月 (大藏省資料：Z530-146)。

何事情都重要。""大米供給處清晨一開門大米即瞬間售罄。空手而歸的人第二天凌晨又必須來排隊，有些人則留下不走，忍耐一晚等到第二天清晨才能買到大米。[10]"至於大米的銷售方式，在經過與大米商販協商後成立了總督部白米元賣捌組合這一組織，該公會將大米通過配給處或者特別增配大米消費團體，供應給消費者。通過該舉措獲得許可證的大米零售商，在香港島有 60 家、九龍有 40 家左右，各家庭通過這些米店一天可以買到 2 斤大米[11]。總督部的大米配給，則採取由總督部價格逆差價的財政負擔方式實行。起初大米的配給價格是 1 斤 20 錢，每人每天最多只能購買 0.4 斤。但是由於市內沒有實行價格統管，隨着市區價格上漲，大米的配給價格也被迫上調。香港總督部除了採取人口疏散政策外，還負責確保當地居民的糧食供給，實施管區內大米平等無差別配給制。大米配給價格 1942 年 3 月為每斤 20 錢，10 月份為 30 錢，1943 年 9 月為 37 錢 5 厘，1944 年 1 月 16 日為 75 錢，隨着市內大米價格暴漲，大米配給價格也相應上調。但是，由於大米配給價格的定價比市內價格便宜得多，而且總督部以向民眾負責的態度供給大米，因此此項措施一直持續實行，通過確保主食的供給防止香港百姓人心動搖。

在這種情況下，中國人居民必須積極想辦法解決大米供給問題。1943 年 11 月 28 日，在新加坡籍華僑權貴胡文虎的策劃下，召集八位中國籍大米商，以 1,000 萬日圓成立由中國人出資的中僑公司。為了解決香港的糧食問題，該公司從各地進口大米和雜糧。12 月 11 日還成立了香港民食協助會（中僑公司），着手有關供給糧食的周邊貿易。該協助會

10　前述，《日本占領下の香港》，115-116 頁。
11　東洋經濟新報社，《軍政下的香港》，東洋經濟新報社，1944 年，232 頁；前述，《日本占領下の香港》，116 頁。

在 1944 年 5 月 21 日決定以每斤 3 日圓 50 錢的價格，供應 40 萬斤白米給一般市民。同月 4 日的最優質大米零售價，雖與暫時的高價相比有所下降，但是公開價格為每斤 5 日圓 80 錢，該配給價格遠低於市場價格 [12]。與徹底撒手不管大米配給的日本軍政相比，該協助會無疑讓人感覺值得信賴。這個舉措似乎取得較好效果，6 月 12 日米價跌落至每斤 3 日圓 60 錢 [13]。但從長遠來看，預計大米供給將日趨緊張，價格反彈成了必然趨勢。

　　大米配給制度不僅可以確保大米的供給，而且由於給軍政財政帶來極大負擔，因此決定將大米的直接配給對象限於軍政相關人員，1944 年 3 月 15 日，發出預告宣佈從 4 月 15 日起公平無差別的配給對象，僅限於軍政相關人員。該措施立即付諸行動，軍政的大米配給量急劇減少 [14]，該措施事實上中止了軍政對香港一般居民的大米配給。一般百姓因此被迫按大米的市區價格購買，推動了市民搶購大米的現象。另一方面，以往從澳門和廣州灣進口食品的許可制如今廢除，企圖通過更大範圍、更自由地從周邊地區進口糧食，以緩和因停止一般配給制度所帶來的衝擊。此外，廣東省政府於 1944 年 6 月 15 日公佈允許米糧可以自由運輸至香港，但是運輸量受限 [15]。該措施是為了防止由於香港大米一般配給制的停止所帶來的混亂，但是從廣東的進口情況是否能長期穩定，與關內、廣

12　同上，351 頁；《香東經》，第 1 卷第 2 號，1944 年 7 月，8 頁。胡文虎和弟弟開發了 20 世紀 20 年代起以萬金油而聞名的醫藥事業。隨着業務擴張，1926 年由緬甸仰光遷往新加坡，開設了永安堂，在仰光和香港分別建有工廠。1929 年，部分為了宣傳藥物，《星州日報》正式發刊。在胡先生的經營下，在製藥業方面，1932 年虎豹兄弟有限公司成立，報紙產業在 1941 年設立的星系報業有限公司的勢力下分別重組。在日本佔領下，《星州日報》被強制接收，兄長逃往香港，弟弟在逃到緬甸後去世。胡文虎戰後在新加坡重建事業，在事業擴張途中，於 1954 年去世。他將一生中創造的巨款捐獻給社會教育事業（岩崎育夫，《新加坡華人系列及其公司團體》，亞洲經濟出版會，1990 年，113-114 頁）。

13　《香東經》，第 1 卷第 2 號，29 頁。

14　《香東經》，第 1 卷第 1 號，1944 年 6 月，6 頁。

15　《香東經》，第 1 卷第 2 號，1944 年 7 月，29 頁。

東省的軍事形勢息息相關。大米價格與這些因素的關係密切，不確定因素起了很大的作用。

但是，停止一般配給制度後，由於難以承受米價暴漲給總督部財政帶來的沉重負擔，1944 年 11 月 14 日發佈公告，決定停止向除軍政直接合作者以外的人員配給大米，宣佈進一步縮小配給對象，該措施於 12 月 1 日開始實施。此外，銷售給軍政直接合作者的大米配給價格，從一斤 1 日圓 50 錢上漲至 3 日圓。據說總督部一直以來每配給 1 斤大米就需要負擔 10 日圓左右的財政赤字，據估算大米差價的財政負擔每月是 4,000 萬日圓，每年是 4 億 8,000 萬日圓。由於該措施的影響，香港的重要工廠、各商家、貿易公司等的工作職員，因購買大米承受的家庭經濟負擔不斷加重。但在廣東米價上漲的刺激下，香港米價也不斷上漲。在這種形勢下，香港總督部已經無法繼續給軍政相關人員供給廉價大米。在米價暴漲下軍政的財政干預被迫退出。因此由與軍政有間接合作關係的相關單位僱用的員工，只好以工資的方式承受一定的經濟負擔。對於企業來說，在通貨膨脹的情況下由於可圖名利，可以説企圖借此轉移負擔[16]。如果迴避財政負擔，剩下的手段只有通過干預流通機構。為了使大米流通更加順暢，1944 年 11 月 22 日成立了白米批發商聯合會，同月 26 日成立白米零售聯合會[17]，但是似乎沒有取得很大的效果。針對此項措施，據說當時香港的中國籍百姓為了保護生計，盛行成立購米公會[18]。但隨着從外地採購糧食越來越難，百姓購買大米也變得愈加困難，這種惡劣情況一直持續至日本戰敗。

16　《香東經》，第 1 卷第 6 號，1944 年 11 月，5 頁、1 卷第 7 號，1944 年 12 月，8 頁。
17　《香東經》，第 1 卷第 7 號，1944 年 12 月，28 頁。
18　《香東經》，第 1 卷第 1 號，1944 年 6 月，52 頁。

3. 其他糧食的供給

　　除了大米實施配給制外，總督部從 1942 年 3 月 20 日起對麵粉也開始實行配給制。麵粉從總督部經過配給處再供應給消費者。剛開始時，麵粉的價格是每斤 50 錢，但是隨着市場價格暴漲，財政負擔也不斷加重，1943 年 3 月 1 日上漲至 90 錢，1944 年 1 月 1 日上漲至 2 日圓 [19]。

　　另外，其他食品也採取配給制 [20]。1942 年 5 月 30 日起白糖採取配給制，從總督部經過糖商公會最後供應給消費者和有需要的商家。白糖最初的價格是每斤 55 錢、紅糖每斤 50 錢，1943 年 5 月 1 日各分別上漲至每斤 60 錢和 55 錢，同年 12 月 1 日又再次分別上漲為每斤 70 錢和 65 錢。而且從 1944 年 5 月 1 日起，白糖每斤價格從 70 錢上漲至 1 日圓 10 錢、紅糖每斤從 65 錢上漲至 1 日圓 [21]。

　　從 1942 年 6 月 29 日開始，食用油也採用配給制。從總督部經過食油御商公會再供應給供應所或有需要的商家。椰子油最初的價格為每斤 140 錢，1943 年 8 月 12 日上調至 3 日圓 50 錢，隨之花生油的配給價格也上調至每斤 5 日圓。同年價格繼續上調，1944 年 1 月 1 日公佈花生油的配給價格從每斤 10 日圓 80 錢，上調至 14 日圓 60 錢，隨即在同年 8 月公佈花生油配給價格上調至 15 日圓 80 錢，配給價格的上調幅度增加 [22]。

　　食用鹽於 1943 年 1 月 25 日開始採取配給制。2 月 7 日公佈食用鹽特定零售店共 84 家，即日起開始營業，並限定每人每月最多只可購買 0.5 斤。從總督部經食用鹽批發商總公會再供應給配給處（可以認為是指

19　前述，《軍政下的香港》，232 頁。

20　同上，233-325 頁、337-352 頁。

21　《香東經》，第 1 卷第 2 號，1944 年 7 月，28 頁。

22　《香東經》，第 1 卷第 2 號，1944 年 7 月，50 頁。

定零售商）或是有需要的商家。最初價格是每斤 20 錢，同年 10 月 1 日上調至 24 錢。1944 年 5 月 1 日上調至 55 錢[23]。味噌的配給制於 1943 年 8 月 16 日開始推行，在總督部指令下從生產工廠經配給處最後供應給消費者，價格是每 1.2 斤 75 錢[24]。

另外，為了確保對受傷生病者和嬰幼兒的牛奶供給，從 1943 年採取了牛奶配給制[25]。在通貨膨脹下，香港牧場牛奶銷售處於 1944 年 4 月 1 日將牛奶從每 10 益司 50 錢上調至 1 日圓 50 錢，7 月 5 日上調至 3 日圓，12 月 18 日上調至 6 日圓[26]。牛肉方面採用公定價制，1944 年 8 月 9 日從每斤 48 日圓上調至 57 日圓[27]。

如上所述，以糧食為主的生活必需品採取了配給制，而且隨着廣東通貨膨脹波及香港，財政負擔增大，從外地調度糧食變得日益困難，因此必須上調配給價格。

這些配給物資當中，僅有味增只可供應給日本人，麵粉則供應給日本人和第三國人。給日本人供給物資的地方並非通常的配給處，而是為日本人另設的物資配給處，物資會經由此處供應給日本人。另外，給日本人的物資配給並非通過配給票券，而是通過存摺進行[28]。由於配給對象較為穩定，作為特權階層的日本人似乎享受到特別待遇。1943 年 10 月，成立了專門為日本人做物資配給工作的組織 —— 香港大和會，主要負責配給、為日本人提供服務等工作[29]。

23　《香東經》，第 1 卷第 2 號，1944 年 7 月，28 頁。

24　前述，《軍政下的香港》，233-235 頁。

25　同上，308 頁。

26　《香東經》，第 1 卷第 1 號，1944 年 6 月，51 頁；《香東經》，第 1 卷第 3 號，1944 年 8 月，28 頁；《香東經》，第 2 卷第 1 號，1945 年 1 月。

27　《香東經》，第 1 卷第 4 號，1944 年 9 月，45 頁。

28　前述，《軍政下的香港》，234 頁。

29　《香東經》，第 2 卷第 1 號，1945 年 1 月。

4. 其他消費品

　　除了糧食以外的生活必需品和休閒消費品也實施配給制 [30]。煙草配給制從 1942 年 5 月 7 日開始實施。由於煙草流通實行統管，1942 年 5 月 15 日成立了煙草銷售公會，以確保煙草的流通管道。5 月 22 日，規定煙草統一公定價格，但公定價格制度僅限於現貨，也可以經由煙草零售商實行煙草統管。煙草從生產工廠經由煙草銷售組合，再通過零售商家最後供應給消費者。煙草生產工廠處於總督部委託事業管理之下，因此可以將工廠生產的煙草用以配給，原來的煙草銷售商店則用來作為煙草銷售點。煙草公定價格曾於 1943 年 9 月 27 日上調，但是由於維持公定價格較為困難，1944 年 2 月 24 日公定價格便上調至原來的 2 倍左右 [31]。另外，受配給量的限制，5 月 6 日煙草元賣捌人公會下達通知零售商，限定每人一次只可購買一件 [32]。之後 9 月 26 日廢除了煙草公定價格，確定只採用批發價。對日本人和軍政提供協助的中國人，按照原來的煙草公定價格給予供應 [33]。

　　鴉片也採用公定價格制。1944 年 2 月 1 日，公定價格從每両 110 日圓上調至 150 日圓 [34]。專門從事鴉片銷售的是由日本人經營的裕禎公司，該公司因向慈善團體提供巨額捐款而聞名。長期吸食鴉片的人中鴉片毒後，該公司將鴉片銷售利潤的一部分捐獻給醫療機構 [35]。1944 年 8 月 1 日，鴉片價格上調至每両 300 日圓 [36]。

30　前述，《軍政下的香港》，232-235 頁、337-352 頁。

31　前述，《香東經》第 1 卷第 1 號，50 頁。

32　前述，《香東經》第 1 卷第 2 號，28 頁。

33　前述，《香東經》第 1 卷第 6 號，30 頁。

34　前述，《香東經》第 1 卷第 1 號，50 頁。

35　前述，《日本占領下の香港》，176 頁。

36　《香東經》，第 1 卷第 4 號，1944 年 9 月，45 頁。

　　柴炭從 1943 年 8 月 26 日開始實行配給制。在此之前，柴炭批發商工會已於 1942 年 7 月 22 日開始展開業務，通過採用配給制，從柴炭批發工會直接供應給配給處或者大宗消費者。木柴價格由官方定價，1942年 12 月 12 日從每斤 4 錢提價至 5 錢。其後木柴價格上漲至每斤 12 錢，1943 年 10 月 25 日上調至 18 錢，之後由於通貨膨脹，價格持續上調，木柴配給價格從 1944 年 2 月 1 日上漲至每斤 21 錢，5 月 15 日上漲至 25錢，如此持續上漲[37]，7 月 1 日上漲至 35 錢。由於幾乎不可能從軍政府獲得連續廉價的配給，以致同月 5 日木柴一般配給中止。但是，繼續保證對公共團體的配給（每斤 30 錢）和對特殊民用的配給（每斤 40 錢）。6 月末市區行情是每斤 90 錢[38]，與配給價格存在較大差價，這部分差額由軍政府財政負擔。8 月 14 日，木材的特別配給價格是 40 錢，普通配給價格是 50 錢；木炭上調至 2 日圓[39]。

　　火柴於 1943 年 10 月 1 日實行配給制。從總督部經過燐寸元御公會供應給配給處和特別消費者，價格是每盒 10 錢。1944 年 5 月 1 日上調火柴價格，普通盒裝從 10 錢上調至 20 錢[40]。隨着 1944 年 7 月 6 日開始有組織地回收銅和黃銅，遂用包括糧食等的配給物資，與回收來的銅按照重量進行交換[41]。

37　前述，《香東經》，第 1 卷第 1 號，50-52 頁。
38　《香東經》，第 1 卷第 3 號，1944 年 8 月，28 頁。
39　前述，《香東經》，第 1 卷第 4 號，45 頁。
40　前述，《香東經》，第 1 卷第 2 號，28 頁。
41　前述，《香東經》第 1 卷第 3 號，28 頁。

二、公共服務水平下降

1. 陸地交通

　　1911 年 11 月，由香港政廳經營的九廣鐵路（九龍、深圳之間）開通，用以連接香港和廣東省，該鐵路後來由於日中戰爭受到日軍攻擊，最終導致鐵路不通。但是在日軍佔領的方針政策上，鐵路運輸屬必須舉措，通過 1943 年 11 月廣九作戰時日軍掌握了鐵路沿線，同年 12 月 28 日鐵路全線完成修復工程，廣東省與新界之間商業貿易往來的交通路線得到了進一步完善。乘坐火車的乘客只有經過鐵路方面許可才可乘坐便車，每天有三趟往返的混合列車運輸。行李方面，只會運送小件行李和隨身攜帶行李，但仍然成為鐵路沿線運輸蔬菜的有效方法。從九龍到深圳之間的火車三等票，大人票價 75 錢，兒童票則半價 [42]。

　　市內電車原來是由英國投資的香港電車公司負責運營，電車當時是連接市內各處的重要交通工具。隨着戰爭開始，交通蒙受較大損失，日軍佔領香港後，交通由總督部直接經營，通過重新修復，至 1942 年一部分電車開通，3 月 20 日全線恢復運輸。在軍政下投入運輸的雙層電車共 112 台，車票價格是市內統一價格，三等座開始是 2 錢，修復後鐵路延長，價格上調至 5 錢，後來上調至 10 錢。星期六賽馬日期間，每隔 3 分鐘運送客人一次，平均一天乘客約 10 萬人。1942 年 11 月開始，電車的所有站牌都採用日式名稱。起初電車行駛時間是 7 點至 21 點，後來延長至 23 點。貨物運輸設有專用電車，電車裝載肉類、蔬菜和其他貨物往返運輸，有些乘客為了購買食品只乘坐這種電車 [43]。但是隨着電力供給困

42　前述，《軍政下的香港》，134-135 頁。
43　同上，136-137 頁；前述，《日本占領下の香港》，100-101 頁。

難，1944 年 4 月 15 日開始，運輸時間僅限於早晚的交通高峰期，9 點 40 分至 16 點設定為停止運輸時段[44]。1944 年 6 月 4 日，以節約用電為由暫停電車行駛[45]。

登山纜車於 1888 年 5 月開通，擁有古老歷史，由香港高地電車會社成立。該纜車到達山頂的途中一共設 5 個站，由於戰爭受損較為嚴重，1942 年 4 月開始進行修復，後於 1942 年 6 月 25 日重新開始運營。平日每天運行 20 趟，時間為 7 點 30 分至 23 時。普通車票往返 50 錢，1943 年 1 月的平均輸送人數為 23,000 人[46]。電力供給開始變得困難後，1944 年 4 月 1 日開始削減班次[47]。以後為了削減用電等，從 5 月 10 日開始撤銷運行路線中的兩個站[48]。

日軍佔領初期，留下的公共汽車有些被損壞，有些因被日軍徵用而被運送到香港境外，1943 年 9 月前，公車都未能恢復營業。日軍佔領下，香港島原有的中華汽車有限公司和九龍的九龍汽車（1933）有限公司的公車路線合併，並成立香港自動車運送會社。該公司負責公車運輸，由中國人出資，聘請日本人當顧問，此外該公司還經營公車、計程車及其他汽車運輸業。該公司延續原來兩家公司的業務，主要負責香港、九龍之間鋪設柏油較多的路段。開始有 25 輛公車運營，秋季增加至 50 輛。票價根據距離，價格有所不同，包含新界價格在 10 錢到 75 錢之間[49]。

香港島和九龍的道路完備，因為被日本佔領，這些道路均改用日本名字。例如，與香港島海岸線平行的干諾道（Connaught Road）改名為住

44　前述，《香東經》，第 1 卷第 1 號，52 頁。

45　前述，《香東經》，第 1 卷第 2 號，29 頁。

46　前述，《軍政下的香港》，137-138 頁。

47　前述，《香東經》，第 1 卷第 1 號，51 頁。

48　前述，《香東經》，第 1 卷第 2 號，28 頁。

49　前述，《軍政下的香港》，138-139 頁；前述，《日本占領下の香港》，102 頁。

吉通；從九龍的半島南端北上的彌敦道（Nathan Road）改名為香取通。
由於新界道路修整較為遲緩，而且該道路是抗日物資運往大陸的運輸路
線，香港政府持續在新界投入交通建設，直至亞洲太平洋戰爆發。作為
交通主幹線，雖然一部分路段是經由九龍通往深圳，有些路段則處於修
路施工中，但是起碼確保了從香港經由深圳通往華南地區的交通網[50]。公
共汽車票價因通貨膨脹上漲，1944 年 5 月 17 日，九龍市內線路從 50 錢
統一上調至 1 日圓[51]，12 月 15 日該線路從統一價 2 日圓，大幅上調至統
一價 5 日圓[52]。

除了電車、公車以外，交通工具還有渡輪。香港和九龍之間有兩家
公司經營渡輪運輸，市民將渡輪作為公路的延長線，並經常乘坐。連接
香港和九龍尖沙咀碼頭的天星小輪最常被市民使用，二等票價 10 錢，
運營時間為 7 點至 23 點，大約每隔 20 分鐘一班。油麻地渡輪是連接香
港統一碼頭、九龍旺角和深水埗的航線，三等票價 15 錢，運營時間 7 點
至 21 點，大約每隔 30 分鐘一班。渡輪由總督部負責營運[53]。渡輪票價也
因通貨膨脹而上漲，1944 年 2 月 1 日天星小輪僅一等座價格上調[54]，9 月
15 日天星小輪二等座價格上調至原來的 2 倍，即 20 錢[55]。

除此以外，香港和九龍之間還有 1,000 輛人力車投入運輸，市民經
常使用這種交通工具[56]。人力車的票價於 1944 年 4 月 15 日大幅上漲，由
於票價實行統管，同年 8 月 31 日成立了乘客用自行車行業公會[57]。另外，

50　前述，《軍政下的香港》，130-133 頁。
51　前述，《香東經》，第 1 卷第 2 號，28 頁。
52　《香東經》，第 1 卷第 7 號，1944 年 12 月，28 頁。
53　前述，《軍政下的香港》，140 頁。
54　前述，《香東經》，第 1 卷第 1 號，50 頁。
55　《香東經》，第 1 卷第 5 號，1944 年 10 月，30 頁。
56　前述，《軍政下的香港》，140-141 頁。
57　前述，《香東經》，第 1 卷第 5 號，28 頁。

日軍佔領時期作為輔助交通工具的還有馬車。馬車服務公司於 1942 年末開始運營，但是馬車數量不超過 20 輛，運營時間從 10 點至 18 點，一輛馬車同時可載 6 至 14 人，九龍的票價為 10 錢至 40 錢。馬車除了運載乘客外還運載貨物 [58]。當時，還出現民間私家汽車，總督部針對此現象作出如下規定：1944 年 6 月 30 日前，未經許可私自擁有私家汽車者，將從即日起禁止行駛。7 月 31 日前前往總督部參謀部進行申報，經理部將以合適價格收購該汽車，若不按規定進行申報，將予以沒收 [59]。該措施實際上是對民間私家汽車的有償徵收，估計被徵收的汽車中不少被運往香港以外的地區。

2. 電力、煤氣的供給

香港的電力事業是靠煤炭火力發電，煤炭燃料全部依靠進口。在香港島由香港電燈有限公司負責運營，在九龍則由中華電力有限公司負責運營。英國持有的資本佔 50%，掌握了經營權，並從中獲得高額利潤。日軍從 1941 年 12 月 16 日開始佔領九龍，着手修復受損的電力設施，26 日開始軍事送電。1942 年 1 月 3 日，香港島也開始軍事送電，並公佈電力供給方面的暫時規定。軍政廳在九龍和香港島分別於 1942 年 1 月 1 日和 1 月 15 日開始供給民用電力。總督部後來設立總督部直營電氣事務所，1943 年 1 月 1 日開始把電力經營改成委託民間商家負責 [60]。由於申請電力供給的用戶，在日軍佔領前支付的按金被視為無效，申請法人用戶再次申請電力供給時，被強制要求重新支付按金。因此，據說日軍佔

58　前述，《軍政下的香港》，139-140 頁；前述，《日本占領下の香港》，104-105 頁。

59　前述，《香東經》第 1 卷第 2 號，28 頁。

60　前述，《軍政下的香港》，156-157 頁。

領時期曾有巨額費用流入電氣商家[61]。

不過，隨着發電燃料的煤炭供給日趨困難，於是開始對煤炭實行供給統管。香港的公共服務、工廠和一般家庭主要都依靠電力維持運轉，因此該措施給香港各產業和百姓生活帶來很大的影響。1943 年 5 月 1 日起，開始實施限制用電。電燈 1-3 月份平均使用量減少 30%，電熱削減 15%；9 月份進一步壓縮使用量，電燈 6 月份使用量削減 35%，電熱削減 20%，電力削減 10%。另外，禁止廣告、裝飾用電燈、霓虹燈、雪糕製造機等的電力使用。1944 年 4 月 13 日，削減飯館、茶館、旅館、戲院等的電燈用量，為 1943 年 12 月份實際業績的 50% 以上；電熱方面禁止除冰箱以外所有營業用的電熱；電力方面禁止四樓以下電梯、冷氣、電風扇的使用。超過分配額度者，將從中扣除次月的分配額度，同時徵收電力超額使用費，其用電超額部分的電費為每千瓦 1 日圓，對濫用電力者則增收一個月的電費，並採取禁止用電措施[62]。這樣香港百姓生活的電力供給量越來越少，對用電限制也愈加苛刻。1944 年 6 月 1 日，將點燈時間進一步限制在 20 點至 24 點[63]。6 月 13 日加強用電限制，電燈的用電配額削減至 5 月份的 50% 以下，電熱的用電配額削減至 5 月份的 80% 以下，電動力禁止總督部指定以外的人員使用。對於超過分配額的電動力使用者立即停止超額度送電[64]。7 月 19 日電燈點燈時間限制在 20 點至 23 點，熄燈時間提前一小時，隨之渡輪航行時間也相應提前一小時[65]。香港在電力消費限制上採取更加嚴厲的措施，8 月 20 日停止一般送電，次

61　前述，《日本占領下の香港》，167 頁。

62　前述，《香東經》，第 1 卷第 1 號，27、52 頁。

63　前述，《香東經》，第 1 卷第 2 號，28 頁。

64　同上，29 頁。

65　《香東經》，第 1 卷第 3 號，1944 年 8 月，28 頁。電力的消費規章制度在沒有開採煤炭的廣東省同樣實行，並在同年的 6 月 20 日以後得到顯著增強（同上，22 頁）。

月 24 日恢復為 7 點 30 分至 21 點 30 分，僅 2 小時。但是電燈的分配額度卻削減至 7 月份額度的 60%，電熱降為 7 月份額度的 20%，配電受到極大限制，10 月 2 日甚至停止配電。同月 16 日再次恢復配電，26 日開始停止一般配電[66]。百姓的生活被迫倒退到需要使用蠟燭照明。

　　開戰前，香港的煤氣供給由 1863 年成立的香港中華煤氣公司負責。日軍佔領後急於重新恢復煤氣供給，而且煤氣設施幾乎沒有在戰爭中受損，因此分別於 1941 年 12 月 30 日及 1942 年 1 月 10 日已在香港島和九龍恢復煤氣供給。起初由香港軍政廳瓦斯班負責煤氣供給，1942 年 3 月改名為總督部香港瓦斯廠。1943 年 1 月 10 日，煤氣供給業務開始委託給民間煤氣商家負責[67]。煤氣的消費限制從 1943 年 5 月 1 日開始實施，1-3 月份的消費量削減 20%，12 月開始配給額度從以實際業績為標準，改變為以家庭成員為標準，1944 年 4 月 1 日開始，加強限制消費力度，分配額度範圍的煤氣價格從每 100 立方英尺 66 錢，上漲至 1 日圓 50 錢；超過分配額度的煤氣價格，則從每 100 立方英尺 1 日圓 98 錢，上漲至 4 日圓 50 錢；對茶樓、餐館、旅館的煤氣供給量，削減至 1944 年 1 月份分配額度的 60%。工廠方面，糖果公司被削減 50%，其他工廠甚至被削減 80%。一般煤氣供給也在 22 點至 6 點停止[68]，至 6 月 13 日起供給時間改為 6 點至 18 點[69]。

3. 自來水、電話

　　香港的上水道是在英國殖民地統治時期耗費了 80 年時間建成的，開

66　《香東經》，第 1 卷第 6 號，1944 年 11 月，30 頁。
67　前述，《軍政下的香港》，157-158 頁。
68　前述，《香東經》，第 1 卷第 1 號，26-27 頁。
69　前述，《香東經》，第 1 卷第 2 號，29 頁。

戰後被英軍摧毀。日軍佔領後實施重建工程，在香港軍政廳、總督部的直接管理下，九龍於 1942 年 1 月 1 日開始供水，香港島則於 1 月 20 日開始供水。九龍方面的重建工程由台灣拓殖會社負責，該公司還協助上水道的運營工作，1943 年 8 月受命負責上水道的業務。香港的上水道供水用戶相對人口數量來說極少，這是因為香港不是每戶安裝一個水表，而是按每棟建築物安裝，高層集體住宅也只安裝一個水表。開戰前，因建築物結構上的理由，很難給每家用戶安裝水表，因此水費一般由房東負擔。開戰前，每 1,000 戶住戶中僅安裝了 27 台水表。日軍佔領後執行人口疏散政策，人口逐漸減少，1943 年末每 1,000 戶住戶安裝的水表減至 17 台。開戰前一般市區家庭水費價格為每 1,000 加侖 25 美分，但是市區、山腰、山頂等不同位置的水費也有所不同。日軍佔領後，水費每 1,000 加侖價格為軍票 40 錢[70]。1944 年 7 月 1 日，水費為全市統一價，每月基本底價上漲[71]。之後因通貨膨脹，供水變得愈加困難，1944 年 11 月 6 日，香港自來水廠遵照總督部命令，11 月 5 日開始對山頂和半山腰地段實行減少供水量甚至停水，以控制供水量；12 月 1 日起上調水價，規定最多供水量 1,000 加侖水費為 5 日圓，超過最高供水量的自來水價格為每 100 加侖 50 錢[72]。

作為對抗暴雨的策略，下水道沿路鋪設暗溝等，這在沒有河流的香港和九龍非常有效，不過由於污水未經任何處理，最後污水全流入港灣等處[73]。日軍佔領後，因為修建下水道處理設施需要花高額投資，所以最

70　前述，《軍政下的香港》，152-153 頁；三日月直之，《台灣拓殖公司與那個時代》(葦書房，1993 年)，485 頁。

71　《香東經》，第 1 卷第 3 號，1944 年 8 月，28 頁。

72　《香東經》，第 1 卷第 7 號，1944 年 12 月，28 頁。

73　前述，《軍政下的香港》，154-155 頁。

終也不了了之。糞便處理則於 1942 年 7 月 31 日開始，在香港島和九龍由香九糞務公司負責 [74]。後來糞便的掏取和配給業務由 1945 年 1 月 5 日成立的香港肥料株式會社接手負責 [75]。

　　開戰前，香港的電話業務由香港電話公司負責。電話設備中的電話交換器和地下電纜未受戰爭損毀，1942 年 1 月 17 日開始重新恢復電話業務，由總督部直接主管。1942 年 4 月 28 日，公佈了〈電話規則〉（1942 年香港總督部令（以下簡稱香督令）第 19 號），該規則追溯至 2 月 20 日開始施行。該規則規定了申請使用電話的規則和電話費用，2 月 20 日開始徵收電話費。日軍佔領後，由於經濟穩定，電話用戶逐漸增多，1943 年 12 月電話用戶超過 1 萬人。電話費因距離等略有不同，但大部分為每年 120 日圓，新客戶需要繳納設備費 200 日圓和保證金 50 日圓。開戰前，香港和九龍在 40 處安裝了公用電話，但是由於不能使用硬幣，日軍佔領後均被拆除。1943 年 2 月 20 日，香港和九龍的郵局開始開設窗口電話通話業務，給非電話用戶帶來很大的方便 [76]。1944 年 2 月 1 日，電話保證金從 50 日圓上調至 100 日圓 [77]，1944 年 7 月 1 日通訊業務和電話業務委託給國際電氣通信會社香港支局負責經營，同時將電話費用上調至原來的兩倍 [78]。1945 年 1 月 1 日，以上這些業務全部移交給國際電氣通信會社香港支局。電話費用也大幅上調，另外保證金上調至 1,400 日圓、設備費為 1,400 日圓、每年基本服務費為 1,680 日圓 [79]。

74　同上，339 頁。
75　前述，《香東經》，第 2 卷第 1 號。
76　同上，148-149 頁。
77　前述，《香東經》，第 1 卷第 1 號，50 頁。
78　前述，《香東經》，第 1 卷第 3 號，28 頁。
79　前述，《香東經》，第 2 卷第 1 號。

三、醫療服務

日軍佔領期間，有幾家醫院由日軍接管，此外也有軍政下的醫療單位。1942 年 6 月 12 日，〈醫師齒科醫師令〉（1942 年香督令第 23 號）及其施行令（1942 年香督令第 24 號）公佈，8 月 1 日開始施行。依據該規定，原來的西醫（學習西洋醫學的人）中，對曾留學日本經過正規學習的醫生，給予無時間期限的開業資格，對其他醫生給予最多一年的開業資格。允許中醫（未經正規學習隨意開業的中醫）和牙醫（未經正規學習隨意開業的牙課醫生）從事醫療活動，同意其進行醫生、牙醫業務範圍外的醫療活動。另外，接生婆則同意在附帶條件下進行接生活動。據此公文資料顯示，1943 年 11 月末醫生共計 247 名（其中：無時間期限開業者 28 名，僅允許開業 1 年者 219 名）、牙科醫生 21 名（其中無時間期限開業者 6 名，僅允許開業 1 年者 15 名）、中醫 1,475 名、牙醫 259 名、接生婆 51 名（其中日本人 6 名）[80]。

除了日軍接管的醫院以外，總督部在 1942 年 6 月 3 日把六家醫院、兩所醫務室設立為總督部醫院和醫務室，並將現有醫療設施直接轉為由總督部直接經營。提供醫療服務是日軍佔領時期安定民心必不可少的舉措，因此不得不着手經營醫療設施。截止 1943 年 11 月末為止，從屬於總督部直營的醫院，有香港市民醫院門診部、香港市民醫院第一醫院、香港市民醫院第二醫院、香港產院、香港精神醫院、香港癲醫院、香港傳染病醫院、九龍傳染病醫院以及九家各類診療部門。除了這些設施外，還有博愛會醫院這些專為日本人提供服務的醫療設施。在佔領時期，日本人作為佔領國的國民，能享受特別待遇。此外，還有以救濟貧民為目

---

80 前述，《軍政下的香港》，303-304 頁。

的的慈善團體經營的醫院，這些醫院主要依靠委託其他單位經營，或者
依靠贊助補貼維持經營[81]。1944 年 9 月 1 日，為了讓百姓更好地享受醫療
服務，採取了公醫制度，全管區內共 13 處有公醫常駐負責診療，其醫療
價格參照公立醫院水平。隨着該措施出台，部分公立診所被撤銷[82]。

　　由慈善團體經營的醫院中，較有名的是由東華三院經營的三所醫療
機構，該醫院主要依靠捐款和房地產收入經營。其中東華東院被日本接
管。日軍還接管了屬綜合醫院的瑪麗醫院和九龍醫院。東華三院是難民
救濟團體之一，開戰前已開始從事救濟事業，包括保護難民和協助回歸
的活動。此外，還從事醫療活動。日英開戰初期，該醫院被英國接管作
醫療用途；至日軍佔領後該醫院又被日軍接管。因此，難民救濟團體東
華三院旗下，只剩東華醫院和廣華醫院負責一般診療服務。但是，1942
年前半年由於藥品及醫療器材不足，住院患者被限制在 300 人以內。其
後雖然重新恢復門診治療，但是由於醫生、看護人員、醫藥品經常缺乏，
資金周轉惡化。因此，患者蜂擁到被日軍接管的其他醫院，這些醫院的
醫療服務包含受傷者的治療、急救活動、注射預防疫苗等。1944 年開始
的空襲，令很多香港居民受傷，導致醫療需求量激增[83]。另外，鴉片中毒
患者因鴉片官方定價大幅上漲，未能買到足夠鴉片，因此很多吸食者出
現犯隱症狀。為了治療這些患者，東華三院甚至被迫充當獨立病房樓[84]。

　　醫療費也未能擺脫通貨膨脹的影響。1944 年 6 月 1 日，總督部醫
院、公立診所和九龍醫療班的診療費、住院費、藥費等的費用上調[85]。後

81　同上，304-305 頁。
82　《香東經》，第 1 卷第 5 號，1944 年 10 月，30 頁。
83　前述，《日本占領下的香港》，157-158 頁。
84　同上，第 176 頁。
85　前述，《香東經》第 1 卷第 2 號，28 頁。

來由於通貨膨脹不斷惡化，1945 年 1 月 1 日一口氣將總督部直轄醫院的
診察、住院、藥費上調至原來的兩倍 [86]。

四、教育

日軍佔領香港後，日本憲兵隊試圖維持壓迫式統治，教育成了他們
最難以顧及的事業之一。隨着原來教育的中斷，接受教育本身變得極之
困難，即使有機會接受教育，但教授的無非是有利日軍統治體制，或是
避免與日軍統治體制對抗的內容。日本佔領下的香港基本停止了教育工
作，部分地方在總督部許可下重新恢復開辦教育。

開戰前的香港，在殖民地統治下並未有實施義務教務，當時有中、
小學共計 1,300 所，其中私立學校 1,000 所，據估計學生總數達 11 萬 [87]。
香港大學為高等教育行政機構負責教育工作。但隨着香港被日軍佔領，
從初等教育到高等教育一律停止。日軍佔領香港後，據說香港大學的實
驗室被 "肆意踐踏，將貴重精密器材、設備、標本和保存資料、實驗報
告書、辦公室器材等全部掠奪得一乾二淨，揚長而去 [88]"。香港大學當局
與軍政交涉後，後者同意香港大學的校園和設施、圖書以及教職工暫時
保持現狀，因此以圖書館和古文獻聞名的香港大學附屬的馮平山圖書館
藏書才倖免於失散之災 [89]。另一方面，有部分人建議將香港大學劃歸香港

86　前述，《香東經》第 2 卷第 1 號。
87　前述，《日本占領下の香港》，161 頁。
88　同上，65 頁。
89　同上，65 頁。

政府管理，並恢復教學[90]，但最終未能實現。香港大學直到日本戰敗後才被允許恢復教學活動。

　　1909 年 8 月，香港設立日本人學校，1941 年 2 月 1 日，該校有教師 7 名、學生 37 人。日軍佔領香港後，仿效〈國民學校令〉（1942 年敕令第 148 號），在 1942 年 9 月 1 日開設香港總督部國民學校，同月即開始授課。國民學校開設初期，有學生 97 人，隨後擴大規模，1943 年末學生人數達 375 人[91]。日本人子弟教育除了香港以外，隨着九龍日本人學校增多，1943 年 11 月 8 日國民學校九龍分校開校，九龍地區的日本人子弟教育機構遂得到保證[92]。

　　中國人學校正如前面所述，雖然一律停止教育活動，但是後來公佈實施〈私立學校規則〉（1942 年 4 月 17 日香督令第 16 號）。根據該規則經過總督部許可，5 月 1 日同意 20 所私立學校恢復教學，8 月 7 日同意 9 所私立小學恢復教學。9 月 1 日，華人學校新學年開學，正式開始授課。中國人初等教育僅有一部分學校恢復開學，開始授課的學校包括原有的 25 所華人學校和新建的 10 所學校[93]。根據將男子中學和女子中學與小學合併成立新學校這一規定，1943 年初重新恢復開學的中、小學有香港島 19 所、九龍 9 所、新界 6 所，僅共 34 所學校，學生總數僅 3,200 人。該時期，從 6 歲到 14 歲的就學年齡兒童約達 15 萬人，很幸

90　"鑒於香港自古以來就是南方華僑交通的要衝，儘可能快速重建香港大學，只有這樣，將其建設成為南方教育文化淵藪的準備才能順利進行。"（前述，《日本軍政下的香港》，278 頁）香港大學在 1912 年設立（編按：應為 1911 年成立。）擁有醫科（六年）、工科（四年）、文科（四年）等學科，1939 年在校學生人數分別是：醫科 236 人、工科 106 人、文科 145 人，師範研究院 20 人。廣東省的嶺南大學從日本軍隊的佔領下逃往香港大學內避難，其中有 500 名學生繼續求學（同上，277 頁）。

91　同上，279 頁。

92　同上，350 頁。

93　同上，280、340 頁。

運能夠接受教育的兒童極為少數。1943 年底重新恢復教學的小學有 27
所、中學 15 所，學生人數前者僅為 1,460 人、後者僅為 1,700 人 [94]。關於
幼稚園，則頒佈實施了〈私立幼稚園規則〉(1942 年 4 月 18 日香督令第
17 號)，依據該規定幼稚園經許可即可重新恢復教學。但截至 1943 年末
恢復開學的幼稚園僅 8 所 (其中 1 所為日本人經營)，幼稚園學生共 480
人 [95]。中、小學也特別將每週四小時的日語學習正課時間列入教學計劃 [96]，
試圖通過日語教育培養支持者。雖然規模較小，但企圖通過中國人子弟
的教育以達到維持日本軍政下的治安環境。為能更好地貫徹執行該政策
還建立了實驗小學。1944 年 7 月 21 日，"模範華人小學"的"櫻蔭小學"
舉行建校典禮，當天香港總督磯谷來校參加建校典禮並發表建校祝詞 [97]。
但是後來沒有再成立實驗學校。隨着日本戰敗形勢已定，親日色彩較濃
的實驗學校中的親日本軍政性質也逐漸變淡。

　　為了保證佔領地統治的穩定，並便利各項行政工作的執行，日本佔
領軍經常強行要求實行日語教育。為了進一步推進香港的日語教育，
1942 年 4 月 16 日，公佈實行了〈私立日語講習所規定〉(香督令第 15
號)。根據該規定成立了 16 所日語學校，1943 年末學生人數為 2,984
人；亦成立 43 所日語講習所，學生人數為 3,058 人，以上兩種學校的畢
業生累計達 21,365 人。此外，1942 年總督部公示第 55 號文件公佈制
定日語考試實施綱要，公佈將設定等級方式來考核日語學習者的日語實
力 [98]。日軍佔領時期，由於日常生活中需要與日本軍事政府、日本工商業

94　前述，《日本占領下的香港》，161-162 頁。
95　前述，《軍政下的香港》，281 頁。
96　同上，284 頁。
97　《香東經》，第 1 卷第 4 號，1994 年 10 月，45 頁。
98　前述，《軍政下的香港》，283-284 頁。

者進行交涉、貿易往來等,當時很多中國人不得不學習日語。

　　為了通過教育引導香港居民成為親日派,社會教育成為必不可少的條件。為了拉攏於香港居住的青年人,1943 年 3 月 3 日公佈實施了〈官立東亞學院規程〉(香督令第 11 號),4 月 1 日成立香港東亞學院,其教育目標為 "依據東洋精神,實施以日本道德規範為基礎的師範教育及實際業務教育,培養能靈活應對各種新事態的優秀教師和事務員 [99]。" 學校設立普通科和高等科第一部和第二部,前者主要培養下級事務員;高等科第一部通過師範教育培養中國人學校教育者,高等科第二部則通過實際業務教育,旨在培養實際業務精英。普通科招收高級小學畢業生,修業學習年限 1 年;高等科招收高級中學畢業生,學習年限 2 年。1943 年末香港東亞學院的學生中,普通科 103 人、高等科 23 人 [100]。由於該校是官立性質,學費比較優惠,而且當時沒有其他可替代的教育學習機構,因此該校招生比較容易。1944 年 7 月 20 日,東亞學院舉辦第一屆高等科畢業典禮 [101]。

　　關於教育,靈活運用圖書館是收集基礎資訊必不可少的方法,因此總督部自行營運圖書館。1944 年 9 月 20 日,公佈了有關總督部立圖書館的香督令 (香督令第 33 號),依據該公告同年 9 月 25 日設立總督部立圖書館 (公示第 63 號)。該圖書館實際上只是更換了原來香港大學附屬的馮平山圖書館的招牌而已 [102]。由於對圖書館的需求日益增加,1944 年 12 月 5 日香港總督部立圖書館分館 —— 香港市民圖書館正式開館 [103]。

99　同上,281 頁。
100　同上,281-282 頁。
101《香東經》,第 1 卷第 3 號,1944 年 8 月,28 頁。
102《香東經》,第 1 卷第 6 號,1944 年 11 月,30 頁。
103《香東經》,第 1 卷第 7 號,1944 年 12 月,28 頁。

五、大眾娛樂和新聞報導等

1. 電影

有關香港電影產業，荷李活電影香港分公司主要發行美國電影，中國電影在美國電影面前毫不顯眼。開戰前，香港有 13 處粵語電影拍攝地，負責宣傳獨有的電影文化，此外還拍攝一部分北京語電影，但發行和票房收入卻無法與美國進口電影匹敵。電影院數量方面，香港島有 16 家、九龍 22 家，共計 38 家（包括一部分戲院），電影可以說是香港大眾娛樂的代表[104]。

但是隨着日軍佔領香港，電影上映情況發生急劇變化。1941 年 1 月 11 日，九龍好世界戲院關閉，實行免費公開放映日本文化電影和宣傳電影，當時電影被定位為積極鼓吹日本政治意圖的重要媒體。原來的電影院相繼重新開業，截止 1942 年 3 月 5 日，共有 34 家電影院恢復開業。為了對電影界實行統管，1942 年 1 月在香港軍政廳報導部監管下，成立了香港電影救濟會，6 月該會改名為香港電映協會，負責電影發行業務。根據 1942 年 6 月 5 日〈電影戲劇審查規定〉（香督令第 22 號），規定對電影採取事先審查制度，以此作為電影產業統管的法規。實際上映的電影是香港電影發行公司的庫存電影，因此據説仍如常上映荷李活電影。軍政初期沒有採取措施禁止放映敵性電影內容。但是依據 1942 年 9 月 14 日陸軍省報導部的〈陸軍南方佔領地電影工作處理綱要〉，社團法人映畫配給社進駐香港，並依據 1943 年 1 月 1 日總督部公示第 87 號，該社香港分公司被指定為香港電影統管發行機構，原來的香港電映協會被解散。1943 年 1 月，召開電影相關代表人會議，在總督部報導部人員到場

104　前述，《軍政下的香港》，292 頁。

監督威壓下，決定從 1 月 16 日開始停止放映敵性電影。香港不僅有荷李活電影庫存，還有很多普通話電影庫存，因此能替代英美電影的電影很多。此外，從日本引進了日本電影，還放映中華映畫社的北京電影、粵語電影，所有電影院都用於放映以上的電影[105]。

　　1943 年末，香港島有 12 家電影院、九龍則有 15 家，共計 27 家電影院上映電影，其中首映影院 2 家、二輪影院 5 家。據稱所有電影院中，觀眾人數達 1,000 人以上的影院有 11 家。關於這些影院的客人階層，首映影院和二輪影院以日本人、廣東知識分子、北京人為主，其他電影院主要聚集中流以下的廣東人。1943 年，首映電影共 129 部，其中日本電影 57 部、北京語電影 58 部、廣東話電影 9 部。同年購票進場的觀眾達 5,759 萬人，每月平均觀眾人數達 47 萬 9,000 人（其中日本人達 21,000 人）。從香港人口 90 萬來計算，每人一年約看 6.4 次電影，可見電影極受歡迎，可說是香港最普遍的消費娛樂活動。但是，香港獨家製作的電影隨着戰爭開始、電影相關工作人員四處離散，令電影製作陷入衰微狀態，部分新聞電影、文化電影中也只有幾部由日本電影製作公司的香港支局拍攝[106]。例如，1942 年 7 月大日本映畫株式會社為了製作《香港攻略》這部電影，要求匯款 25,000 日圓用於拍攝相關費用和回國旅費等，可知當時應該有日本電影製作商從日本前往香港拍攝電影[107]。隨着電力供給困難，1944 年 4 月 1 日平日白天和晚上的電影放映壓縮到只有晚上放映一次[108]。另一方面，在通貨膨脹形勢下，電影票價相應上漲，1944 年 11 月 1 日香港戲院公會將首映影院的三等坐價格從 1 日圓 50 錢上調至 3

105　同上，292-294 頁。
106　同上，296-296 頁。
107　香港總督部參謀長往陸軍省軍務局長地址發電報，1942 年 7 月 1 日（大藏省資料：Z530-145）。
108　上述《香東經》，第 1 卷第 1 號，51 頁。

日圓，即原來的兩倍。或許他們認為上調比率還比較低，12 月 1 日再次
將首映影院的三等座價格上調至 5 日圓 [109]。

2. 戲劇、歌曲

香港的戲劇以廣東劇（稱為粵劇）為主，京劇（北京劇）由於語言關
係沒有上演，此外也有一個潮劇團（潮州劇），觀眾為潮州人。劇院在香
港和九龍各有三家（其中各有一家是由電影院兼營），粵劇劇團有五個。
日中戰爭開始後，因躲避戰爭逃至香港的人口越來越多，粵劇也因此吸
引了很多觀眾 [110]。

隨着日本佔領香港戰爭開始，戲劇暫停上演，1942 年 1 月，在軍政
廳報導部監督下，允許劇場重新開業，劇團也恢復表演，但門票收入不
太理想。由於停止拍攝新電影作品，越來越多電影演員加入戲劇表演，
因此出現不少新劇團，如粵劇便新增了 6 個新劇團，還有京劇團、潮劇
團等。不斷增加的劇團為了爭取為數不多的戲劇觀眾，導致門票收入日
益惡化，有些劇團解散，這樣的不穩定狀況一直持續。後來得到由報導
部負責監管的粵劇八和會和香港電影協會的支持，將戲劇相關人員重
組，組成了四個粵劇劇團、北京話戲劇團、由上海電影相關人員組成的
戲劇團、香港電影相關人員組成粵語劇團等，這些劇團演出使戲劇的經
營情況得到一些改善 [111]。

隨着 1943 年 1 月香港電影協會解散，前文介紹的兩個由電影相關人
員組成的劇團相繼解散，粵劇劇團隨後也解散。雖然只剩下兩個劇團，

---

109 《香東經》，第 1 卷第 7 號，1944 年 12 月，28 頁。
110 前述，《軍政下的香港》，296-297 頁。
111 同上，297-298 頁。

但後來還新成立了一個劇團。最後，這些劇團被再次重組重編，整合成三個劇團。經過以上一系列淘汰和重組重編，1943 年末只剩下三家粵劇專門劇院、三家電影院兼營劇院、四個劇團進行戲劇表演，這些劇團的門票收入都非常好[112]。

歌壇這種中國特有的娛樂活動，在 20 世紀 30 年代前期最為盛行。它是指聽眾邊品茗或邊品嚐小點心邊欣賞粵曲、時代歌曲等的場所。粵曲由女歌手獻唱，這種娛樂活動當時非常受歡迎。歌壇營業時間為晚上7 點至凌晨 1 點，共四個小時，有四台演出，由各位歌手中的一位歌手登台演唱，包括門票在內的茶費，各店均為 15 美分。但在 20 世紀 30 年代末，由於歌手沒有新血加入，而且電影院數量增加，競爭激烈，因此歌壇門票價格較電影票價低。這些因素令歌壇最終走向衰微。日本佔領香港的戰爭開始前，香港有 4 家歌壇，九龍有 2 家[113]。

日本佔領香港四個月後，九龍出現歌壇，隨後香港也開始出現，後來歌壇陸續開張，1943 年末共有十幾處歌壇開張經營。歌壇增加的原因，一方面是由於失業音樂家為了確保收入而開辦歌壇；另一方面是由於以往只有女性歌手登台表演，現在男性歌手也開始登台表演，歌壇出現新血；或者也因為日本佔領後香港社會趨於穩定，追求娛樂活動的百姓都聚集在歌壇消遣娛樂[114]。但是，1942 年末由於人氣歌手的歌詞被認為有問題而受到憲兵隊審問，從那以後歌詞都需要事先向管轄地區的憲兵隊申請接受審批[115]。

---

112 同上，298 頁。
113 同上，299-300 頁。
114 同上，300-301 頁。
115 前述，《日本占領下の香港》，170 頁。

3. 報紙雜誌

日軍佔領香港的戰爭開始前，不僅香港被定位為英國和重慶政權對日反擊的宣傳據點，連汪精衛政權的報社和日本人經營的報社也被如此定位，這些報社紛紛展開國際宣傳鬥爭。通訊社除了路透社、美聯社（Associated Press）、合眾社（United Press）、同盟通訊社以外，還有重慶政權和汪政權的通訊社。英文報章一共發行 8 份，中文報章有 31 份，中文報章中包括"和平派"（即親汪政權）的 5 份報紙，還有中文四開版小報發行 8 份。此外，日本人經營的香港日報社（1907 年成立）還發行日文版《香港日報》（1909 年 9 月 1 日創刊）、中文版《香港日報》（1938 年6 月創刊）、《英文週刊》（*Hong Kong News*）（1939 年 6 月創刊）[116]。

隨着戰爭開始，香港日報社被接管，報社經營者被逮捕。汪政權旗下的南華日報社在開戰時被接管，經營者同被逮捕。但是隨着日軍佔領香港，《香港日報》和《南華日報》的經營者獲釋，並重新恢復經營活動，但被勒令停止發行反日報紙。日軍佔領下只有標明對日合作態度的報紙，才允許重新發行。由於每日發行報紙比較困難，總督部向香港報業有關人員建議，1942 年 6 月 1 日強行將所有漢字報紙合併，合併報紙的目的是為了控制言論和節約供應用紙等[117]。各報紙的價格都很便宜，僅為5 錢。

《華僑日報》是商業報，跟《大眾日報》合併。合併了《星島日報》和《華字日報》的《香港日報》，其經營者是重要華僑代表胡文虎。胡文虎擁有在新加坡經營《星州日報》的經驗，由於新加坡的報紙事業被日軍接管，可以說這是他在日本軍政下的香港嘗試繼續發展自己的報紙事業。

---

116 前述，《軍政下的香港》，286-288 頁。

117 同上，286-289 頁。

汪政權屬下的《南華日報》合併了同樣是"和平派"的《自由日報》、《天演日報》及《新晚報》。此外，還有《東亞晚報》和隔日發行、並加入豐富趣味報導的四開小報《大成報》。其中《南華日報》因汪政權的政治色彩較濃，在香港不太受歡迎，據說發行數量低迷。另外，前文提到日本人經營的《香港日報》中文版和日刊 *Hong Kong News* 亦重新發行。此外，還有日文版的《南支日報》。通過這些報紙可以與日本合作，給日本提供資訊，並且也可以提供商業、娛樂等資訊。中文報章中規模最大的，發行數量也不過二至三萬份，該報紙的經營規模如同個人經營。當時香港的報紙發行量規模共計雖然不到 10 萬份，但是通過這些報紙以操控提供資訊給日本軍政的作用卻不可忽視[118]。關於新聞報導的內容，據說"所有新聞的來源受到極大限制，香港佔領地總督管轄下的報導部，是報社和採訪編輯機構的最高上級部門，除了各種瑣碎新聞，其他所有新聞都是從報導部長而來。[119]"

　　因為通貨膨脹，報紙價格也隨之上漲。1944 年 3 月 5 日，一部分報紙價格從 10 錢上調至 15 錢[120]，7 月 1 日開始部分報紙從 15 錢上調至 30 錢，同時報社職員工資也上調至原來的兩倍[121]。同年 11 月 1 日，部分中文報章上調至每份 50 錢，翌月 1 日再次上調至 80 錢[122]。1944 年 7 月 6 日，整合所有報導機構組成了香港報紙協會，報社、通訊社、雜誌社均加入[123]，通過該組織加強言論控制。

　　此外，香港發行的雜誌有中文雜誌兩冊：《大眾週報》和《亞洲商

---

118 同上，287-290 頁。
119 前述，《日本占領下の香港》，167 頁。
120 前述，《香東經》，第 1 卷第 1 號，50 頁。
121 前述，《香東經》，第 1 卷第 8 號，28 頁。
122 前述，《香東經》，第 1 卷第 7 號，28 頁。
123 前述，《香東經》，第 1 卷第 3 號，28 頁。

報》，前者以文藝為中心，後者的讀者大多是中國人商店店主。日文雜誌
有由總督部報導部宣傳班編輯的《寫真情報》（隔月刊），及由香港東洋經
濟社編輯的《香港東洋經濟新報》（月刊）。在日軍佔領前，重慶的大印刷
所非常活躍，但是日軍佔領後無法重振雄風。此外，1942 年 6 月在總督
部支持下，成立了大同圖書印刷局，該印刷局計劃出版雜誌，經營者為
前面所述的胡文虎 [124]。

4. 電台廣播

　　香港的廣播電台於 1941 年 12 月 26 日被日軍佔領，經過維修後於
1942 年 2 月重新恢復廣播。當時由兩個中波段進行播音，第一廣播面向
日本人，由東京發出信號的廣播經過東亞廣播轉播，除了從日本獲得資
訊外，還可以隨時插入香港編輯的節目，其目的在於宣傳日本軍政。除
了報導新聞外，還提供教養、娛樂等節目。另外，10 月 30 日公佈禁止
收聽短波廣播及禁止持有可以接收短波的收音機（1942 年香督令第 46
號），由 11 月 1 日起正式執行。12 月 1 日起延長香港發出信號的廣播時
間，從 11 點 45 分至 22 點 30 分。第二廣播主要面向非日本人羣體，廣
播方針為 “徹底宣傳總督政治思想，洗刷美英思想，教育民眾為了完成
大東亞戰爭貢獻自己的力量 [125]。” 廣播使用廣東話、北京語、印度語和英
語進行廣播，據說目的是為了通過編輯豐富多彩的節目，以提高收聽效
果。廣播時間從 7 點 30 分至 22 點 40 分。日軍佔領香港戰爭開始前，收
聽廣播的聽眾中，中國人有 10,400 人、歐洲人 1,300 人，再加上其他聽
眾共計 13,000 人；日軍佔領香港後，日本聽眾 960 人、中國人 5,800 人，

---

124 前述，《軍政下的香港》，290-291 頁；前述，《日本占領下の香港》，166 頁。
125 前述，《軍政下的香港》，150 頁、341 頁。

再加上其他聽眾共計 7,300 人。因為人口疏散政策，或者開戰前逃離香港等原因，不僅歐洲人，連中國人在香港也減少了。此外，由於採取措施禁止使用短波收音機，並沒收持有者的收音機，也可能因此導致廣播聽眾減少 [126]。當然，雖說明令禁止收聽短波，但毫無疑問仍有一部分市民暗中持有收音機，通過短波廣播監聽重慶和英美方面的廣播，他們從中獲得的軍事情報比總督部發佈的資訊更為詳盡。

5. 賽馬、彩票

日本軍政手中掌握的牧場中，有 350 匹賽馬由日本軍政負責管理，軍政沒有屠殺這些賽馬，並為其提供飼料。日本軍政對賽馬提出"大致維持現有的賽馬數量"這一方針 [127]，而從該方針可以看出，從較早時期開始日本軍政就考慮着手恢復賽馬活動。日軍佔領香港後，香港各地繁華街道的商店裏，除了日常的商業交易外，還極其盛行賭博活動 [128]。面對現有的通貨價值暴跌，很多百姓都將手頭的現金投入賭博。賽馬雖然不是一般百姓的娛樂項目，但卻被允許重新恢復活動。1942 年 4 月 25 日舉辦了第一屆賽馬比賽。賽馬季期間每隔一週舉辦一次，主要在星期六舉辦。一般席位的入場費 50 錢。比賽中也舉辦冠名賽事，但是沒有英國相關的冠名。1943 年 1 月 1 日開始徵收娛樂稅，入場費因此上調至 60 錢。賽馬場也有出售獨贏、複式、連贏的投注票。1943 年 1 月開始，賽馬券的價格分別上調至原來的兩倍。1942 年秋，大賽事中馬票的銷售數量達12 萬張。賽馬場聚集了很多擁有資本的居民。舉辦賽馬比賽也很大程度

---

126 同上，150-151 頁。
127 〈恢復在香港的工廠、礦山的方針〉，1942 年 6 月 22 日（大藏省資料：Z530-145）。
128 前述，〈香港出差報告書〉。

上使前往賽馬場的路面電車可在較早期恢復運輸。大賽事的馬票在賽場外的售票處也有銷售[129]。總督部十分熱衷於舉辦賽馬賽事，這是因為通過運營賽馬比賽可以確保軍政收入[130]。總督部除了希望通過運營賽馬賽事可以獲得財政收入外，也想令民眾熱衷賭博活動而轉移民眾視線，消除民眾對軍政的不滿。

為了籌集財源，總督部開始發行彩票。1944 年 4 月 15 日，總督部公佈，為了改善管區內衛生設施和增加其他一般公共事業的資金，從 5 月開始每月發行一次香港厚生彩票。一次發行總金額為 30 萬日圓，每張 1 日圓，共發行 30 萬張。彩票金額共 11 萬 5,000 日圓，從頭獎一注 5 萬日圓到六獎 100 日圓，共 150 注[131]，彩票收入被用於支持衛生保健公共事業的財政。在通貨膨脹的情況下，發行彩票成為軍政籌措財源的權宜之策，除了香港外還在華南、南方佔領各地實施[132]。第一次香港彩票在 5 月 1 日發行，6 月 2 日公佈抽獎結果[133]。

結語

在香港軍政下，相當多居民成為了人口疏散政策的對象，被驅逐出香港，其餘的一般市民則必須繼續軍政下的生活。他們因糧食不足，而軍政下的配給制又不能充分保證配給量，至 1944 年甚至停止配給，所以

---

129 前述，《日本占領下的香港》，173-174 頁。

130 在軍政下，在南方佔領地也有舉行賽馬。比如菲律賓和英國領導在馬來亞賽馬，期望可以將賽馬納入軍政的稅外收入。參照拙稿，〈南方軍事財政和通貨金融政策〉，疋田康行編，《"南方共榮圈" —— 戰時日本的東南亞經濟統治》，多賀出版，1995 年。

131 前述，《香東經》，第 1 卷第 1 號，52 頁。

132 在華南地區，比如在 1944 年 11 月 19 日，以在廣東的日華兩國機關集中的物資調整委員會，為解決物價問題簽訂了協議。作為流動資金回收對策，除了物資投放，還增加發行彩票，和吸收存款，在華南地區也有發行。《香東經》，第 1 卷第 7 號，1944 年 12 月，29 頁。）關於在南方佔領地發行彩票，請參照上述，〈南方軍事財政和通貨金融政策〉。

133 前述，《香東經》，第 1 卷第 2 號，28 頁。

生活十分困苦。在廣東物價暴漲的刺激下，進口通貨膨脹持續，軍政對此卻置之不管。一般居民在通貨膨脹下為了確保糧食，每天必須苦於經營生計。但是，由於很多公共服務都掌握在軍政手裏，雖然服務得到恢復，但由於發電原料不足，1944 年供電突然受到限制；同樣很多公共服務由於價格上漲導致供給不足。對香港居民來説，剩下的娛樂活動只有電影和戲劇等，但由於禁止上映美國電影、統管喜劇等舉措，令上演的作品質量嚴重下降。可是，作為為數不多的娛樂，仍然吸引很多百姓。廣播和報紙等報導也受到統管。軍政為了籌集財源，引導百姓從事賽馬、彩票等娛樂，但這些娛樂活動沒錢的人根本無緣參與。

　　日本軍政在管理香港方面，採取極力限制經濟財政支出的措施，這與日本在中國其他佔領地的政策基本相同。香港人口密集，而且不能像以往一樣恢復生產活動，因此大量的糧食等生活物品必須依靠從境外輸入。但是，隨着日軍敗勢已成，而且受華南通貨膨脹影響，軍政無法確保糧食等生活物品的供給，這為香港居民帶來較大的打擊。軍政初期雖對大米等生活物品實行配給制，但是由於進口通貨膨脹導致配給價格上漲，配給制最終被迫瓦解。另外，除公共服務事業落後外，更由於電力供給不足等情況，令市民的娛樂活動被迫減少，以致怨聲載道。加上美軍空襲致損失慘重，百姓最後在水深火熱的淒慘生活中迎接日本戰敗。

後記

本書整合了兩位作者對香港軍政所關心的課題。

本來並沒有打算寫這樣的專著文章，正好完成稿件的時間是 1995年，這年讓人強烈意識到日本戰敗已經 50 年了，而且香港與澳門也將在 1997 年及 1999 年分別回歸中國，因此也是東亞將結束百多年殖民地統治的時期。現在，1997 年以後香港的歸屬備受注目，我們以香港回歸為着眼點，嘗試進一步分析日本戰敗前香港軍政統治的問題。有關日中戰爭以後日本佔領地、干涉地的研究中，香港和澳門兩個地區的研究不難，該文章將可以較全面地介紹這兩個地區的實際統治狀況。另外，通過該文章將可更清楚了解香港和澳門在"大東亞共榮圈"內所發揮功能，及該兩個地區與其他地區的關係。

以往的研究和著作大多圍繞軍票問題、人口疏散政策，或者介紹軍政下被迫淒慘度日的百姓生活。本書涵蓋以上內容的同時，更多角度研究香港軍政。雖然這些研究傾向從日本研究的角度展開論述，但是與以往的香港軍政研究相比，我們認為某種程度上可說能較成功地從多方面展開分析。

本書出版前兩位作者與各學術前輩共同研究了日本在中國的佔領地問題，在共同研究過程中一起討論了日本佔領中國時期日本統治中國的特性問題。通過這些討論，使文章得以將關內佔領地的諸多制度問題也納入研究視野；關於通貨統治、產業統治等問題也獲各位學術前輩惠賜真知灼見。此後兩位作者歷時多年從事有關華中地區軍事指揮組合的研究，且從多方面調查華中地區佔領地的物資調度情況；另外還從事南方佔領地、干涉地的研究。前者於 1994 年中村正則、高村直助、小林英夫編著的《戰時華中地區的物資調動和軍票》（多賀出版），後者於 1995 年疋田康行編著的《“南方共榮圈”——戰時日本的東南亞經濟統治》（同上）中，透過文章分享了研究成果。研究的各個論點可以通過軍票制度、統治企業找到香港軍政統治、中國佔領地統治和南方軍政之間的共同點。我們通過一系列的研究，從多方位的視角就日本對香港軍政統治制度和政策等，作了更深刻的理解。

但是，我們的研究還未能完整涵蓋香港軍政的所有內容。我們的研究主要依據香港的資料，由於能力和時間不足，肯定還有我們未能收集到的相關資料。例如倫敦的歷史檔案館（Public Record Office）裏應該收藏了很多可以利用的資料，美國的國會檔案館應該也有可利用的各種資料。但是很遺憾，只能期待今後能夠利用這些資料，從其他視角做課題研究。另外，文章內容由於受軍政行政資料的限制，或許有些闡述會顯得較為片面，例如有關香港軍政財政方面就未能做出過多的分析。香港的對外關係方面，對於貫穿戰前、戰時、戰後的外交史比較難以把握，有關百姓生活的解說方面由於篇幅有限，也只能忍痛割愛。作者深深感到以上的不足，期待今後能從包括英國、中國在內的國際化、多角度視角，進一步研究香港軍政問題。

最後，我們對是次有關香港軍政研究提供大力協助與支援的相關資料收藏機構及團體，表示衷心的感謝！具體機構與團體如下：在日本國內有國會圖書館支部大藏省文庫、外務省外交史料館、防衛廳防衛研究所戰史室、大藏省財政金融研究所財政史室、一橋大學經濟研究所資料室、東洋經濟新報社、香港軍政史研究會；國外則有香港檔案館、香港大學圖書館、香港中文大學圖書館等各機構。此外，對在出版情況困難下熱心接納文章出版的社會評論社和該社的新孝一先生表示衷心的謝意！

小林英夫　柴田善雅

1996 年 10 月